PETER SELG

Dr. Oskar Schmiedel
1887 – 1959

Colloidale Kupfersalbe — am Unterleib einreiben, wenn
 untersuchungsgestände als
 Organisationsstörungen entdecken –
Grauspiesglanzsalbe — bei Geschwulstbildungen oder am Unterleib
 einreiben bei mangelhafter
Antimonspiegel (pulver) — innerer Hoffnung
 bei Herzunregelmäßigkeiten
 "   "   (Salbe)
 bei Perioden unregelmäßigkeiten
 am Unterleib eingerieben
Hypophysis cer. bei allen Wachstums-
 störungen im Kindesalter –
Storchschnabel bei peripherischen Entzündungs-
 neigungen – oder Ermüdungserscheinungen
 der Gelenke.
Migränepulver
Aurum bei allgemeiner Herabstimmung der
 Vitalität –
Herbstzeitlose bei Erkrankungen der
 Schilddrüse – als Impfung am
 Rücken
 "   "   Salbe
 zum Einreiben der
 Schilddrüse.
Thuja

Heilmittelliste Oskar Schmiedels mit Ergänzungen Rudolf Steiners (1920, S. 1)

PETER SELG

Dr. Oskar Schmiedel
1887 – 1959

*Der erste anthroposophische Pharmazeut
und Weleda-Direktor*

Eine Dokumentation

VERLAG DES ITA WEGMAN INSTITUTS

Es bedarf der Mensch der innern Treue;
Der Treue zu der Führung der geistigen Wesen.
Er kann auf diese Treue auferbauen
Sein ewiges Sein und Wesen
Und das Sinnensein dadurch
Mit ewigem Licht
Durchströmen und durchkraften.

Rudolf Steiner [1]

Ita Wegman Institut
für anthroposophische Grundlagenforschung
Pfeffingerweg 1A, CH-4144 Arlesheim

© 2010 Verlag des Ita Wegman Instituts
1. Auflage 2010
Alle Rechte vorbehalten
Gesamtgestaltung: Walter Schneider, www.schneiderdesign.net
Umschlagmotiv: Oskar Schmiedel, o. J.
Druck: Offizin Scheufele, Stuttgart
ISBN 978-3-905919-15-8

Inhalt

Vorwort 9

1. Leben und Werk. 1887 – 1959 15

2. Oskar Schmiedel:
   Aus dem Lande, in dem Rudolf Steiner
   seine Kindheit und Jugend verbrachte (1951) 215

3. Oskar Schmiedel: Der Name «Weleda»
   Manuskript (1930). 257
   Zeitschriftenaufsatz (1951) 266

Anmerkungen 271
Literaturverzeichnis. 287
Abbildungsnachweise 290

Vorwort

Heribert Kaufmann nannte Oskar Schmiedel einmal den *«Hütergeist der Weleda»*[2]. In der Tat schrieb sich Schmiedels Persönlichkeit und Leben tief und dauerhaft in das Werden des ersten pharmazeutischen Unternehmens anthroposophischer Orientierung ein, aber auch in die Entwicklung der gesamten geisteswissenschaftlich erweiterten Medizin. Ohne Oskar Schmiedels Initiative und Aktivität hätte es den ersten, grundlegenden Ärztekurs Rudolf Steiners in der Osterzeit des Jahres 1920 nicht gegeben; alles Weitere baute sich auf diesen zwanzig Vorträgen auf, im medizinisch-therapeutischen Denken, aber auch in der Praxis anthroposophischer Heilmittelherstellung, die bald danach elanvoll einsetzte. Oskar Schmiedel, den Rudolf Steiner mit seinem pharmazeutischen Labor als promovierten Chemiker bereits 1914 ans Goetheanum nach Dornach geholt hatte, wirkte dabei an erster Stelle mit. Er erachtete die Beziehung zu Steiner und seinem Werk, damit auch zur Freien Dornacher Hochschule für Geisteswissenschaft, immer als Essential seines Lebens und seiner Arbeit für die anthroposophische Medizin. Am Goetheanum fanden die Ärzte- und Medizinstudentenkurse Rudolf Steiners statt – hier begann auch die Heilmittelherstellung unter seiner Mitarbeit, in *«innerer Treue»*.

Oskar Schmiedel nahm bis zu seinem Tod an den Geschicken der anthroposophischen Pharmazeutik teil und er war bis zuletzt als Direktor in Schwäbisch Gmünd tätig. Vorzüglich, so Hans Krüger, galt Schmiedels Anteilnahme der «menschlich-innerlichen Seite der gesamten Weleda-Arbeit» – «Der von Rudolf Steiner gegebene Name nach der keltisch-germanischen Heilpriesterin [Weleda] stand ihm immer als ein tief verpflichtender in der Seele – und dazu auch das schicksalhafte Hervorgehen der anthroposophischen Heilmittelbereitung aus dem zuerst unmittelbar mit der neu entstehenden Mysterienstätte verbundenen

Goetheanum-Arbeitsstätte.»[3] Zu Edgar Dürler hatte Rudolf Steiner einmal gesagt, die Weleda müsse ein «wirtschaftlich-geistiges Unternehmen» werden. Oskar Schmiedel und seine leitenden Mitarbeiter und Kollegen, darunter Wilhelm Spiess, Wilhelm Pelikan, Walter Cloos, Edgar Dürler und Fritz Götte, verstanden die Weleda in diesem Sinne nie als ein (rein) kommerzielles Unternehmen, sondern sahen sie immer in der Mitverantwortung für die Entwicklung, den Erhalt und die Zukunft der geisteswissenschaftlich erweiterten Medizin.

Schmiedel selbst verkörperte die geistige Kontinuität in eindrucksvoller Weise. Er kam aus der Heimat Rudolf Steiners, war Wien und dem Wiener Becken tief verbunden, und ging den Weg der Anthroposophie ab 1907 in konsequenter Weise mit, als esoterischer Schüler und Mitarbeiter Rudolf Steiners – er repräsentierte diesen geistigen Strom in der Weleda bis zum 27.12.1959, dem Tag seines Todes. Oskar Schmiedel war kein konservativer Traditionalist, sondern eine michaelische Kämpfernatur für die Zukunft; zugleich bewahrte er das mit Rudolf Steiner von 1907 bis 1925 Erlebte immer in sich und brachte es bis zuletzt in die Arbeit ein. Schmiedels inneres Leben, das ab 1908 ein esoterisches war, wirkte im Untergrund seines Daseins und verbarg sich äußerem Anschein. Es trug seine Arbeit und seinen Einsatz für die anthroposophische Medizin und ihre Pharmazie, für das Geheimnis der Substanzwandlung und -wirksamkeit heilender Ausrichtung, der er sein Leben weihte. Zu Ärzten sagte Rudolf Steiner einmal über anthroposophische Medikamente: «Sehen Sie, es ist mir oftmals gesagt worden, es könnte kommen, dass die Mittel, die wir herstellen – es wird Ihnen paradox erscheinen, aber Sie müssen manches als paradox hinnehmen –, dass man die Mittel, die wir erzeugen im pharmazeutischen Laboratorium, sorgfältig hüten müsste, damit sie nicht nachgemacht werden können. Ich habe einmal darauf erwidert, dass ich eigentlich eine so große Angst vor dem Nachmachen gar nicht habe, wenn es uns gelingt, wirklich esoterische Impulse in unsere Strömung hineinzubringen. Dann wird man einsehen, dass die Mittel mit dem esoterischen Hintergrunde gemacht werden, dass es nicht einerlei ist, ob hier die Mittel gemacht werden mit alldem, was hinter dem Esoterischen lebt, was hineingebracht wird, oder ob eine beliebige Fabrik sie nachmacht. Das mag Ihnen paradox erscheinen, aber es ist so. Es ist eben – viel mehr, als dass etwas durch äußere Dinge, durch äußere geschäftsmäßige Kniffe besorgt wird – notwendig, dass eine gewisse Stimmung erwächst, die wirklich dahin zielt: da steckt etwas dahinter, was die Dinge aus dem

Geistigen heraus heilkräftig macht. Das ist nicht Aberglaube, das ist etwas, was, wie Sie noch sehen werden, streng geisteswissenschaftlich begründet werden kann. [...] Solche Einwände, die mir schon gemacht worden sind, können davon herkommen, dass heute die Menschen keine Ahnung haben, dass gerade im Medizinischen viel mehr Ernst gemacht werden muss mit dem, was esoterisches, geistiges Leben ist.»[4] Oskar Schmiedel sprach in der Weleda nicht oft über die von Rudolf Steiner in dieser Weise eröffneten Zusammenhänge; dennoch lebte er sie und versuchte erfolgreich, mit seinen Kollegen und Freunden die Kontinuität der spirituellen Arbeit innerhalb des Unternehmens aufrechtzuerhalten, auch inmitten schwerer Zeitumstände. Die innere Haltung, die Gedanken, Empfindungen und Willensimpulse, mit denen in der Heilmittelherstellung gearbeitet wird, gehen in die erzeugten Präparate ein. Obwohl das Unternehmen Jahr für Jahr wuchs und naturgemäß viele Kompromisse innerhalb des ökonomischen Lebenskampfes machen musste, trug Schmiedel Sorge dafür, dass die geistige Identität der Weleda gewahrt blieb – und er tat dies bis zu seinem letzten Atemzug, oft genug still und in Verborgenheit. Schmiedel war kein Mann der großen Worte, der Vorträge und Bücher, und wurde mitunter nahezu übersehen, in der Unscheinbarkeit seiner Existenz. Dennoch repräsentierte er die Anthroposophie in wirksamer Weise bis zuletzt, ernst und undogmatisch. Sie war eine Selbstverständlichkeit bei und in ihm, trotz des Mysteriencharakters ihrer Inhalte.

*

Oskar Schmiedel war kein bedächtiger, zögernder Charakter, sondern ein tatkräftiger Mensch, in dem das Feuer des Idealismus lebte. Wiederholt hatte Rudolf Steiner in den Krisenjahren nach dem Ersten Weltkrieg davon gesprochen, dass es darum gehe, «Spatenstiche des Willens zu tun»[5] und die Inhalte des eigenen Denkens zu verwirklichen – dann aber auch «bei der Sache zu bleiben», in Treue zu dem initiativ Begonnenen. «Weder an Intelligenzen noch an Genies fehlte es [in der anthroposophischen Bewegung] – ich sage das ganz ehrlich –, aber an dem Hineingießen von Genie und Intelligenz in die Straffheit und Strammheit des Willens, da fehlte es», sagte Rudolf Steiner 1923 im Rückblick auf diese Zeit.[6] Viele anthroposophische Gründungen scheiterten damals, insbesondere im Feld der Wirtschaft. Aber auch andere, hoffnungsvolle Initiativen der neuen Geisteswissenschaft nahmen nicht die anfänglich gedachte Entwicklung; es fehlte an Menschen, so Rudolf Steiner, die nicht nur in der Lage waren, Programme zu machen, sondern auch die Fähigkeit und Entschiedenheit hatten, sie mit «eisernem Willen» um- und durchzusetzen und trotz aller Schwierigkeiten an ihnen fest zu halten. Irgend jemand, so Steiner, müsse in einer begonnenen Unternehmung für dieselbe mit seinem Wesen existentiell einstehen, und dabei auch der Anthroposophie die Treue halten ... Man kann im geschichtlichen Rückblick unschwer erkennen, dass Oskar Schmiedel zu den Schülern und Mitarbeitern Rudolf Steiners gehörte, die sich diese Worte zu Herzen nahmen und sie als Richtmotiv ihrer Arbeit betrachteten. Schmiedel war ab Herbst 1924 der erste Direktor des Weleda-Gesamtunternehmens, des Arlesheimer Mutterhauses und seiner Niederlassungen in Stuttgart und Schwäbisch Gmünd. Er hatte die Begründung der Weleda in gewisser Weise seit 1912, spätestens aber seit 1920 mit vorbereitet; nach ihrer Inaugurierung wirkte er in dem Unternehmen bis über die Mitte des 20. Jahrhunderts hinaus in verantwortlicher Stellung – Schmiedel überlebte Rudolf Steiner um mehr als drei Jahrzehnte. Über den Anthroposophen Dr. Oskar Schmiedel schrieb sein Kollege und Freund Wilhelm Pelikan drei Wochen nach seinem Tod in einer Würdigung: «Ein Stab von Mitarbeitern scharte sich im Laufe der Jahre um den ersten Weleda-Pharmazeuten, der sie mit einer starken Begeisterungskraft zu erfüllen wusste. Denn ihm war Begeisterung eigen wie Atem und Pulsschlag. Die geisteswissenschaftlichen Impulse und Erkenntnisse ergriffen sofort seinen starken Willen und äußerten sich als frohe Begeisterung. Er hat nie um Entschlusskraft zu kämpfen gehabt, das ins Leben hineinzutragen, was er als Anregung von dem geliebten Lehrer empfing. Fortwährend ging von ihm aus, was die Weleda-Arbeit mit immer mehr Anthroposophie durchpulsen sollte. Dass die von Rudolf Steiner anvertraute Arbeit als eine heilig ernste Sache ständig zu erleben sei – davon leuchteten seine Blicke, sprach sein Schritt.»[7] Pelikan traf – wie so oft – das Rechte und Wesentliche; in nachfolgenden Nachrufen ergänzten weitere Freunde das von ihm entworfene Bild – und beschrieben auf ihre Weise Schmiedels fördernde Impulsivität und rasche Entschlusskraft, sein feines Gespür für den bedeutsamen Augenblick und das geistesgegenwärtige Handeln, seine voranstürmende Seele und seine absolute Bescheidenheit, auch seinen großen Humor. Oskar Schmiedel konnte lange, ernst und schweigend seinem Gegenüber zuhören. Er horchte auf das Gegebene und Werdende, und hatte doch die Fähigkeit zur energischen Tat – auch zum Vertrauen in den Anderen, zu der Fähigkeit seines Gegenübers, zu dessen Zukunft. Obwohl ein esoterisch lebender Mensch war ihm ein nüchterner kaufmännischer Blick, ein Sinn für praktische Tatsachen, und zugleich ein Enthusiasmus des Herzens und des Willens eigen – in glücklicher Komposition der Seelenkräfte, die sein Wirken segensreich machte. Er hatte ein vermittelndes, ausgleichendes Wesen, das in seiner zweiten Lebenshälfte immer deutlicher in Erscheinung trat, eine große Tiefe des Gemütes. Mit Kindern konnte er stundenlang spielen und ihnen Geschichten erzählen, inmitten ihrer auf dem Boden liegend, liebenswürdig, großväterlich und ungewöhnlich zugleich.

Oskar Schmiedels Biographie weist eine schlichte, klare Ordnung in Zeit und Raum auf. Die wesentlichen Daten seines Lebens, im Maßstab seiner eigenen Werte, liegen offen zutage: in seinem 21. Lebensjahr begegnete Oskar Schmiedel Rudolf Steiner und der Anthroposophie, seinem künftigen Beruf und der Partnerin seines Lebens, Thekla Michels; in seinem 33. Lebensjahr organisierte er den ersten Ärztekurs in Dornach; in seinem 37. Lebensjahr, zum Zeitpunkt des zweiten «Mondknotens» und in der «Hälfte des Lebens» angekommen, erlebte er die Berufung zum Direktor der Weleda durch Rudolf Steiner und – wenige Monate später – den Tod des Lehrers. Seiner übernommenen Aufgabe blieb Oskar Schmiedel bis zuletzt treu. Er starb – mit denkwürdiger Signatur – in seinem 73. Lebensjahr, nach Erfüllung seiner Aufgaben. Oskar Schmiedels Tod war weniger ein Sterben als ein Abgang – er ging, ohne manifest krank zu sein, willentlich, wohlvorbereitet und freudig in die geistige Welt, in einer Geste, die im Kreis der engsten Schüler Rudolf Steiners noch bei Willem Zeylmans van Emmichoven anzutreffen war, der zwei Jahre nach Schmiedel, am 23. November 1961 seinen Erdenleib in Südafrika unter ähnlichen Umständen ablegte. – Auch die Raumesordnung von Oskar Schmiedels Biographie war vergleichsweise einfach und klar. Wien-München-Dornach/Arlesheim-Wien-Schwäbisch Gmünd waren die fünf wesentlichen Stationen seines Daseins. Die geistige wie zeitliche Mitte lag in *Dornach/Arlesheim*, dem Ort von Rudolf Steiners Freier Hochschule für Geisteswissenschaft und dem Klinisch-therapeutischen Institut Ita Wegmans. Beiden «Institutionen» verdankt die Weleda ihr Dasein, in ihrem Zusammenwirken wurde sie 1921 – 23 «geboren», in der exakten Mitte von Oskar Schmiedels Lebensspanne.

*

Eine wirkliche Biographie Oskar Schmiedels zu schreiben, ist aufgrund seiner Nachlasssituation nicht möglich – und wäre wohl auch nicht in seinem Sinne. Schmiedel hinterließ wenig von dokumentarischem Wert, obwohl er lange Zeit seine Notizbücher und Papiere, seine Briefe und Bücher sorgsam gesammelt und archiviert hatte. In den letzten Lebensjahren aber vernichtete Oskar Schmiedel das allermeiste – er wollte unbeschwert gehen, ohne Last für sich und die anderen.

Das nun über ihn erscheinende Buch musste dieser Tatsache Rechnung tragen. Es wurde anhand von Bildern des Lebens komponiert – zu seinem 70. Geburtstag hatte Oskar Schmiedel, der ein begabter Photograph war, sich selbst ein Album angelegt, das Wesentliches festhielt: «*Mein Leben in Bildern*». – Manche dieser Bilder, aber auch die Dokumente des Nachlasses von Ita Wegman, des Weleda Archivs, des Rudolf Steiner Archivs und der Familie, konnten Eingang in das vorliegende Werk finden, dessen Entstehung Andreas Ellenberger und Andreas Worel von der Weleda Arlesheim anlässlich des 50. Todestages Oskar Schmiedels am 27.12.2009 anregten. Ihnen und Monika Mennet sei für ihre initiative Mithilfe ebenso herzlich gedankt wie Gustav Hering und Peter Pedersen von der Weleda Schwäbisch Gmünd sowie Christiane Hegemann, Andreas Zucker und Roswitha Zucker, den drei Enkeln von Oskar Schmiedel, für Auskunft und Unterstützung.

Dass die vorliegende Dokumentation zu Leben und Werk Oskar Schmiedels im Ita Wegman Institut für anthroposophische Grundlagenforschung entstand, wäre Oskar Schmiedel zu Lebzeiten wohl eine Freude gewesen, auch wenn er ungern ins Rampenlicht trat. Über Ita Wegman und sich schrieb Schmiedel einmal: «Es war ihm [Rudolf Steiner] wichtig, dass ich an ihrer Seite stand und meine Arbeit mit der ihren verband. Sie als Medizinerin und ich als Hersteller der Heilmittel.»[8] Auch die Intention des Buches ist sehr wahrscheinlich in Schmiedels Sinne – es strebt keine Hagiographie, sondern eine Darstellung der Entwicklung anthroposophischer Pharmazeutik im Leben Oskar Schmiedels an, und soll der gegenwärtigen und künftigen Heilmittelherstellung sowie dem Umgang mit der Anthroposophie Rudolf Steiners zu Gute kommen. Dass die Leitung der Weleda A.G. sich bereits im Vorfeld entschied, es vielen ihrer Mitarbeiter zu schenken, war mir in diesem Sinne eine große Freude.

Ita Wegman Institut *Peter Selg*
Arlesheim, Januar 2010

I.
Leben und Werk
1887 – 1959

«Ich, Oskar Schmiedel, wurde am 30. Oktober 1887 in Wien geboren. Es war dieser Tag ein Sonntag und soviel ich weiß, war die Stunde etwa 10 Uhr abends. Mein Vater, Hermann, war Reichsdeutscher – wurde erst später Österreicher – und wurde 1855 in Dresden geboren und starb 1928 in Luzern. Seine Familie stammte aus dem Erzgebirge. Meine Mutter, Mary, geb. Kaiser, wurde 1859 in Wien geboren und starb 1919 in der Nähe von Linz. Mütterlicherseits stammte sie aus Wien, väterlicherseits aus Siebenbürgen. Mein Vater war zuerst Buntpapierfabrikant und später Abteilungsvorstand in der Österr. Länderbank, musste jedoch diese Funktion mit der Leitung einer Papierfabrik in Obermühl (Oberösterreich) verbinden. Mein Großvater väterlicherseits war Gefängnisdirektor in Bautzen (Sachsen). Mein Großvater mütterlicherseits war Buchdruckereibesitzer, starb aber sehr früh, so dass meine Großmutter bis in ihr hohes Alter die Leitung besorgte. Meine anderen Vorfahren waren hauptsächlich Handwerker, Posamentierer, Ledermeister u.a.»[9]

Die Eltern Oskar Schmiedels, Hermann Schmiedel und Mary Schmiedel geb. Kaiser, heirateten am 22. Februar 1885 in Wien. Ihr erstes Kind Max wurde bereits am 24. Oktober desselben Jahres geboren, zwei Jahre später, am 30. 10. 1887, kam Oskar zur Welt und wurde evangelisch getauft.

1887 war in Österreich-Ungarn ein Jahr der Bündnisse, die die Zukunft sicherstellen sollten, den Untergang des Vielvölkerstaates drei Jahrzehnte später jedoch nicht aufhalten konnten – im Februar erneuerten Österreich-Ungarn, Deutschland und Italien ihren «geheimen Dreibund», im März trat Wien der britisch-italienischen «Mittelmeerentente» bei, im Dezember schlossen Österreich-Ungarn, Italien und Großbritannien Russland den «geheimen Orientdreibund». Rudolf Steiner war 1887 26 Jahre alt und lebte ebenfalls in der österreichische Kulturmetropole. Er arbeitete an der Einleitung zum 2. Band von Goethes naturwissenschaftlichen Schriften für Kürschners «Deutsche National-Literatur», der im Herbst des Jahres erschien, und setzte sich u.a. mit Goethes Farbenlehre auseinander. Im Geburtsjahr Oskar Schmiedels schrieb er die wegweisenden Sätze: «Indem das Denken sich der Idee bemächtigt, verschmilzt es mit dem Urgrunde des Weltendaseins; das, was von außen wirkt, tritt in den Geist des Menschen ein: er wird mit der objektiven Wirklichkeit auf ihrer höchsten Potenz eins. Das Gewahrwerden der Idee in der Wirklichkeit ist die wahre Kommunion des Menschen.»[10]

ABB. 1: DIE ELTERN, 1884

Oskar Schmiedel hatte eine schöne Kindheit und Jugend, im Kreis seiner Familie und in einem mitteleuropäischen Land, das ihm zeitlebens viel bedeutete. Die elementaren Kräfte der Natur in Bergen, Flüssen und Seen nahm er früh wahr und in sich auf, die Seele der Landschaft, aber auch der Menschen seiner Heimat, ihre Sprache und ihr Gemüt. Als er 14 Jahre alt war, nahm sein Vater die österreichische Staatsbürgerschaft an, die auch auf Max und Oskar überging.

Das Innenleben des Kindes und Jugendlichen vollzog sich in Verborgenheit. Rudolf Steiner sprach später von den «heimatlosen Seelen» der Menschen, die um und nach der Jahrhundertwende zur Anthroposophie fanden – er sprach über Menschen, die sich von der materialistischen Zivilisation zurückgestoßen empfanden und schicksalhaft eigene innere Wege suchen und gehen mussten, abseits und unverstanden von vielen. Über seine innere Entwicklung schrieb Oskar Schmiedel: «Schon frühzeitig – als ganz junger Mensch – interessierte ich mich für alles, was mit Dingen zusammenhing, die über dem Materiellen liegen, z.B. Hypnose, Spiritismus u.ä. Ich war in meiner Jugend ausnehmend religiös veranlagt, obgleich ich in einer vollkommen unreligiösen Familie aufgewachsen war. Nie habe ich auch zu meinen Angehörigen über mein religiöses Innenleben gesprochen, da mir dies zu tun unmöglich gewesen wäre. Von dem üblichen Kirchentum (ich war evangelisch-lutherisch getauft) und dem Religionsunterricht wurde ich kaum berührt. Ich lebte mein eigenes religiöses Innenleben für mich. Wenn auch meine Gebete (außer dem Vaterunser, das ich täglich durch mein ganzes Leben hindurch betete) kindlicher bzw. jugendlicher Art, von mir selbst ersonnen waren, so durchzogen doch Gebete (vielleicht mehr Bitten an Gott) und die entsprechende Gebetsstimmung meinen ganzen Tageslauf. Dass mit einer solchen Stimmung eine gewisse Weltauffassung […] verbunden war, ist nur selbstverständlich. Aber […] dieses Innenleben verschloss ich fest in mir und war nach Außen ein Junge wie die anderen, fröhlich und heiter. Vielfach gab ich mich nach Außen anders, als ich wirklich war. Ich war jedoch ein Junge, der sich an niemand wirklich angeschlossen hatte und auch nicht das besaß, was man einen Freund bezeichnen kann. Ich war mein ganzes Leben auch weiterhin in dieser Art ‹allein›, ohne dass ich dieses ‹Alleinsein› als drückend empfand. Es war mir wie selbstverständlich.»[11]

ABB. 2: MAX UND OSKAR, 1894

Oskar Schmiedel besuchte die Oberrealschule im 1. Wiener Bezirk bis zur Matura. Er wollte Offizier werden und trat nach Abschluss der Schule seinen einjährigen Militärdienst an. Im Dezember 1906 ließ er sich im «k. und k. Hofatelier Pokorny (Wien I. Graben 17)» in Uniform, mit Stiefeln und Säbel photographieren und sandte das entstandene Bild am 6.12.1906 seinen Eltern nach Hause. Auf der Rückseite schrieb er: «Meinen lieben Eltern zur frdl. Erinnerung an ihren Oskar». Dann jedoch trat eine Wende in seinem Leben ein.

ABB. 3: OSKAR SCHMIEDEL, 1906

In der ersten Novemberwoche des Jahres 1907, am Beginn von Oskar Schmiedels 21. Lebensjahr, hielt Rudolf Steiner vier Vorträge in Wien – zwei öffentliche («*Das Geheimnis des Todes und das Rätsel des Lebens*»; «*Lebenswunder im Lichte der Geisteswissenschaft*»), und zwei Vorträge vor den Mitgliedern der Theosophischen Gesellschaft («*Die sogenannten Gefahren der okkulten Einweihung*»; «*Das innere esoterische Leben und die übersinnliche Erkenntnis*»)*.* Oskar Schmiedel konnte alle vier Darstellungen hören – er war wenige Wochen zuvor der Theosophischen Gesellschaft nach einem Vortrag Franz Hartmanns spontan beigetreten. Später schrieb er dazu: «Wenn auch der Vortrag [Hartmanns] infolge seiner Oberflächlichkeit auf mich keinen großen Eindruck machte, so beschloss ich doch – eigentlich verwunderlicher Weise – der allgemein von dem Vorsitzenden der Theosophischen Gesellschaft (Lang) am Schluss des Vortrages gemachten Aufforderung, Mitglied zu werden, Folge zu leisten. Ich meldete mich also am gleichen Abend zum Mitglied der Gesellschaft an. Dies sollte für mich von großer Wichtigkeit werden. Kurze Zeit darauf (4. November 1907) kam Rudolf Steiner auf Einladung der Theosophischen Gesellschaft nach Wien, um zwei öffentliche und zwei interne Vorträge zu halten. Da der Vorsitzende eigentlich gegen Rudolf Steiner bereits damals eingestellt war, wurden – im Gegensatz zu den Vorträgen von Dr. Hartmann – keine Ankündigungen durch Plakate oder durch Inserate gemacht. Es wurden einzig und allein an die Mitglieder Einladungskarten gesandt. Ich hätte also von diesen Vorträgen nichts erfahren, wenn ich vier Wochen vorher nicht Mitglied geworden wäre.»[12]

Rudolf Steiner war seit dem Sommer 1902 Generalsekretär der deutschen Sektion der Theosophischen Gesellschaft und ging seinen eigenen, erkenntniswissenschaftlichen Weg, von dem Oskar Schmiedel unmittelbar ergriffen war: «Die Vorträge machten einen tiefen Eindruck auf mich.»[13] Hier fand Schmiedel, was er lange gesucht hatte. Er wollte die anfänglich vernommene Geisteswissenschaft Rudolf Steiners weiter ergründen – an seinem Studienort München, den er vor kurzem ausgewählt hatte. Im zeitlichen Umraum der Begegnung mit Steiner hatte sich Schmiedel gegen die Militärlaufbahn und für ein Chemiestudium entschieden, abweichend von der «allgemeinen *Heerstraße* des Lebens» (Steiner) und im Zeichen des Merkur (und nicht des Mars). So verließ er Wien und zog in seinem 21. Lebensjahr in die bayrische Hauptstadt.

ABB. 4: RUDOLF STEINER, 1907

Oskar Schmiedel immatrikulierte sich im Wintersemester 1907/08 an der Technischen Hochschule Münchens für Chemie und begann seine Studien in einer Stadt, deren künstlerischer Geist und südlicher Charakter anziehend war. Schmiedel aber suchte in München nicht das allgemeine Kulturleben oder die freie Atmosphäre, sondern bereits in den ersten Tagen seiner Ankunft die nähere Bekanntschaft mit der Theosophie Rudolf Steiners. Er war entschieden und außerordentlich initiativ, dennoch war die erste Kontaktaufnahme auch in München nicht einfach – in seinem Erinnerungsbericht schrieb er später: «Als ich in dem Adressbuch nach der Adresse der Theosophischen Gesellschaft suchte, fand ich zuerst ‹Loge I, II und III› angeführt. Da ich als Österreicher gegenüber dem Namen ‹Loge› etwas wie ein abwehrendes Gefühl hatte, ging ich nicht hin, sondern in eine ‹Theosophische Vereinigung›. Da fand ich nur einige Leute in einem Dachzimmer, denen ein buckliger Herr etwas vorlas – das Ganze war höchst unbefriedigend für mich. Von diesem Abend ging ich mit einem dabei auch anwesenden Herrn fort, der mir riet, dass ich doch einmal in die ‹Damenstiftstraße› gehen sollte. Dort wäre ein Lesezimmer, in dem eine Baronin Gumppenberg vorlesen würde. Dies würde mir gewiss mehr zusagen. Bald darauf ging ich hin und kam so – nach diesem kleinen Umweg – in die Bewegung Rudolf Steiners. Hier lernte ich auch Felix Peipers kennen. Ich trat in die Loge II ein, die die Baronin Gumppenberg leitete. Ich ging aber auch ständig in die Loge I, die von den Damen Stinde und Gräfin Kalckreuth geleitet wurde. Nun war ich fast an jedem Abend in irgend einer Veranstaltung.»[14]

München entwickelte sich in diesen Jahren zu einem Zentrum der theosophischen Arbeit um Rudolf Steiner. Steiner kam häufig zu Einzelvorträgen und größeren Vortragszyklen – ein halbes Jahr vor Schmiedels Eintreffen in der Stadt hatte er hier einen großen Pfingstkongress ausgerichtet, über die «Theosophie des Rosenkreuzers» gesprochen und Edouard Schurés Mysterienstück «Das Heilige Drama von Eleusis» zur Aufführung gebracht. Mit seinen hervorragenden Mitarbeiterinnen Sophie Stinde und Gräfin Pauline von Kalckreuth konnte Steiner in München initiativ wirken. Oskar Schmiedel blieb über sechs Jahre in der Stadt und nahm (neben seinen Chemie-Studien) an allem teil.

ABB. 5: LUDWIGSSTRASSE

Nur wenige Wochen nach seiner Ankunft in München und der Aufnahme seines Chemie-Studiums reiste Oskar Schmiedel mit anthroposophischen Bekannten aus München nach Nürnberg zu Vorträgen Rudolf Steiners. Er wandte sich an den Nürnberger Zweigleiter Michael Bauer, einen der fortgeschrittensten esoterischen Schüler Rudolf Steiners, bat um Unterkunft und machte sich auf den Weg – für den öffentlichen Vortrag «Die Naturwissenschaft am Scheideweg» vom 30. November 1907, der eine methodisch wegweisende Bedeutung für Schmiedel hatte, und zu Steiners interner Darstellung «Über die Beziehung des Menschen zu der ihn umgebenden Welt» (am 1. Dezember). Viele Fragen, die Oskar Schmiedel jahrelang nur für sich, im Inneren seines Wesens bewegt hatte, fanden Aufklärung und Licht, auch zahlreiche Aspekte, die seinen akademischen Ausbildungsgang betrafen – in einer Atmosphäre, in die er sich unvermutet aufgenommen fand, in bemerkenswerter Beschleunigung der Zeit. Gerade einmal vier Wochen waren vergangen, seit er in Wien überraschend Zugang zu Vorträgen Steiners gefunden hatte. Nun war er hier in Nürnberg, neben Michael Bauer und Rudolf Steiner, den edelsten Gestalten der anthroposophischen Bewegung.

In seinem Lebensrückblick beschrieb Schmiedel später die Nürnberger Situation, die Begegnungen mit Rudolf Steiner im Zweigvortrag in kleiner Gemeinschaft, aber auch im Hotel, beim Frühstück und im persönlichen Gespräch – dem ersten, das er mit dem geistigen Lehrer führen konnte. Auch Rudolf Steiners Wegbegleiterin Marie von Sivers begegnete ihm bald nach Nürnberg – «Ich lernte sie persönlich im Dezember 1907 kennen und konnte ihr nur die größte Sympathie entgegenbringen. Es sprach mich ihr heiteres Wesen, das über jedes Scherzwort fast kindlich lachen und sich freuen konnte, sehr an ...»[15] Wenige Monate später, im Frühjahr 1908, konnte Schmiedel bereits in die esoterische Schule Rudolf Steiners aufgenommen werden, in den inneren Kreis derjenigen Theosophen, die einen spirituellen Entwicklungsweg beschreiten wollten und persönliche Meditationen und Übungen von Steiner erhielten. Für diesen Kreis fanden eigene Unterweisungen, «esoterische Stunden» statt; auch standen die Schüler im schriftlichen Austausch mit Rudolf Steiner bzw. wurden aufgefordert, ihm nach Möglichkeit von ihren Erfahrungen auf dem meditativen Weg zu berichten, bekamen Rat, Hilfestellung und Unterstützung.

ABB. 6: OSKAR SCHMIEDEL: AUFZEICHNUNGEN

Anfang Dezember 1907 lernte ich in Nürnberg Dr. Steiner im Hause Michael Bauers persönlich kennen. Es kam dies so. Ich bat Michael Bauer von München aus schriftlich, mir eine Unterkunft zu besorgen, da ich gerne die Vorträge, die Dr. Steiner in Nürnberg halten sollte, anhören wollte. Ich beabsichtigte, die Adresse meiner Unterkunft bei Michael Bauer gleich nach Ankunft meines Zuges abzuholen. Ich fuhr von München aus mit Bekannten, darunter Herrn Kuhn und Baronin Gumpenberg nach Nürnberg. Herr Kuhn bewog mich, dass ich zuerst mit ihnen zu Mittagessen und erst dann zu Michael Bauer hingehen sollte. Ich willigte ein und ass dann (am 1. Dez. 1907) das erstemal vegetarisch. Von diesem Tag an blieb ich der fleischlosen Kost treu. Nur wenige Wochen – als ich August 1914 eingerückt war – ass ich Fleisch. Aber es war mir dies wo wenig angenehm, dass ich auch während des Krieges bald wieder begann, fleischlos zu leben. Ich kochte mir meistens – während ich mich wusch – eine dicke Suppe vor und stellte sie in die Kochkiste, die ich in meinem Kleiderschrank untergebracht hatte. Ich lebte während des Krieges in einem Hotel, mittags verzehrte ich dann meine Suppe. Bei dieser Art Verpflegung fühlte ich mich sehr wohl. Nur während der sogenannten fleischlosen Tage ging ich ins Gasthaus.

Als ich nun zu Michael Bauer nach dem Essen gekommen war, musste ich erfahren, dass Dr. Steiner zu Besuch bei Bauers war und man mit dem Mittagessen auf mich ziemlich lange gewartet hat. Bevor Dr. Steiner fortging unterhielt er sich eine Weile mit mir. Die Unterhaltung war allgemeiner Natur. Am Abend war dann, wenn ich nicht irre, ein öffentlicher Vortrag. Ich wohnte in dem gleichen Hotel wie Dr. Steiner,; es hiess, glaube ich, "Zum schwarzen Adler". Als ich beim Frühstück sass, kam Rudolf Steiner, setzte sich zu mir und sprach über verschiedenes. Unter anderm frug er mich über meine Studien. Ich erzählte ihm, wie unklar die Professoren oft die Theorien vortrugen. Ich führte das Beispiel eines Professors an, den ich kürzlich über die Ionentheorie gehört hatte. Nun begann Rudolf Steiner mir diese Theorie in dem Sinne zu erklären, wie sie der Professor darstellen hatte wollen. Jetzt verstand ich erst diese Theorie, so klar war die Darstellung Rudolf Steiners.
Am Nachmittag war dann der "Logen-Vortrag". Er fand in einem Unterrichtszimmer einer Mädchenschule statt. Wir sassen etwa 10 bis 14 Leute um einen langen Tisch herum, an dessen Mitte Rudolf Steiner stand. Ich sass ihm gerade gegenüber. Diese Intimität des Vortrages machte einen tiefen Eindruck auf mich. – Am nächsten Tag hatte ich meine erste persönlich Unterredung mit Dr. Steiner in seinem Hotelzimmer, bei der er mit grosser Liebe und Freundlichkeit sprach.

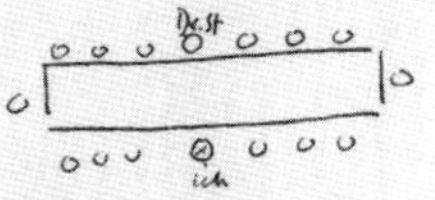

Ostern 1908 war ich während meiner Ferien in Wien und versammelte einige Leute um mich, mit denen ich schlecht und recht Vorträge von Dr. Steiner las. Sie waren mir z. Teil bereits in München genannt worden, z. Teil erfuhr ich ihre Adressen in Wien. Es waren etwa 10 Leute. Vorallem lernte ich da Emanuel Novak kennen, auf den ich bereits in München aufmerksam gemacht worden war. Er war österreichischer Offizier und war

Nach der miterlebten Ablehnung, die Rudolf Steiner von der Führung der Theosophischen Gesellschaft in Wien zuteil geworden war, versuchte Oskar Schmiedel, eine eigene Zweig- oder Logengründung in der k. und k.-Metropole in seinen Semesterferien zu organisieren. Die Begründung sollte bereits im Herbst 1908 stattfinden, mit einem feierlichen Akt und einem halböffentlichen Vortrag. Schmiedel war begeistert und energisch tätig, sprach mit vielen Menschen und sammelte Geld – im August 1908, während des Stuttgarter Vortragskurses «Welt, Erde und Mensch», bat er Rudolf Steiner, ihn in einer Pause photographieren zu dürfen, um die Bilder zugunsten der Wiener Zweiggründung verkaufen zu können: «In seiner Güte willigte er ein und ich machte je zwei Aufnahmen von Dr. Steiner alleine und von ihm und Frl. von Sivers zusammen. Die Aufnahmen waren recht gut gelungen, nur zerbrachen leider später die Platten der beiden Einzelaufnahmen Dr. Steiners. Doch sind eine größere Anzahl Abzüge vorhanden gewesen, sodass von diesen neue Aufnahmen gemacht werden konnten. Von dem so eingenommenen Geld – ich konnte eine größere Anzahl Bilder bereits bei dem Stuttgarter Vortragszyklus verkaufen – konnte ich die Unkosten für den Vortrag und den Aufenthalt Dr. Steiners in Wien bestreiten und auch für spätere Unkosten einen Betrag reservieren.»[16]

Schmiedels Photographien gelangen, nicht jedoch die Wiener Zweiggründung im Spätherbst, aufgrund sozialer Spannungen unter den Theosophen vor Ort. Oskar Schmiedel erfuhr dies erst kurz vor Steiners Eintreffen und musste ihn darüber informieren: «Als dann Dr. Steiner und Frl. von Sivers angekommen waren, musste ich Frl. von Sivers diese unangenehme Sache mitteilen. Frl. von Sivers war sehr freundlich mit mir und nahm die Sache nicht weiter tragisch.»[17] Rudolf Steiner und Marie von Sivers waren Schwierigkeiten mit der Theosophischen Gesellschaft gewohnt. Seine Wiener Vorträge hielt Steiner trotzdem – und sprach am 21., 23. und 24. November, zuletzt im «Ingenieur- und Architektenverein» über «Das Wesen des Menschen als Schlüssel zu den Geheimnissen der Welt».

ABB. 7: RUDOLF STEINER UND MARIE VON SIVERS

Noch Ende des Jahres 1907, in den ersten Wochen nach seinem Studienbeginn in München und der Reise nach Nürnberg, begegnete Oskar Schmiedel in der Theosophischen Gesellschaft der zwanzigjährigen Thekla Michels, der jüngsten von sechs Töchtern des Arztes Dr. med. Adolf Michels. Thekla war Physiotherapeutin und wie Oskar geistig suchend – ihre ältere Schwester Clara, die Mathematik und Physik studiert hatte, war bald nach der Jahrhundertwende in Berlin als erste aus dem Geschwisterkreis auf Rudolf Steiner aufmerksam geworden. Oskar Schmiedel und Thekla Michels, die eine ausnehmend schöne Frau war, fanden sich auf diesem Weg und waren bereits nach kurzer Zeit entschieden, ihn in Zukunft gemeinsam zu gehen. Die heimliche Verlobung fand im August 1909 statt – vier Jahre später konnte Oskar Schmiedel Thekla endlich heiraten, nach Abschluss seiner Universitätsstudien, der Promotion und einer vorweisbaren Berufstätigkeit.

ABB. 8: EINE SCHIFFFAHRT

V.L.N.R.: ANNA MICHELS, CLARA MICHELS, OSKAR SCHMIEDEL, THEKLA MICHELS

Söcking, d. 15.5.10

Sehr geehrter Herr Doktor!

da ich mir heute eine Luxation des rechten Oberarmes zugezogen habe und mein Arm dadurch für mindestens 2 Wochen bewegungsunfähig geworden ist, bitte ich Sie, mir gütigst sobald als möglich mitteilen zu wollen, wie ich es mit meiner letzten Übung halten soll. Soll ich trotzdem die Medizin weiternehmen, wo noch dazu mein Zustand sich sehr verschlimmert hat, seit ich vor 3 Wochen in Wien zum letzten Mal mit Ihnen darüber sprach?

Indem ich Ihnen für Ihre Freundlichkeit im voraus bestens danke, grüsst Sie herzlichst

Oskar Schmiedel

NB. Vorstehendes schrieb meine Braut nach Diktat.

In der letzten Aprilwoche des Jahres 1910 hatte Oskar Schmiedel Rudolf Steiner in Wien getroffen und von seiner angeschlagenen Gesundheit berichtet. Steiner hatte Schmiedel daraufhin Heilmittel empfohlen – nun erhielt er Schmiedels Brief aus Söcking am Chiemsee, wo die Familie Michels einen Landsitz besaß. Schmiedel fragte primär nach der Fortführbarkeit einer esoterischen Übung, die offenbar mit einer bestimmten Körperstellung verbunden war, darüber hinaus nach der weiteren Therapie. Er diktierte Thekla den Brief – sie gehörte ebenfalls Rudolf Steiners esoterischer Schule an.

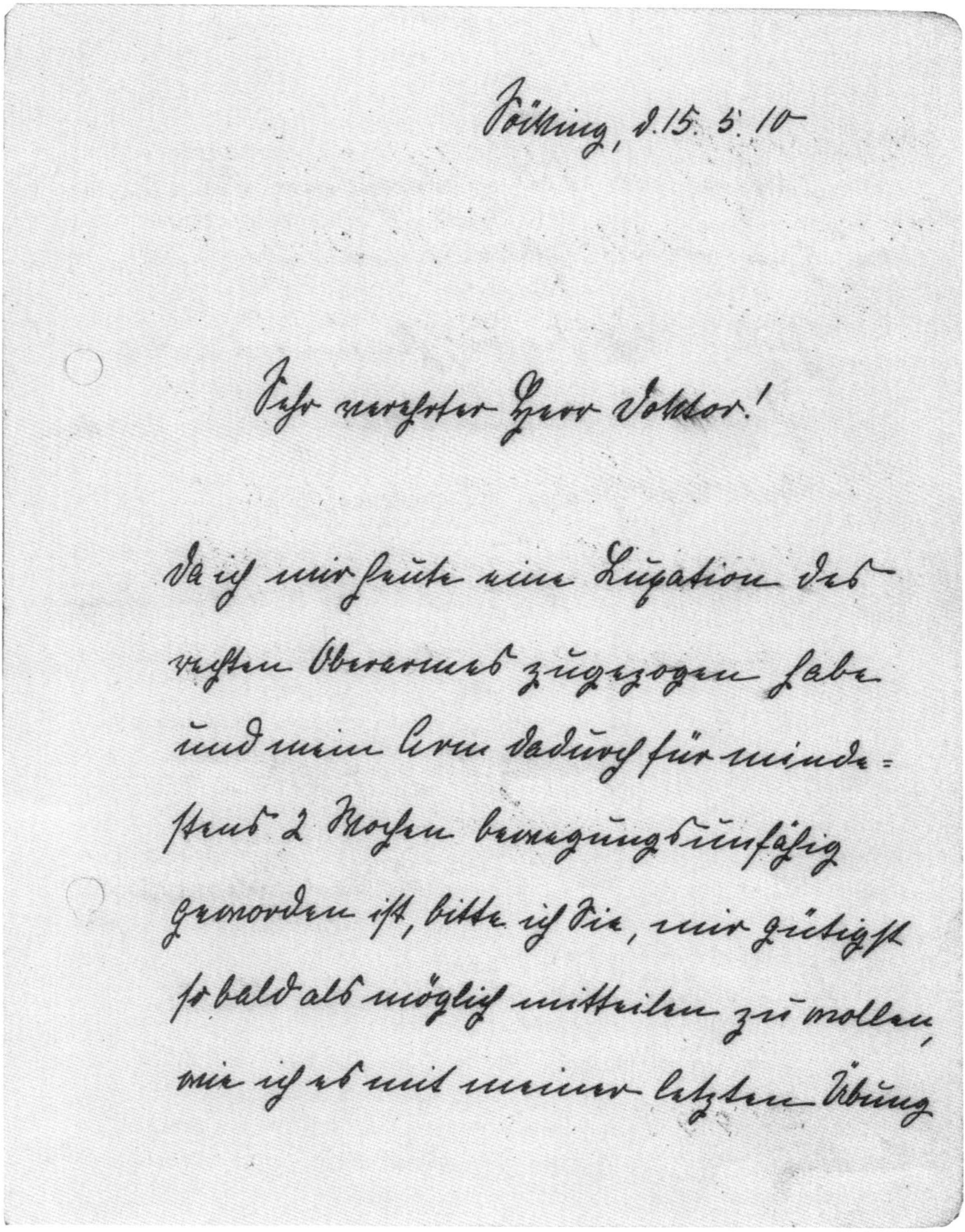

ABB. 9: BRIEF AN RUDOLF STEINER, 15.5.1910, S. 1

Pöcking, d. 15. 5. 10

Sehr verehrter Herr Doktor!

Da ich mir heute eine Luxation des
rechten Oberarms zugezogen habe
und mein Arm dadurch für mindestens 2 Wochen bewegungsunfähig
geworden ist, bitte ich Sie, mir gütigst
so bald als möglich mitteilen zu wollen,
wie ich es mit meiner letzten Übung

«1909 wurden während der Sommerveranstaltungen in München erstmals ‹Die Kinder des Luzifer› von Schuré gespielt. Als 1910 ‹Die Kinder des Luzifer› wieder aufgeführt werden sollten, wurde ich auf Vorschlag von Dr. Ernst Wagner, dem Teile der künstlerischen Ausgestaltung der Bühnenbilder oblag, von Dr. Steiner aufgefordert, mitzuspielen, und zwar sollte ich den Sklaven Thessalus geben.»[18]

Bereits 1905 hatten Rudolf Steiner und Marie von Sivers das Stück des französischen Schriftstellers und Theosophen Edouard Schuré in deutscher Sprache veröffentlicht, in der Übersetzung Marie von Sivers' und mit einer Vorrede Rudolf Steiners. In einem Vortrag hatte Steiner Schurés Mysterienspiel, dessen Handlung im vierten nachchristlichen Jahrhundert im kleinasiatischen Dionysia spielt, als «geradezu aus dem Geist der nächsten Menschheitszukunft heraus» bezeichnet[19] und es wenige Jahre später, im Sommer 1909, in München uraufgeführt, in seiner eigenen Regie und in freien Rhythmen. Schuré, der dem Vorhaben anfangs sehr skeptisch gegenübergestanden hatte, war trotz der Laienschauspieler sehr beeindruckt gewesen: «Wie ich mich freue, die Literaturkritik liegen zu lassen, um mich wieder einmal als Dichter zu fühlen, indem ich das esoterischste meiner Dramen und vielleicht das einzige, welches wert ist, gespielt zu werden, vor meinen Augen zum Leben erweckt sehe.»[20]

Bei der Wiederaufnahme des Stückes im Sommer 1910 war Oskar Schmiedel handelnd beteiligt: «In einer Halle eines Turnvereins wurde täglich am Vormittag geprobt. Ich kam freudig der Einladung nach und fand mich bei der nächsten Probe ein. Ich bekam die Rolle des Thessalus ausgehändigt und musste gleich vorspielen und wurde von Dr. Steiner zu meiner großen Freude akzeptiert. Der Sklave Thessalus war ein alter Sklave, der Cleonis, die von Frau Dr. Steiner dargestellt wurde, als Kind gepflegt und gehütet hatte. Er kam in die Wüste, wo Cleonis in einem Kloster lebte und begleitete sie in die Stadt usw. In dem Stück spielte ich noch 2 andere, kleinere Rollen. Einen Jüngling aus dem Volke und auch einen Bergbewohner. Da wollte es das Unglück, dass ich die Anfänge dieser beiden ‹Rollen› bei der Aufführung miteinander vertauschte. Dann ging ich ganz verzweifelt darüber zu Dr. Steiner, um mich für den Fehler zu entschuldigen. Aber ganz gemütlich tröstete er mich und sagte: ‹Das hat doch niemand gemerkt.›»[21]

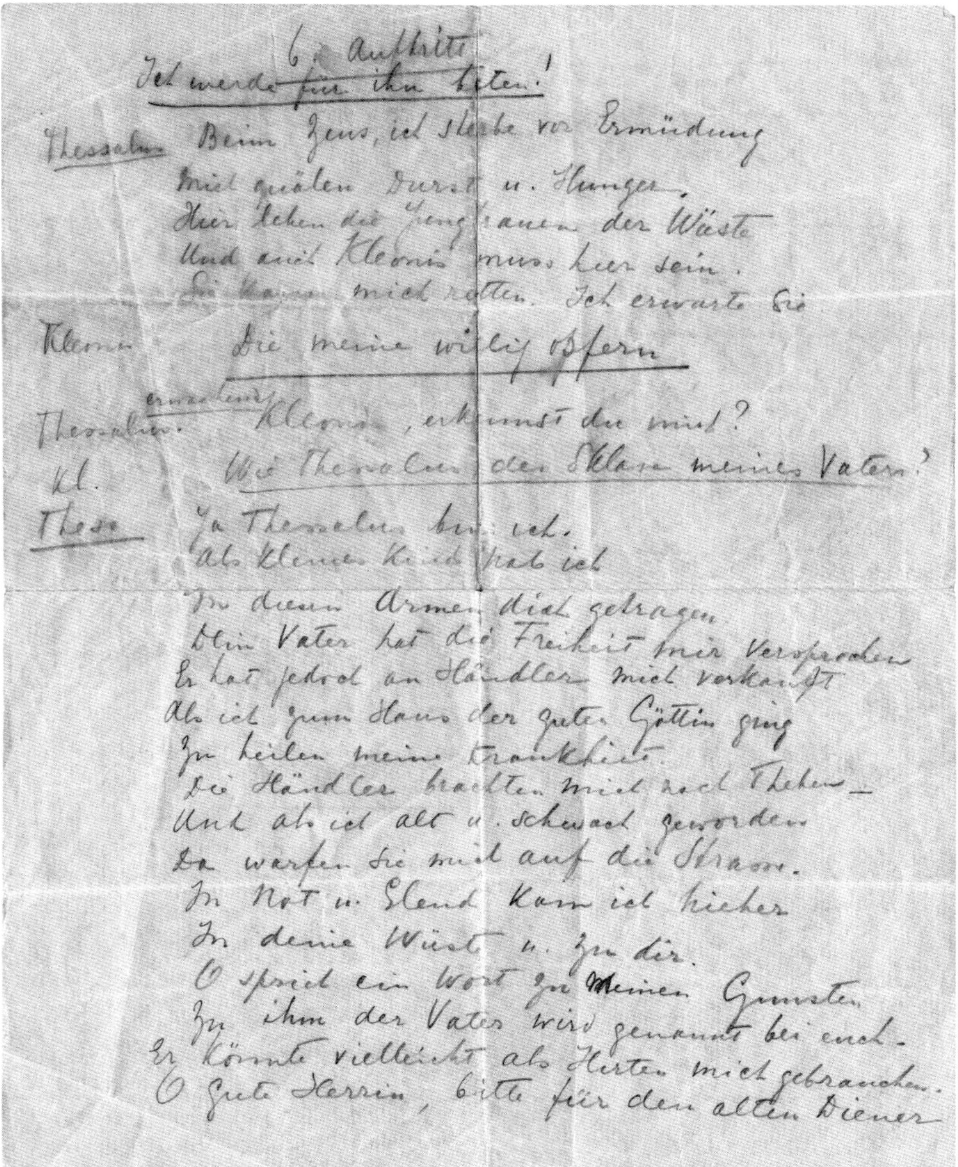

ABB. 10: DIE KINDER DES LUZIFER

6. Auftritt
Ich werde für ihn bitten!

Thessalus: Beim Zeus, ich sterbe vor Ermüdung
Mich quälen Durst u. Hunger.
Hier leben die Jungfrauen der Wüste
Und auch Kleonis muss hier sein.
Sie kann mich retten. Ich erwarte sie.

Kleonis: Die meine willig opfern

Thessalus: (erwachend) Kleonis, erkennst du mich?

Kl.: Wo Thesalus der Sklave meines Vaters?

Thess: Ja Thesalus bin ich.
Als kleines Kind hab ich
In diesen Armen dich getragen
Dein Vater hat die Freiheit mir versprochen
Er hat jedoch an Händler mich verkauft
Als ich zum Haus der guten Göttin ging
Zu heilen meine Krankheit.
Die Händler brachten mich nach Theben_
Und als ich alt u. schwach geworden
Da warfen sie mich auf die Strasse.
In Not u. Elend kam ich hierher
In deine Wüste u. zu dir.
O sprich ein Wort zu meinen Gunsten
Zu ihm der Vater wird genannt bei euch_
Er könnte vielleicht als Hirten mich gebrauchen.
O Gute Herrin, bitte für den alten Diener

OSKAR SCHMIEDEL: SZENEN-ABSCHRIFT

«Viel wichtiger, als dass ich in den ‹Kindern des Luzifer› mitspielen konnte, war mir, dass ich dadurch auch bei den Proben bei dem ersten Mysterienspiel anwesend sein konnte. Es war ein großes Erlebnis, bei dem Entstehen und dem Einstudieren der Mysterienspiele dabei sein zu können. Einen ganz besonders tiefen Eindruck machte es stets, Dr. Steiner zu erleben, wie er die einzelnen Rollen vorspielte. Er tat es mit einer solchen schauspielerischen Kunst und Kraft, die es den Darstellern schwer machte, in ihrer eigenen Darstellung dem wenigstens einigermaßen nachzukommen. Die Darsteller selbst hatte Rudolf Steiner mit einem seltenen Geschick ausgewählt. Sie passten zu ihrem gewöhnlichen Verhalten und sogar in ihrem Aussehen zu den einzelnen Rollen ganz ausgezeichnet; sie konnten ihre Rollen größten Teils ohne Maske und ohne ‹schauspielern› darstellen. Man glaubte ihnen einfach die Menschen, die sie darstellten... Ich bedaure nur sehr, dass ich während der Proben kein Tagebuch über das von Dr. Steiner [Gesagte] geführt habe. Er hatte da manches gesagt, was zum Verständnis der Mysteriendramen sehr wichtig gewesen war und das er sonst nicht mehr wieder ausgesprochen hatte.»[22]

Oskar Schmiedel erlebte ab dem Jahr 1910 alljährlich im Sommer das Einstudieren der Mysteriendramen. Er nahm an den Proben teil, wirkte als Souffleur, «Donnerer», Beleuchter und Schauspieler (in der Rolle eines Bauern), und war von Rudolf Steiners Arbeit als Schriftsteller und Regisseur tief beeindruckt. In wenigen Wochen entstanden das Stück und alle Bedingungen seiner Aufführung – Steiner sorgte in personam nicht nur für den Text und die Proben, sondern leitete auch die Dekorations- und Kostümarbeiten, hielt parallel Vortragskurse und empfing Menschen zu Einzelgesprächen. «Er war immer der Gleiche, immer frisch, freundlich, geduldig und gütig. Überhaupt schienen die Jahre der Aufführung seiner Mysterienspiele (1910 – 1913) der Höhepunkt seines Lebens und Wirkens gewesen zu sein. Auch wir empfanden diese ganzen Sommerwochen, die etwa Ende Juni begannen, als eine hohe Festeszeit. Ich kann mich nicht erinnern, in späteren Zeiten Dr. Steiner in einer gleich gehobenen Stimmung, die geradezu fröhlich war, erlebt zu haben. Wir alle, die an diesen Wochen teilnehmen konnten, können nur dem Schicksal unsäglich dankbar sein, denn diese Zeit konnte auch für jeden einzelnen der Höhepunkt seines Lebens sein. Wenigstens <u>ich</u> empfinde diese Zeit so.» (Schmiedel[23])

ABB. 11: DAS ERSTE MYSTERIENDRAMA

Die Pforte der Einweihung.
(Initiation)

Ein Rosenkreuzermysterium

durch

RUDOLF STEINER.

Zweite Ausgabe.

BERLIN 1911.
Philosophisch-Theosophischer Verlag, Berlin W., Motzstrasse 17.

«Eine der wichtigsten Bemerkungen Dr. Steiners waren diejenige, die er über den Altar in dem Meditationszimmer im ersten Mysteriendrama machte. Dieser [Altar] bestand aus zwei Transparenten. Oben war eines in einer Art Hufeisen-Form mit dem Rosenkreuz, das umgeben war von einigen verschieden-farbigen Ovalen. Auf dem unteren Teil des Altares war ein Transparent in einer Kegel-Form, das in Kreisen dieselben Farben und in der gleichen Aufeinanderfolge aufwies. Dr. Steiner sagte dazu, dass die Farben des oberen Transparentes hinausströmten in den Raum, sich da kreuzten und dann nach unten strömten und da den Kegel mit dem Farbenkreis erzeugten. Gleichzeitig tönen sie: *O mani padme hum*. Es ist dies, wie Rudolf Steiner weiter ausführte, ein Zeichen für den Zusammenklang des orientalischen und abendländischen Okkultismus. Für mich waren diese Ausführungen von ganz besonderer Bedeutung und ich glaube, es werden nur wenige außer mit verstanden haben, was Rudolf Steiner damit sagen wollte. Ich hatte gerade in dieser Zeit das Buch von Sven Hedin ‹Transhimalaja› gelesen, und war gerade bei dem Kapitel angelangt, wo er über die heiligen tibetanischen Worte *O mani padme hum* spricht. Diesen Worten begegnet man in Tibet überall, sie sind überall aufgemalt und werden in allen Gebetsmühlen auf langen Papierstreifen geschrieben und durch das Drehen der Mühlen fortwährend wiederholt. Diese Worte sind nach ihrem wirklichen Sinn kaum zu übersetzen; dem eigentlichen Wortsinn nach bedeuten sie etwa: ‹O Kleinod in der Lotos›. Es war natürlich für mich ein tiefer Eindruck, als ich dies von mir in dem Buch von Sven Hedin eben gelesene Wort von den Lippen Rudolf Steiners im Zusammenhang mit den Mysterienspielen hörte. Es zeigte mir auch, wie wichtig jede Angabe Rudolf Steiners für die Ausstattung und für die Kostüme der Mysterien war und wie es notwendig gewesen wäre, dass nach dem Tode Rudolf Steiners bei den Neuaufführungen jede von ihm gemachte Angabe auf das genaueste hätte befolgt werden sollen. Leider geschah dies nicht, sondern die Dramen wurden in vielen Dingen ganz anders inszeniert.»[24]

ABB. 12: ZEICHNUNG OSKAR SCHMIEDELS

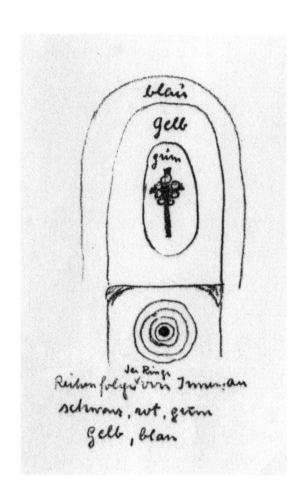

«Es war wohl im Sommer 1910, als die Mutter von Frl. von Sivers (Excellenz von Sivers) und die Schwester (Olly von Sivers) auf einige Zeit in Söcking bei Starnberg im Schormerhof waren. Meine Schwägerinnen hatten dort ein Erholungsheim eingerichtet. Dr. Steiner und Frl. von Sivers kamen zum Besuche nach Söcking. Ich photographierte bei dieser Gelegenheit beide zusammen mit Exc. von Sivers und Frl. Olly v. Sivers und einer Anzahl gerade anwesenden Theosophen. Es ist dies eine in der Geschichte der [Anthroposophischen] Gesellschaft wichtige und interessante Aufnahme, da sie eine Anzahl Persönlichkeiten vereint, die positive und negative Rollen in der darauf folgenden Zeit in der Gesellschaft gespielt haben, z.B. Frl. Ritter, Frl. Waller, Frau von Vacano, Hofrat Seiling und Frau, Frl. Sprengel, Dr. Ernst Wagner u. andere. – Dr. Steiner ging dann, gefolgt von dem ganzen Schwarm der Theosophen, durch die Feldwege der Wiesen meiner Schwägerinnen. (Kurz zuvor hatte die gleichen Wege der katholische Pfarrer mit einer Prozession zum Segnen der Flur gemacht.) Dr. Steiner sprach bei diesem Gang gar manches über landwirtschaftliche Dinge. So erinnere ich mich, dass er zu meiner Schwägerin Gertrud, die Gärtnerin war, von den Bienen und den Imkern erzählte. So hätten die alten Imker früher die einzelnen Bienenstücke nur als ‹der Bien› bezeichnet und mit ihnen in einer Art von alten Volksweisen-Ton gesprochen. Wenn z.B. ein Imker gestorben war, und die Bienen an einen andern Besitzer übergegangen waren, so ging der neue Besitzer zu den einzelnen Stöcken und sagte: zu jedem in altem volksweisem Ton: ‹Du Bien, ich bin jetzt dein Herr, du darfst mich nicht mehr stechen etc.›»[25]

Den «Schormerhof» in Söcking am Starnbergersee hatte Dr. Michels bald nach der Jahrhundertwende für seine sechs Töchter gekauft, die alle zeitweise dort wohnten. Er bestand aus einem Bauernhof mit herrschaftlichem Haus und wurde mit Gästezimmern versehen, die von erholungssuchenden Theosophen gerne aufgesucht wurden. Später entstanden auch Freundschaftsverbindungen zu Michael Bauer und Margarete Morgenstern, die ab 1917 in Breitbrunn am Ammersee wohnten.

ABB. 13: SÖCKING, SOMMER 1910

1. FRL. ALICE SPRENGEL
2. FRL. MARIE RITTER
3. DR. ERNST WAGNER
4. FRAU HOFRAT SEILING
5. FRAU HARRIET VON VACANO
6. HOFRAT SEILING
7. DR. RUDOLF STEINER
8. MAX GÜMBEL-SEILING
9. FRL. OLGA VON SIVERS
10. FRL. KÄTHE SCHALLERT
11. FRAU RIEPER
12. FRL. MIETA WALLER
13. HERR LARIE HOSFELD
14. FRL. GERTRUD MICHELS
15. FRL. ANNA MICHELS
16. FRL. THEKLA MICHELS
17. RUDI RIEPER
18. FRAU ELSBETH WAGNER
19. HELGA WAGNER
20. EXCELLENZ VON SIVERS
21. FRL. MARIE VON SIVERS

München war in den Jahren um 1910 nicht nur das künstlerische Zentrum der anthroposophischen Bewegung, sondern auch einer geisteswissenschaftlich erweiterten Medizin. Bereits 1907, im Jahr von Schmiedels Ankunft in der Stadt, hatte der 34jährige Nervenarzt Felix Peipers, ein esoterischer Schüler Rudolf Steiners, sein Sanatorium am Englischen Garten eröffnet – die erste klinische Einrichtung der theosophischen Bewegung unter Rudolf Steiner, der regelmäßig zu Besuch kam, Patienten vorgestellt bekam und Empfehlungen aussprach. Ein Jahr später, 1908, begann Peipers, der in allen vier Mysteriendramen den Geisteslehrer Benedictus spielte, mit Unterstützung Steiners eine Farbkammertherapie in seinem Sanatorium einzurichten. – Neben Peipers wirkten in München u.a. die theosophischen Ärzte Max Hermann (der eng mit Marie Ritter, einer Heilkundigen aus Breslau, zusammenarbeitete) und Hanns Rascher. In Gegenwart dieser Ärzte, aber auch Oskar Schmiedels, sagte Steiner am 26.8.1910 in einem Münchner Vortrag: «Es wäre im Sinne dessen, was ich selbst als geisteswissenschaftliche Bewegung ansehen muss, mein dringendster Wunsch, dass diejenigen, welche eine physiologisch-ärztliche Vorbildung haben, sich soweit mit den Tatsachen der Geisteswissenschaft bekanntmachen, dass sie in Bezug auf ihren Tatsachencharakter die Ergebnisse der Physiologie einmal durcharbeiten können. Ich werde selbst im nächsten Frühling nur höchstens die Grundlinien dieser geisteswissenschaftlichen Physiologie ziehen können. Da muss viel gearbeitet werden.»[26] Ob Oskar Schmiedel an dem Prager Kurs vom März 1911 über «okkulte Physiologie» teilnahm, ist nicht dokumentiert; in ihm sprach Rudolf Steiner erstmals in seinem mitstenographierten Vortragswerk über neue pharmazeutische Verfahren der Metallverarbeitung. – Rudolf Steiner hoffte auf eine Bewegung in der Ärzteschaft, auf einen initiativen Aufbruch im großen Stil (*«es wäre mein dringendster Wunsch»*). Selbst die Mysteriendramen waren von Fragen der Heilkunst mitbestimmt – vom alten Wissen des Felix Balde, von den Rosenkreuzern und den technologischen Herausforderungen der neuen Zeit, die Strader innerhalb der Dramen repräsentierte.[27]

Im Sommer 1911 machte Oskar Schmiedel an der Münchner Technischen Hochschule sein Chemie-Diplom und schloss sein Regelstudium ab. Er arbeitete jedoch weiter an der Universität und strebte eine Promotion an.

ABB. 14: «EINE OKKULTE PHYSIOLOGIE», 1911

THEOSOPHISCHE GESELLSCHAFT (ADYAR)
BÖHMISCHE SEKTION — PRAG.

WIR ERLAUBEN UNS HIEMIT ALLE FREUNDE DER THEOSOPHISCHEN BEWEGUNG ZU EINEM
VORTRAGS-ZYKLUS VON Dr. RUDOLF STEINER
ÜBER

OKKULTE PHYSIOLOGIE

AUFS HERZLICHSTE EINZULADEN.

DER ACHTTÄGIGE ZYKLUS FINDET STATT
VOM 20. BIS 24. UND VOM 26. BIS 28. MÄRZ 1911
IM SAALE DES KAUFMÄNNISCHEN VEREINES „MERKUR", PRAG, MIKULÁŠSKÁ TŘÍDA.
BEGINN ALLABENDLICH 8 UHR.

AUSSERDEM HÄLT Dr. RUD. STEINER IM GLEICHEN RAUME
2 ÖFFENTLICHE VORTRÄGE:
AM 19. MÄRZ ABENDS 8 UHR —
WIE WIDERLEGT MAN THEOSOPHIE.
AM 25. MÄRZ NACHMITTAGS 4 UHR —
WIE VERTEIDIGT MAN THEOSOPHIE.
NACH DEM SCHLUSSE DER VORTRÄGE FRAGEN-BEANTWORTUNG.

EINLASSKARTEN: für den Zyklus: K 10'—, für öffentliche Vorträge à K 1'—; für ausländische Gäste auf alle 10 Vorträge M 10'—. — Anmeldungen (unter Einsendung des Beitrages) werden baldmöglichst erbeten an das Sekretariat der Sektion: Prag-Kgl. Weinberge, Vocelova 2, II. Stock, wohin auch alle Anfragen über Wohnungsangelegenheiten zu richten sind.
Wir freuen uns auf recht zahlreiche Teilnahme unserer Freunde und heissen alle herzlichst willkommen.
Mit theosophischem Grusse
BÖHMISCHE SEKTION DER THEOSOPHISCHEN GESELLSCHAFT.

Dass der Laboratoriumstisch zum «Altar» werden müsse, bezeichnete Rudolf Steiner in verschiedenen Vorträgen als Erfordernis der Zukunft. Die Rosenkreuzer hatten vor Jahrhunderten die Wandlungsprozesse in der Innen- und Außenwelt des Menschen mit größter Aufmerksamkeit verfolgt und an ihnen gearbeitet – in der Zukunft, so Steiner, werde eine neue spirituelle Gesinnung erwachen, die erneut um die Substanzgeheimnisse der Erde weiß und für sie tätig wird. Oskar Schmiedel erwog bereits zur Osterzeit 1912 die Begründung eines theosophischen Laboratoriums und besichtigte erste Räumlichkeiten, konnte jedoch die Miet- und Betriebskosten nicht aufbringen. Dann, wenige Monate später, trat ein anderer Mensch auf ihn zu: «An einem Zweigabend sagte mir die Malerin Frl. Imme von Eckardtstein, dass Dr. Steiner die Anregung gegeben habe, Farben aus Pflanzen herzustellen. Und sie frug mich, ob ich nicht mich mit ihr zusammen mit diesem Problem beschäftigen wolle. Ich bejahte freudig und sagte, dass ich mich gerne neben meinem Studium damit beschäftigen wolle. Was einen Raum dafür beträfe, so hätte ich gerade an diesem Tag an einem Hause in der Augustenstraße gegenüber der Technischen Hochschule eine Vermieteranzeige für ein Laboratorium gesehen. Am nächsten Tag sahen Frl. v. E. und ich es an (es waren zwei kleine Räume im Hinterhof) und beschlossen, es gemeinsam zu mieten und darin ein Laboratorium zur Ausarbeitung von Pflanzenfarben einzurichten. Die Kosten dafür und für den Betrieb soll jeder von uns zur Hälfte übernehmen. Unter Mithilfe meiner Braut wurde nun das Laboratorium eingerichtet und die Arbeit begonnen.»[28] *«Es kann nur Fruchtbares entstehen, wenn sich eine solche spirituelle Persönlichkeit, wie die Baronin es ist, mit einem Fachmann zu gemeinsamer Arbeit verbindet»*, schrieb Oskar Schmiedel zwei Jahre später an Rudolf Steiner.[29] Diese «gemeinsame Arbeit» war im Sinne der Mysteriendramen – als ein Zusammenwirken in geistiger Gemeinschaft.

Baronesse Imme von Eckhardtstein hatte bereits in der Worpsweder Malkolonie mitgewirkt und später, nach der Begegnung mit Rudolf Steiner, anthroposophisch gearbeitet – die künstlerische Gestaltung des Berliner Zweigraumes war eines ihrer ersten Werke. Für die weiteren Malarbeiten brauchte sie – nach den von Steiner erhaltenen Anregungen – Pflanzenfarben und damit die Hilfe eines Chemikers wie Oskar Schmiedel. Ab dem 1. Juli 1912 richteten Oskar Schmiedel und Thekla Michels die Laboratoriumsräume ein; den Ton der Wandfarbe hatte Rudolf Steiner auf Schmiedels Bitte hin angegeben.

München, Hessstr. 38/II r. 10.VI.12

Lieber Herr Doktor!

Frau Baronin v. Eckardstein und ich wollen uns ein Laboratorium vorläufig für Farbenversuche, später vielleicht auch für andere Experimente einrichten. Da wir nun gerne die richtige Grundfarbe treffen möchten, in der dieser Raum gehalten sein soll, trete ich an Sie mit der grossen Bitte heran, uns gütigst diese Angaben zu wollen. Da Frau Baronin momentan verreist ist, schreibe ich diese Zeilen.

Ich wäre Ihnen für, wenn möglich, eine baldige Antwort sehr dankbar, da ich jedenfalls schon in den nächsten Tagen dem Anstreicher nähere Angaben machen muss.

Die Forschungen zur Entwicklung von Pflanzenfarben setzten bald nach der Einrichtung des Labors ein, unter Beteiligung Rudolf Steiners, der verschiedene Hinweise gab. Immer wieder aber kamen andere Aufträge dazwischen, auch aus dem Kontext der Mysteriendramen. Bereits im Sommer 1912, unmittelbar nach der Eröffnung des Labors, baute Oskar Schmiedel in aller Eile provisorische Modelle für Straders Arbeitsapparate im dritten Mysteriendrama, nachdem ihm Imme von Eckardtstein entsprechende Skizzen Rudolf Steiners gebracht hatte. Schmiedel bat Steiner im darauffolgenden Winter um detaillierte Angaben zu den Materialien der Geräte, die er auch erhielt und in seine Skizzen eintrug. Auf dieser Basis gab er den «Strader-Apparat» bei Mechanikern und Glasbläsern in Auftrag, so dass er zur Wiederaufnahme des dritten Mysteriendramas im Sommer 1913 zur Verfügung stand. Später schrieb Schmiedel: «Es war schon eigentümlich, wie genau Dr. Steiner die Angaben gemacht hatte. Er gab sogar an, dass bei einem Teil der Apparate ein Metall oder Stoff verwendet werden solle, der noch nicht entdeckt war. Es ist schwer zu sagen, welche Zwecke mit diesen Apparaten beabsichtigt waren. Der Zentralapparat schien mir etwas wie ein Kondensator, ein Sammelapparat oder vielleicht auch ein Transformator für Strahlen und Wirkungen zu sein, die aus dem Kosmos einströmten. Verschiedene Metalle (Antimon, Kupfer und Nickel) und auch Uranpechblende wurden verwendet. Auch das oben erwähnte, noch nicht entdeckte Metall. Dieses wurde blau gefärbt. Der ganze Sphäroid war aus starkem Draht. Wichtig waren nur die sphärischen Verbindungen der Ecken, nicht die inneren geradlinigen, die nur zur Stütze nötig waren.»[30] In Oskar Schmiedels Nachlass fand sich ein Blatt in fremder Handschrift, möglicherweise eine Abschrift von frühen Notizen Schmiedels: «Kosmische Kräfte werden empfangen. Es werden Planetenkräfte empfangen. Sie werden von den Metallen aufgenommen. Diese Metalle entsprechen den einzelnen Planeten. Die Cu-Halbkugel an der Wand empfängt Kräfte der Venus, diese sammeln sich kreisend um die nach aufwärtsgebogene Spitze, strömen von dort über die Kupferwege zur Nickelhalbkugel und strömen über die Spirale zur Kupferhalbkugel, von dort zur Antimon-Halbkugel u. -Spitze, dort entsteht die Energie. Diese muss durch zwei isolierte Kupferdrähte abgeleitet werden zu Glühbirnen u. zu Maschinen. In Betrieb setzen durch Bitte: Es mögen kosmische Kräfte einströmen u. Demut, Ehrfurcht, sich als Werkzeug fühlen. Kosmische Kräfte herunter bitten, auch Elementarwesen.»[31]

ABB. 16: SKIZZE ZUM STRADER-APPARAT

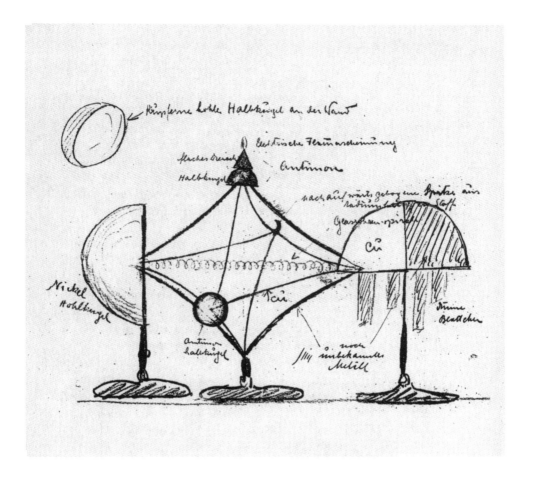

Zur Zeit seiner ersten Arbeiten am «Strader-Apparat» nahm Schmiedel auch noch anderweitig an der Inszenierung des dritten Mysteriendramas teil. Im sechsten Bild des «Hüters der Schwelle» sollten «Wesen in tanzartiger Weise Bewegungen ausführen, welche Gedankenformen, den Worten Luzifers und Ahrimans entsprechend, darstellen», beginnend mit Angaben zu Luzifer: «LUCIFER (mit breitem Tone jedes Wort hervorhebend): *In deinem Willen wirken Weltenwesen.* (Von der Seite des Lucifer bewegen sich Wesen heran, welche Gedanken darstellen. In tanzartiger Weise führen diese Bewegungen aus, welche Gedankenformen, den Worten Lucifers entsprechend, darstellen.)»[32] Über diese ahrimanischen und luziferischen Wesen und die Probe in einer Schwabinger Schule schrieb Lory Smits: «Rudolf Steiner hatte für beide Gruppen eine Anzahl – je acht bis neun Personen – bestimmt, als Tanzmeister oder Dirigenten Dr. O. Schmiedel bestellt und diesem ganz einfache Formen aufgezeichnet und ihm zu den ersten, also der Lemniskate und dem etwas nach innen gezogenen Viereck, als unausgesprochenen dahinterstehenden Gefühlsinhalt die Worte: ‹Ich will›, zu dem zweiten: ‹Ich kann nicht› und zu dem dritten: ‹Ich muss› angegeben. Diese Formen sollten aber nicht gelaufen werden, sondern die Ausführenden sollten in den Formen stehen und wie durch ein gewisses Chaos von der einen in die andere laufen, so dass die Formen in der Ruhe anschaubar wurden. Die Aufgabe unseres Dirigenten war, den Übergang von der einen Form in die andere durch Händeklatschen zu veranlassen und zu beobachten, dass die Formen sich klar und genau zusammenfanden. Bei der Aufführung selbst wurde der Tanz von Musik begleitet und die Übergänge durch Lichtsignale unten an der Rampe dirigiert.»[33] Über den von ihm mit seinen «Lämpchen» (bzw. Lichtsignalen) eingeleiteten Stellungswechsel hielt Schmiedel fest: «Ich glaube, Rudolf Steiner amüsierte sich selber darüber. Er frug mich manchmal, ob denn die Damen dies nicht auch ohne Lämpchen machen könnten. Ich antwortete, dass ich dies nicht glaube, denn sie wären zu ungeschickt. Und so ließ er mir meinen Willen mit den Lämpchen.» «Im nächsten Jahr waren auch diese ‹Tänze› der luziferischen und ahrimanischen Wesenheiten nicht mehr so primitiv, sondern ‹wirkliche› Eurythmie, da ja diese in dem dazwischen liegenden Winter angefangen hatte. Natürlich war damit meine Laufbahn als ‹Eurythmielehrer› zu Ende gekommen.»[34]

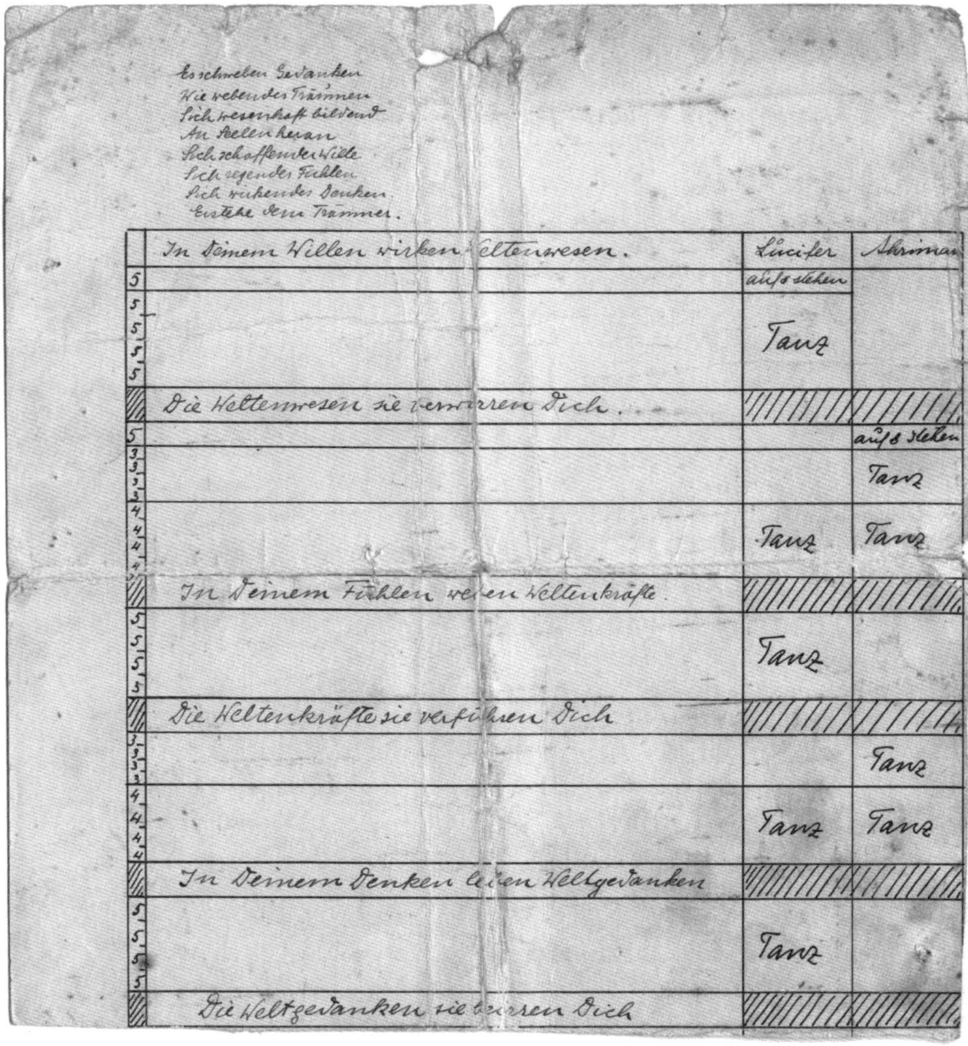

ABB. 17: ANWEISUNGEN ZU DEN «TÄNZEN»

Es schwellen Gedanken
Wie webende Träumer
Sich wesenhaft bildend
An Seelen heran
Sich schaffender Wille
Sich sehendes Fühlen
Sich ruhendes Sinnen
Erstehe dem Träumer.

	In Deinem Willen wirken Weltenwesen.	Lucifer	Ahriman
5		aufstehen	
5			
5		Tanz	
5			
5			
	Die Weltenwesen sie verwirren Dich.	/////////	/////////
5			aufstehen
3			
3			Tanz
3			
4			
4		Tanz	Tanz
4			
	In Deinem Fühlen weben Weltenkräfte.	/////////	/////////
5			
5		Tanz	
5			
5			
	Die Weltenkräfte sie verführen Dich	/////////	/////////
3			
3			Tanz
3			
4			
4		Tanz	Tanz
4			
	In Deinem Denken leben Weltgedanken	/////////	/////////
5			
5		Tanz	
5			
5			
	Die Weltgedanken sie wirren Dich	/////////	/////////

Die Zusammenarbeit mit Imme von Eckardtstein in der Nutzung der Laborräume gestaltete sich in der Folge schwierig – schließlich überließ ihr Schmiedel das Labor für viele Monate. Er widmete sich ganz seiner Promotion, die er trotz familiärem Druck wiederholt aufgeschoben hatte («*um, was ja selbstverständlich ist, den größten Teil meiner Kraft unserer [anthroposophischen] Sache widmen zu können*»[35]). Im März 1913 promovierte er schließlich mit Erfolg: «Es war für mich eine eigentümliche Sache, als ich als erste Frage bei der Prüfung diejenige erhielt: Was wissen Sie über Indigo?»[36]

Ungeachtet aller Schwierigkeiten war Schmiedel entschlossen, die Labortätigkeiten, «die mir heilige Sache», weiterzuführen – er wolle das Labor «zu einem Faktor in unserer Gesellschaft» machen, schrieb er an Rudolf Steiner.[37] Seit der Begründung der Arbeit war Steiner wiederholt ins Labor zu Besuch gekommen, hatte Anregungen gegeben und selbst Versuche gemacht. Schmiedel hatte neben den Farbarbeiten damit begonnen, Analysen für Ärzte durchzuführen, auch Nahrungsmitteluntersuchungen für ein vegetarisches Restaurant, sowie die eigenständige Herstellung verschiedener Produkte. Er fragte Steiner nach geeigneten Substanzen für ein Zahnpulver (und erhielt die Empfehlung zu Aronstabasche), für ein Haaröl (Steiner riet zum Zusatz von Kleeblüten gegen frühzeitiges Ergrauen), und über die Weihrauchherstellung, wobei ihm die Erarbeitung eines «medizinischen Weihrauches» (durch eine Mischung aus Bernstein mit ägyptischem und griechischem Weihrauch) ans Herz gelegt wurde – Steiner sprach von einer therapeutischen Wirksamkeit des Präparates gegen Phantomschmerzen, Rheuma und Diabetes. Zu Arbeitstreffen der in München tätigen anthroposophischen Ärzte und Marie Ritters wurde Schmiedel regelmäßig eingeladen.

Nach der abgeschlossenen Promotion und definitiven Trennung von von Eckardtstein musste Oskar Schmiedel im Frühjahr 1913 München aus finanziellen Gründen verlassen und eine Stelle in Wien suchen, um die eheliche Verbindung mit Thekla endlich eingehen zu können – vor seiner Abreise zeigte er Rudolf Steiner noch den aktuellen Stand der Farbarbeiten und ein mit Pflanzenfarben gemaltes Bild von Margarita Woloschina. Dann jedoch erhielt er eine überraschende finanzielle Unterstützung von einer Malerin, konnte bereits im Mai nach München zurückkehren und ein eigenes Labor in einem ehemaligen Bildhaueratelier eröffnen: «*Chemisches Laboratorium Dr. Oskar Schmiedel*». Wenige Wochen später, am 16. Juni 1913, fand die Hochzeit statt.

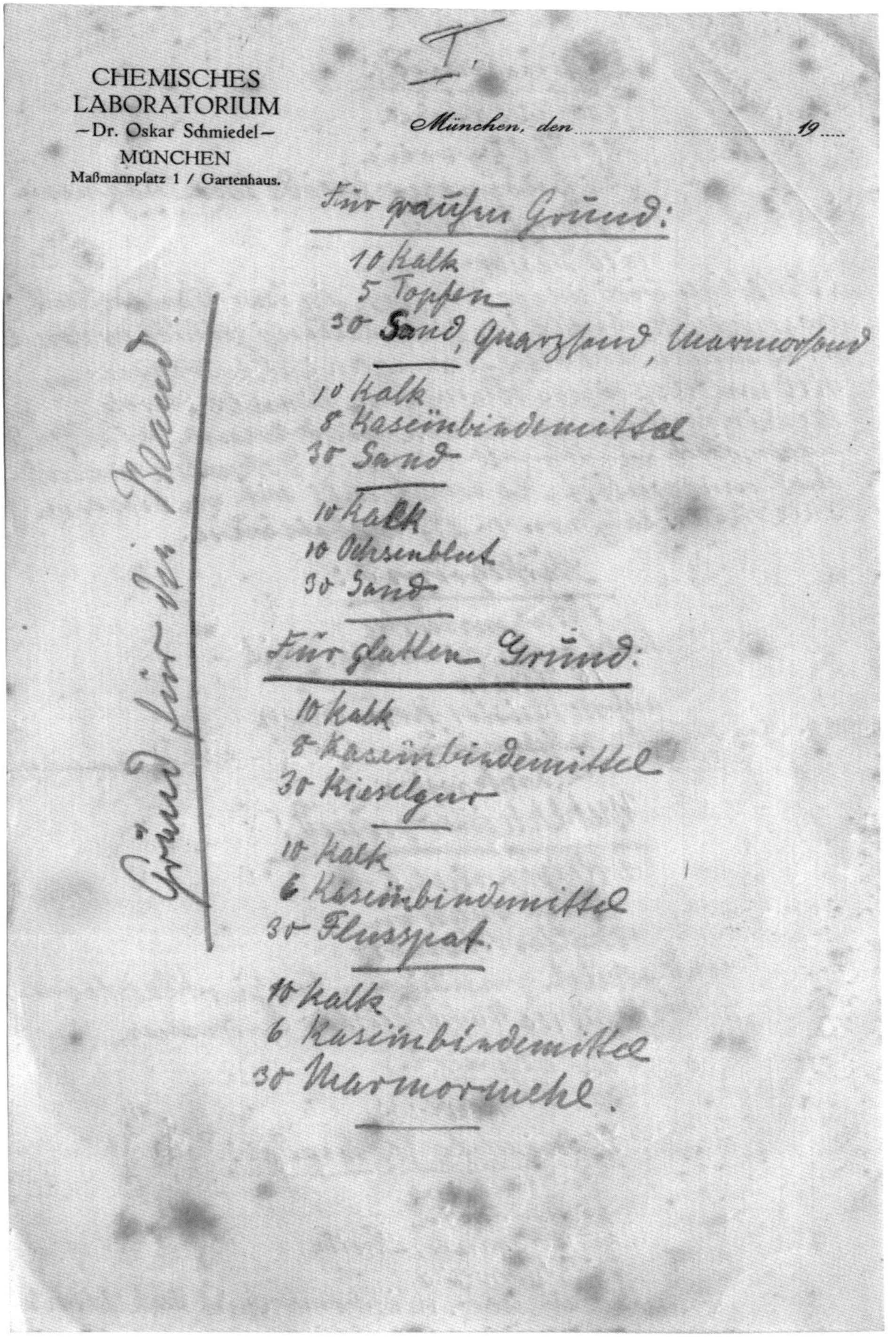

ABB. 18: REZEPT FÜR MALGRUND

CHEMISCHES LABORATORIUM
—Dr. Oskar Schmiedel—
MÜNCHEN
Maßmannplatz 1 / Gartenhaus

I.

München, den .... 19....

Grund für die Wand

Für rauhen Grund:

10 Kalk
5 Toppen
30 Sand, Quarzsand, Marmorsand

10 Kalk
8 Kaseinbindemittel
30 Sand

10 Kalk
10 Ochsenblut
30 Sand

Für glatten Grund:

10 Kalk
8 Kaseinbindemittel
30 Kieselgur

10 Kalk
6 Kaseinbindemittel
30 Flussspat

10 Kalk
6 Kaseinbindemittel
30 Marmormehl

Am Ende des Jahres 1913 war die Finanzierung des Schmiedelschen Laboratoriums jedoch bereits wieder erschöpft und die baldige Schließung drohte. Von den Aufträgen konnte die Arbeit noch nicht leben – und für die Farbversuche hatte Schmiedels Gönnerin plötzlich kein Geld mehr zur Verfügung.

Anfang Februar 1914 erhielt Oskar Schmiedel ein Telegramm von Rudolf Steiner aus Dornach, der ihn um die Zusendung von Farbmustern bat. Ein halbes Jahr zuvor, am 20. September 1913, hatte die Grundsteinlegung des «Johannesbaus» stattgefunden, der zum wissenschaftlichen und künstlerischen Zentrum der anthroposophischen Bewegung werden sollte und lange in München geplant worden war. Die Arbeiten zur Errichtung des hölzernen Doppelkuppelbaues waren mittlerweile in vollem Gange, und Rudolf Steiner gestaltete u.a. das Innenmodell. Er besprach sich mit den Architekten und den Malern, die die Ausmalung der beiden Kuppeln mit Pflanzenfarben übernehmen sollten – so erfolgte die Bitte an Schmiedel, Muster zu senden. Oskar Schmiedel aber fuhr selbst nach Dornach zum Bau, an dessen Planungsarbeiten er bereits in München intensiv Anteil genommen hatte – eine assoziierte Klinik von Felix Peipers war von Anfang an mit dem Projekt verbunden gewesen. Vom entstehenden Doppelkuppelbau war Schmiedel beeindruckt, ebenso von Rudolf Steiners Frage, ob er nicht Lust habe, mit seiner Frau und seinem Labor nach Dornach überzusiedeln.

Oskar Schmiedel kam dieser Einladung ohne Zögern nach und war bereits wenige Wochen später bleibend vor Ort. Der «Johannesbau» sollte zu einer «Freien Hochschule für Geisteswissenschaft» werden, wie Rudolf Steiner hervorhob, mit Arbeitsinstituten und wissenschaftlichen Mitarbeitern. In einer Rückblickdarstellung schrieb Steiner zehn Jahre später, im Frühling 1924: «Da die Anthroposophie in der Zeit, in welcher mit dem Bau begonnen wurde, bereits wissenschaftlich vorgebildete und arbeitende Mitglieder auf den mannigfaltigen Gebieten gefunden hatte und deshalb in Aussicht stand, die geisteswissenschaftlichen Methoden in den einzelnen Wissenschaften anzuwenden, durfte ich vorschlagen, der Bezeichnung des Baues den Zusatz zu geben: *Freie Hochschule für Geisteswissenschaft.*»[38] Zu diesen wissenschaftlich vorgebildeten und tätigen Mitgliedern gehörte der sechsundzwanzigjährige Dr. Oskar Schmiedel – sein chemisches Labor war das erste Arbeitsinstitut der neuen Hochschule.

ABB. 19: «AUFRICHTEFEIER», 1.4.1914

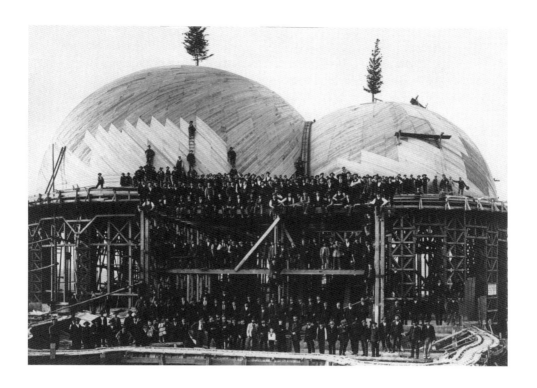

Für Oskar Schmiedels Labor wurde in wenigen Tagen eine Holzbaracke im Umraum des entstehenden «Johannesbaus» erstellt – zum 1.3.1914 wurde das bisherige «Chemische Laboratorium Dr. Oskar Schmiedel» dem Johannesbauverein administrativ eingegliedert. Schmiedels Versorgung war damit bis zu einem gewissen Maß gesichert, obwohl seine Herkunftsfamilie wenig beeindruckt von dieser Laufbahn war. Die von seinem Vater 1913 in Berlin organisierte Stelle hatte Schmiedel ausgeschlagen – und blieb weiter bei den «Theosophen».

Die Holzbaracke richtete Oskar Schmiedel mit Thekla unverzüglich ein und führte seine Arbeiten zu Pflanzenfarben energisch weiter, auch unter Berücksichtigung alter Literatur und Herstellungsmethoden, die er studierte. Häufig kam Rudolf Steiner bei ihm vorbei, brachte Rezepturen und gab Anregungen. Es war ein inhaltlich schweres Ringen, dennoch ging die Arbeit voran. Sporadisch, so Schmiedel, erfolgten auch Heilmittelanfragen von Rudolf Steiner, der zusammen mit der ukrainischen Ärztin Henrietta Ginda Fritkin kranken Mitarbeitern am Bau beistand. Benötigte Schmiedel einen Gasanschluss für seine Tätigkeiten, so konnte er (ab Anfang Juni 1914) im Keller des Privathauses von Rudolf Steiner tätig werden. Auch ein Lager für die «photodynamischen» Heilmittel Marie Ritters begann Oskar Schmiedel zugunsten des «Johannesbaus» anzulegen – viele Mitglieder machten von ihnen Gebrauch.

In der zweiten Woche von Schmiedels Anwesenheit in Dornach begannen die Schnitzarbeiten an den Kapitellen, am 1. April 1914 fand das Richtfest, die «Aufrichtefeier» des Baues, statt; gleichzeitig wurde mit der Errichtung des «Glashauses» begonnen. Mitte April begann die Aufstellung der Säulen, zwei Monate später hielt Rudolf Steiners seinen ersten Vortrag über künstlerische Fragen in der Schreinerei. Bei der Einweihung des Glashauses am 17. Juni sagte er: «Ich glaube, dass es eine gute, eine heilsame Empfindung ist, wenn wir die Empfindung des Nichtgewachsenseins durch alle unsere Arbeit weiter forttragen werden. Denn nur so werden wir dasjenige erreichen, was sozusagen das Möglichste von uns zu Erreichende ist. ... Jedes Mal, wenn wir unseren Bauplatz betreten, fühlen wir uns, ich möchte sagen, ganz wie umgeben von dem Fluidum, das uns überall einflößt: Tue dein Möglichstes, wozu deine Kräfte und dein Können ausreichen, denn in Bezug auf das, was geleistet werden soll, kannst du nicht genug tun; und tust du dein Möglichstes, so ist es eben noch lange, lange nicht genug.»[39] So empfand auch Oskar Schmiedel.

ABB. 20: DIE BARACKE BEIM JOHANNESBAU

Nach nur fünfmonatiger Anwesenheit und Mitarbeit Oskar Schmiedels in Dornach brach der Erste Weltkrieg aus, und Schmiedel wurde bereits am 1. August 1914 eingezogen. Er kam zu einem Militärkommando in Innsbruck, einem Referat für «Kriegsleistungsfirmen», bei dem er nahezu viereinhalb Jahre, bis zum Dezember 1918, blieb – herausgerissen aus allem. An die kämpfende Front musste er jedoch nie, anders als sein älterer Bruder Max, der bereits Ende September 1914 in Serbien starb, gerade einmal 29 Jahre alt.

Der letzte Vortrag, den Oskar Schmiedel von Rudolf Steiner in der Dornacher Schreinerei vor seinem Aufbruch nach Innsbruck hören konnte, betraf die «schöpferische Welt der Farbe» (26. Juli). Auch an einer esoterischen Veranstaltung einen Tag später in Basel nahm Oskar Schmiedel sehr wahrscheinlich noch teil, der letzten vor dem Krieg. Beide Motive sollten ihn die nächsten Jahre begleiten – die Arbeit an den Farbfragen und der innere, spirituelle Weg in Zeiten des Krieges. In Innsbruck gelang es ihm, neben seiner administrativen Tätigkeit für die «Kriegsleistungsfirmen» ein optisches Kabinett einzurichten und sich intensiv, über Jahre, mit der Goetheschen Farbenlehre auseinanderzusetzen, ideell und experimentell, mit der ihm eigenen Energie und Zielstrebigkeit.

Thekla trug die Last der Arbeit in Dornach nahezu alleine, mit wenigen Helferinnen. Die Herstellung der für die Kuppelbemalung benötigten Farben – in großen Mengen – war außerordentlich zeitintensiv, mit wochenlangem Verreiben der Pulver. Alles, so Rudolf Steiner, sollte nach Möglichkeit von Hand ausgeführt werden, in der Sphäre des Lebendigen verbleiben. Oskar Schmiedel gelang es ab Ende 1915 immer wieder, für Kurzurlaube nach Dornach kommen zu können, und Thekla und die Arbeit zu begleiten. Dann jedoch musste er wieder zurück nach Österreich.

ABB. 21: BEIM MILITÄR

Oskar Schmiedel konnte Rudolf Steiner auch in den Kriegsjahren wiederholt sehen, hören und sprechen – ab Ende 1915 bei seinen Urlaubsbesuchen in Dornach, auf einer Durchreise Steiners in Innsbruck und selbst in München, wohin Schmiedel in der zweiten Kriegshälfte ein oder mehrere Male kommen konnte.

Bereits im Dezember 1914 schrieb er Steiner einen Brief von Innsbruck aus und legte u.a. ein Gedicht bei, das nach dem Tod seines Bruders Max im Freundesumkreis seiner Eltern entstanden war, als Zeugnis der untergründigen Spiritualität zeitgenössischer Gegenwart («Da ich weiss, wie sehr die Dinge Sie interessieren, die besonders unsere jetzige Zeit hervorbringt, erlaube ich mir, Ihnen beiliegendes Gedicht einzusenden, Es stammt von einem Bekannten meines Vaters, den ich erst vor Kurzem hier kennen gelernt habe und der es meinem Vater gab, als er erfuhr, dass mein Bruder gefallen. Das Eigentümliche und Interessante dabei ist, dass der betreffende Herr nicht das Geringste von Theosophie weiss ...»).

Oskar Schmiedel sandte seinen Brief möglicherweise direkt nach München, wo Steiner in der Zeit vom 1. bis 3. Dezember 1914 öffentliche und interne Vorträge hielt, wie Schmiedel bekannt war. Darüber und im Hinblick auf die eigene Situation – und diejenige Theklas – betonte er u.a.: «Schon sehr gerne wäre ich wenigstens auf einen Tag nach München gekommen, aber es ist jetzt unmöglich, ohne plausiblen Grund einen Auslandsurlaub zu bekommen. Es ist seit 7 Jahren eigentlich das erste Mal, dass ich so auf einer Insel sitze. Nun ich habe wenigstens einen Koffer Bücher mit. Ich bin nur so froh und dankbar, dass wenigstens meine Frau noch an unserem Bau weiter mitarbeiten kann und sie dadurch für ihre liebevolle frühere Mithilfe belohnt wird.»

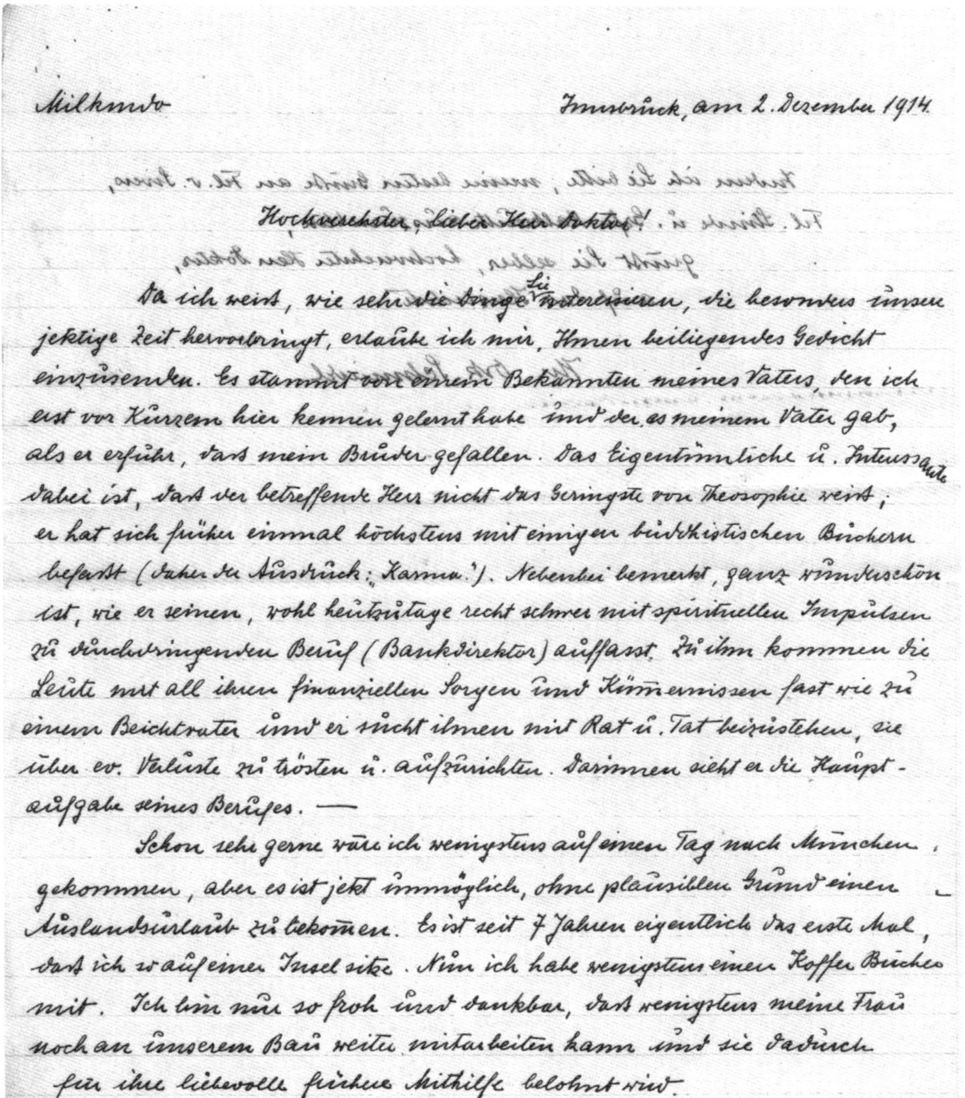

ABB. 22: BRIEF AN RUDOLF STEINER, 2.12.1914, S. 1

Mitkunde   Innsbruck, am 2. Dezember 1914.

Hochverehrter, Lieber Herr Doktor!

Da ich weiss, wie sehr Sie die Dinge interessieren, die besonders unsere jetzige Zeit hervorbringt, erlaube ich mir, Ihnen beiliegendes Gedicht einzusenden. Es stammt von einem Bekannten meines Vaters, den ich erst vor Kurzem hier kennen gelernt habe und der es meinem Vater gab, als er erfuhr, dass mein Bruder gefallen. Das Eigentümliche u. Interessante dabei ist, dass der betreffende Herr nicht das Geringste von Theosophie weiss; er hat sich früher einmal höchstens mit einigen buddhistischen Büchern befasst (daher der Ausdruck: Karma.). Nebenbei bemerkt, ganz wunderschön ist, wie er seinen, wohl heutzutage recht schwer mit spirituellen Impulsen zu durchdringenden Beruf (Bankdirektor) auffasst. Zu ihm kommen die Leute mit all ihren finanziellen Sorgen und Kümmernissen fast wie zu einem Beichtvater und er sucht ihnen mit Rat u. Tat beizustehen, sie über ev. Verluste zu trösten u. aufzurichten. Darinnen sieht er die Hauptaufgabe seines Berufes. —

Schon sehr gerne wäre ich wenigstens auf einen Tag nach München gekommen, aber es ist jetzt unmöglich, ohne plausiblen Grund einen Auslandsurlaub zu bekommen. Es ist seit 7 Jahren eigentlich das erste Mal, dass ich so auf einer Insel sitze. Nun ich habe wenigstens einen Koffer Bücher mit. Ich bin nur so froh und dankbar, dass wenigstens meine Frau noch an unserem Bau weiter mitarbeiten kann und sie dadurch für ihre liebevolle frühere Mithilfe belohnt wird.

Gemeinsam mit der englischen Bildhauerin Edith Maryon arbeitete Rudolf Steiner ab 1914/15 an der Christus-Plastik des «Menschheitsrepräsentanten», die nach Vollendung des Baues im Osten der kleinen Kuppel stehen sollte, als «Krönung» der künftigen Mysterienstätte. «Es war meine Aufgabe in Dornach, in diesen Bau der Hochschule für Geisteswissenschaft hineinzustellen die Hauptgruppe, welche darstellt den Menschheitsrepräsentanten zwischen dem Luziferischen und dem Ahrimanischen», sagte Rudolf Steiner Jahre später, nach dem Ende des Krieges.[40]

Die ersten Modelle, die Steiner und Maryon getrennt voneinander anfertigten, waren klein – in einer Größe von ca. 30 Zentimetern, aus Wachs und Plastilin. Die siebte Modellvorstufe, die ab dem Frühjahr 1916 gemeinsam erarbeitet wurde, aber musste bereits eine Höhe von neuneinhalb Meter erreichen – sie war als letzte, 1:1-Vorstufe der intendierten Holzfassung konzipiert. Ein Hochatelier wurde eigens für die entstehende «Mittelpunktsstatue» des Dornacher Baus errichtet und die Bitte an das Labor gestellt, das notwendige Plastilin für das große Modell herzustellen – insgesamt wurden ungefähr 2000 kg benötigt.

Die besondere Aufgabenstellung lag dabei nicht nur in der benötigten Substanzmenge, sondern in ihrem mittelfristig plastischen Charakter. Rudolf Steiner war auch in der Kriegszeit die Hälfte des Jahres nicht in Dornach, sondern auf Vortragsreisen und in Berlin. Die Christus-Gruppe sollte nach seiner jeweiligen Rückkehr weiter formbar, nicht aber vollständig verhärtet sein – eine besondere Herstellung der Substanz wurde benötigt. Oskar Schmiedel entwarf das Rezept und arbeitete mit Thekla unverzüglich daran; sie stellten sich mit ihrem Labor in den Dienst des Kunstwerkes, an dessen grundlegender Bedeutung Rudolf Steiner keinen Zweifel ließ: «Wenn das Schicksal es will und einmal dieser Bau vollendet werden kann, wird gewissermaßen der, welcher darinnen sitzt, unmittelbar vor sich haben das, was ihm nahe legt, indem er hinsieht auf die Wesenheit, die der Erdenevolution Sinn gibt, auszusprechen: *Die Christus-Wesenheit*. Aber die Sache soll künstlerisch empfunden werden.»[41]

ABB. 23: DAS PLASTILIN FÜR DIE PLASTIK

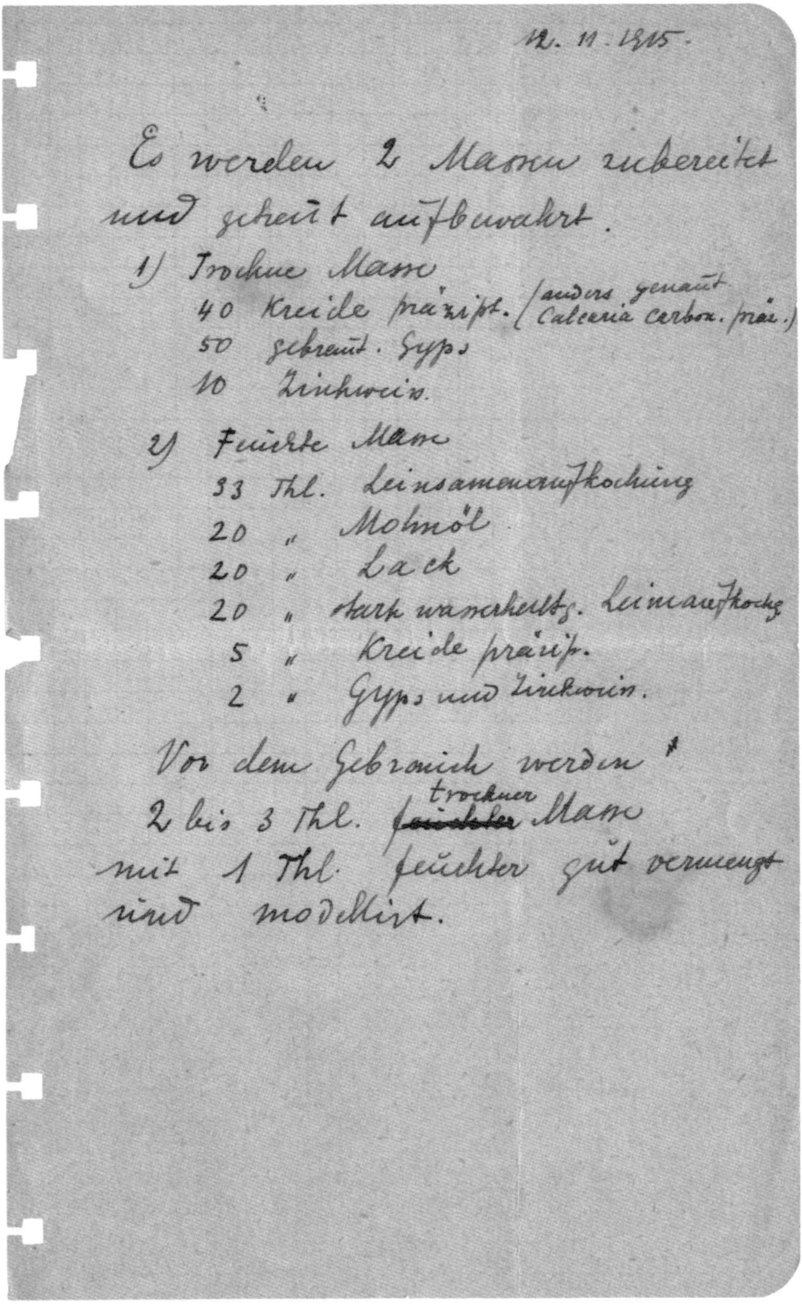

12.11.1915.

Es werden 2 Massen zubereitet und getrennt aufbewahrt.

1) Trockne Masse
   40 Kreide präzipt. (anders genannt Calcaria carbon. präc.)
   50 gebrannt. Gyps
   10 Zinkweis.

2) Feuchte Masse
   33 Thl. Leinsamenaufkochung
   20 " Mohnöl
   20 " Lack
   20 " stark wassrhaltg. Leimaufkochg
   5 " Kreide präzip.
   2 " Gyps und Zinkweiss.

Vor dem Gebrauch werden 2 bis 3 Thl. ~~feuchter~~ trockner Masse mit 1 Thl. feuchter gut vermengt und modellirt.

Im Dezember 1918 konnte Oskar Schmiedel endgültig nach Dornach zurückkehren. Die Kuppeln des «Johannesbaus», der mittlerweile den Namen «Goetheanum» trug, waren ausgemalt, mit dem Malgrund und den Farben, die seine Frau vorbereitet und zur Verfügung gestellt hatte. Die Maler waren mit der Qualität der Pflanzenfarben nicht völlig zufrieden; bei einer Generalversammlung des Bauvereins hatte Rudolf Steiner ein Jahr vor Schmiedels Rückkehr betont: «Nun, man kann schon sagen: Natürlich würde man sehr viel leichter gewisse Effekte herauskriegen, wenn man mit den traditionellen Malmitteln und Farben malen könnte. Viele Dinge lassen sich, weil die Bereitung der Farben noch nicht so weit ist, wie wir eigentlich mit ihr sein müssten, nicht so ausdrücken. Man muss das selbstlos auf sich nehmen, schlechter zu malen, als man eigentlich malen könnte. Es hängt nicht nur davon ab, wie gut einer malt oder malen kann, sondern davon, wie weit unsere Mittel schon ausgestaltet sind.»[42] Die Arbeit an der Optimierung der Pflanzenfarben musste in Zukunft weitergehen, auch wenn nun andere Aufgaben vordringlicher waren (und ein Finanzierungsproblem bestand). Insgesamt war Steiner einverstanden – bereits das flüssige Papier, das Schmiedel in München hergestellt hatte, war zu seiner Zufriedenheit gewesen. Sechs Jahre später sagte er – in betonter Pluralform – während einer Stuttgarter Krisensitzung, in der es um frustrane Initiativen vor Ort ging: «*Wir* haben [in Dornach] flüssiges Papier gemacht und haben auf flüssiges Papier die Farben aufgetragen. Davon sind *wir* ausgegangen, Stück für Stück *uns* vortastend an den Tatsachen. Das war eine Art phänomenologisches Experimentieren.»[43]

Seit dem November 1918 trug das Schmiedelsche Labor den Namen «Laboratorium am Goetheanum». In ihm wurde weiter an verschiedenen Substanzen gearbeitet und geforscht, darunter an einem witterungsbeständigen Außenlack für die Holzkuppeln, der auf Lärchenharzbasis entstehen sollte.

ABB. 24: OSKAR UND THEKLA SCHMIEDEL, 1918

«Als ich im Dezember 1918 nach Dornach zurückkehrte, kam ich nicht mit leeren Händen, sondern mit der Möglichkeit, Kurse über die Goethesche Farbenlehre zu halten. Ich war dankbar, dass die Zeit, die ich durch den Krieg fernab von Dornach sein musste, keine für mich verlorene war, sondern dass ich zu einer Arbeit gekommen war, zu der ich sonst wahrscheinlich nicht gekommen wäre.»[44] Dreißig *«Experimentalvorträge»* zu Goethes Farbenlehre hielt Oskar Schmiedel 1919 im mittleren Atelierraum des Glashauses («es kam mir ganz besonders darauf an, dass die Zuhörer einmal alle Phänomene selber sehen»[45]). Sein Zuhörerkreis war klein, doch kam Rudolf Steiner oft hinzu, den alle wissenschaftlichen Tätigkeiten am Goetheanum freuten: «Dr. Steiner war, wenn er in Dornach weilte, bei jedem Vortrag dabei und gab mir nach dem Vortrag weitere Anregungen.»[46] Schmiedel hatte sich umfassend vorbereitet und bereits in den Kriegsjahren wiederholt mit Steiner über seine Studien und Entdeckungen gesprochen. Im Januar 1918, als Schmiedel noch in Innsbruck war, hatte Rudolf Steiner in einem Vortrag indirekt Bezug auf ein solches Gespräch genommen und zur wissenschaftlichen Verteidigung Goethes, dem vorgeworfen war, die «Fraunhoferschen Linien» nicht gekannt zu haben, gesagt: «Dr. Schmiedel hat vier Spalten zusammengestellt von lauter goetheschen Stellen, worinnen Goethe von den Fraunhoferschen Linien spricht! Aber die gelehrten Herren reden, urteilen über Goethes Umfang seiner optischen Erkenntnisse, lassen in solche Urteile einfließen, er habe nichts gewusst von den Fraunhoferschen Linien ...»[47]

Das Dornacher Goetheanum war von Steiner als eine «Freie Hochschule für Geisteswissenschaft» konzipiert, die auch naturwissenschaftliche Aktivitäten vorweisen sollte, im Sinne einer grundlegenden Forschungs-, Lehr- und Ausbildungsstätte. Als einen Beitrag zu einem so verstandenen Zentrum verstand Schmiedel auch seine Farbvorträge. Von Dornach aus sollten Kräfte in die Zivilisation einfließen, die von Bedeutung für die Kultur der Zukunft sein würden, in den verschiedensten Lebensgebieten. Noch immer bestellte der technologische Materialismus das Feld – qualitative Gegenimpulse waren notwendig, die jedoch der Auseinandersetzung mit der akademischen Wissenschaft gewachsen sein mussten. In diese Richtung versuchte Schmiedel mit seinen Farbvorträgen zu arbeiten, die er unter Berücksichtigung einer ausgedehnten wissenschaftlichen Literatur zustande brachte. Über den Weg der Farbe war er nach Dornach gekommen – an den mit ihr verbundenen goetheanistischen Fragen hatte Rudolf Steiner schon in seinem Geburtsjahr gearbeitet.

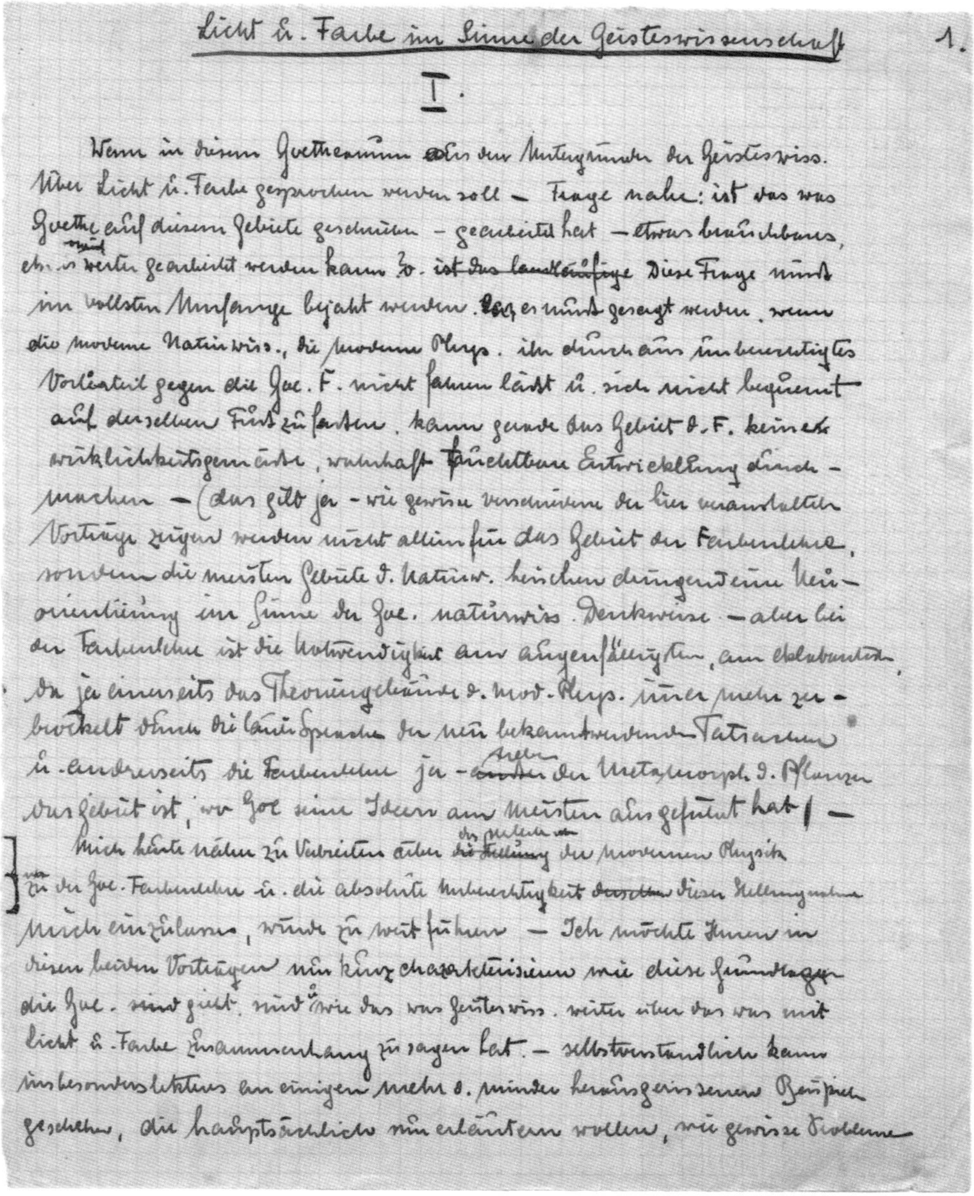

ABB. 25: MANUSKRIPT DER FARBVORTRÄGE

Licht u. Farbe im Sinne der Geisteswissenschaft 1.

I.

Wenn in diesem Goetheanum aus den Untergründen der Geisteswiss. über Licht u. Farbe gesprochen werden soll — Frage nahe: ist das was Goethe auf diesem Gebiete geschrieben — geleistet hat — etwas brauchbares, an dem weiter gearbeitet werden kann ꝛc. ist das landläufige Diese Frage wird im vollsten Umfange bejaht werden. Doch es wird gesagt werden, wenn die moderne Naturwiss., die moderne Phys. ihr durchaus unberechtigtes Vorurteil gegen die Goe. F. nicht fahren läßt u. sich nicht bequemt auf denselben Fuß zu farben, kann gerade das Gebiet d. F. keine wirklichkeitsgemäße, wahrhaft fruchtbare Entwicklung durchmachen — (das gilt ja — wie gewiss verschiedene der hier veranstalteten Vorträge zeigen werden nicht allein für das Gebiet der Farbenlehre, sondern die meisten Gebiete d. Natur. heischen dringend eine Neuorientierung im Sinne der Goe. naturwiss. Denkweise — aber bei der Farbenlehre ist die Notwendigkeit am augenfälligsten, am eklatantesten, da ja einerseits das Theoriengebäude d. mod. Phys. immer mehr zerbröckelt ohne die laute Sprache der neu bekanntwerdenden Tatsachen u. andererseits die Farbenlehre ja — neben der Metamorph. d. Pflanzen das Gebiet ist, wo Goe. seine Ideen am meisten ausgefeilt hat | —

Mich heute näher zu verbreiten über die Stellung der modernen Physik zu der Goe. Farbenlehre u. die absolute Unberechtigkeit dieser Stellungnahme mich einzulassen, würde zu weit führen — Ich möchte Ihnen in diesen beiden Vorträgen nur kurz charakterisieren wie diese Grundlagen die Goe. sind gibt, und wie das was Geisteswiss. weiter über das was mit Licht u. Farbe Zusammenhang zu sagen hat. — Selbstverständlich kann insbesondere letzteres an einigen mehr o. minder herausgerissenen Beispiel geschehen, die hauptsächlich nur erläutern wollen, wie gewisse Probleme

Unmittelbar nach seiner Rückkehr ans Goetheanum im Dezember 1918, im Umkreis der Weihnachtsvorträge, begegnete Oskar Schmiedel erstmals Ita Wegman. Wegman war zu diesem Zeitpunkt 42 Jahre alt, führte eine Praxis für anthroposophische Medizin in Zürich (Gynäkologie und Allgemeinmedizin), und entwickelte mit einem Apotheker einzelne Heilmittel, die sie erfolgreich anwendete – darunter das erste injizierbare Mistelpräparat gegen Carcinomerkrankungen («Iscar»). Nun, wenige Monate nach dem Ende des Ersten Weltkriegs und im Bewusstsein der drängenden Aufgaben, überlegte Wegman, ihre Arbeit für die anthroposophische Medizin nach Dornach, in die Nähe Rudolf Steiners und des Goetheanum zu verlagern. Am 7. Januar 1919 schrieb sie ihm, nach vorausgehenden Gesprächen: «Ich bin bereit, das zu tun, was im Sinne der Anthroposophie liegt und was Sie für gut erachten.»[48] Über sein erstes, wichtiges Zusammentreffen mit Ita Wegman im Dezember 1918 notierte Schmiedel: «Sie führte aus, wie Rudolf Steiner schon manche Angaben über Heilmittel gemacht hätte, und riet mir, mich mit der Herstellung von solchen zu beschäftigen. Als ich erwähnte, dass ich schon seit 1912 hin und wieder Angaben von Dr. Steiner bekommen hätte, zeigte sie sich sehr erfreut und erzählte mir, dass Dr. Steiner sie vor einiger Zeit darauf hingewiesen hätte, dass die Mistel *das* Mittel gegen Krebs sei. Gezwungenermaßen hatte sie das Präparat bisher in einer Apotheke in Zürich machen lassen, und sie würde es nur begrüßen, wenn ich ihr derartige Ampullen herstellen würde.»[49] In einer folgenden Begegnung wies Wegman Schmiedel auf die Angaben des Prager Kurses zu destillierten Metallen hin und suchte mit ihm um einen Gesprächstermin bei Rudolf Steiner nach. «Als Dr. Wegman und ich mit Rudolf Steiner darüber sprachen, sagte er, dass es sehr wichtig wäre, wenn ich in dieser Art Metalle herstellen würde; besonders wies er auf das Eisen hin, das so gewonnen ein gutes Mittel gegen Tuberkulose geben würde.»[50] Oft kam Ita Wegman in der Folgezeit in Schmiedels Labor und bat ihn um Präparationen.[51]

Mit ihren pharmazeutischen Intentionen war Wegman nicht allein – «im Winter 1919 kam Hans Kühn mit dem Vorschlag, in Dornach eine Fabrikation von Heilmitteln unter meiner Leitung zu errichten.» (Schmiedel[52]) Gespräche darüber mit Rudolf Steiner, Ludwig Noll und anderen fanden statt, «aber es kam dabei gar nichts Konkretes heraus.»[53]

ABB. 26: ZÜRICH, 1916

Am Epiphaniastag des Jahres 1920, zwölf Monate nach Ita Wegmans Brief vom 7.1.1919, sprach Rudolf Steiner in einem Basler Vortrag über «Die Geisteswissenschaftlichen Grundlagen der leiblichen und seelischen Gesundheit» und skizzierte «den Weg aus der anthroposophisch orientierten Geisteswissenschaft in eine intuitive Medizin»[54]. Steiner umriss «die Mauer von Vorurteilen», die einer Rezeption der Geisteswissenschaft entgegenstünden, äußerte jedoch auch seine Hoffnung auf mögliche Veränderungen – und wies am Ende darauf hin, «wie gerade auf einem solchen Gebiet, wie dem einer wirklich intuitiven Medizin, es das Ideal des Geisteswissenschaftlers wäre, einmal sich aussprechen zu können vor denjenigen, die ganz sachverständig sind. Würden sie sich einfinden und würden sie ihre Sachverständigkeit vorurteilslos sprechen lassen, dann würden sie sehen, welche Befruchtung gerade diese Sachverständigkeit erfahren könnte von Seiten der Geisteswissenschaft.»[55] Die anthroposophisch orientierten Ärzte hatten Rudolf Steiner nie um einen Fachkurs gebeten, sondern seine Hilfe individuell in Anspruch genommen, für ihre Praxis, ihre jeweiligen Fragen und Sorgen. Nun bot Rudolf Steiner einen solchen Kurs von sich aus an. Oskar Schmiedel, der aufmerksam im Auditorium saß, erkannte die Situation («Um diese ganze Zeit hatte man das Gefühl, dass Rudolf Steiner sich intensiv mit Problemen medizinischer Art beschäftigte.»[56]) – Schmiedel bat Steiner noch im Vortragssaal um sein Einverständnis für die Organisation des Kurses. Rudolf Steiner reagierte erfreut, und nannte bald darauf den möglichen Zeitraum vor Ostern. Oskar Schmiedel versandte im Namen der «Vereinigung der Naturforscher am Goetheanum» Einladungen an Ärzte und Medizinstudenten, die Mitglieder der Anthroposophischen Gesellschaft waren, führte die Korrespondenz mit Zu- und Absagen[57], sammelte Geld und sorgte für Quartiere und Verpflegungen. Der Kurs kam zustande und begann am 21. März, zu Frühlingsanfang – *«durch private hingebende Tätigkeit von Dr. Schmiedel»* ermöglicht (R. Steiner[58]). Da er selbst kein Arzt oder Medizinstudent war, konnte Oskar Schmiedel an den zwanzig Vorträgen nicht teilnehmen, war jedoch in ihrem Umraum zugegen: «Für alle Teilnehmer war es eine Zeit bedeutsamsten Erlebens, und jeder fühlte, als ob Rudolf Steiner nur auf diesen Augenblick gewartet hätte, um aus der Fülle seines Wissens der Heilkunde einen Impuls der Weiterentwicklung zu geben.»[59]

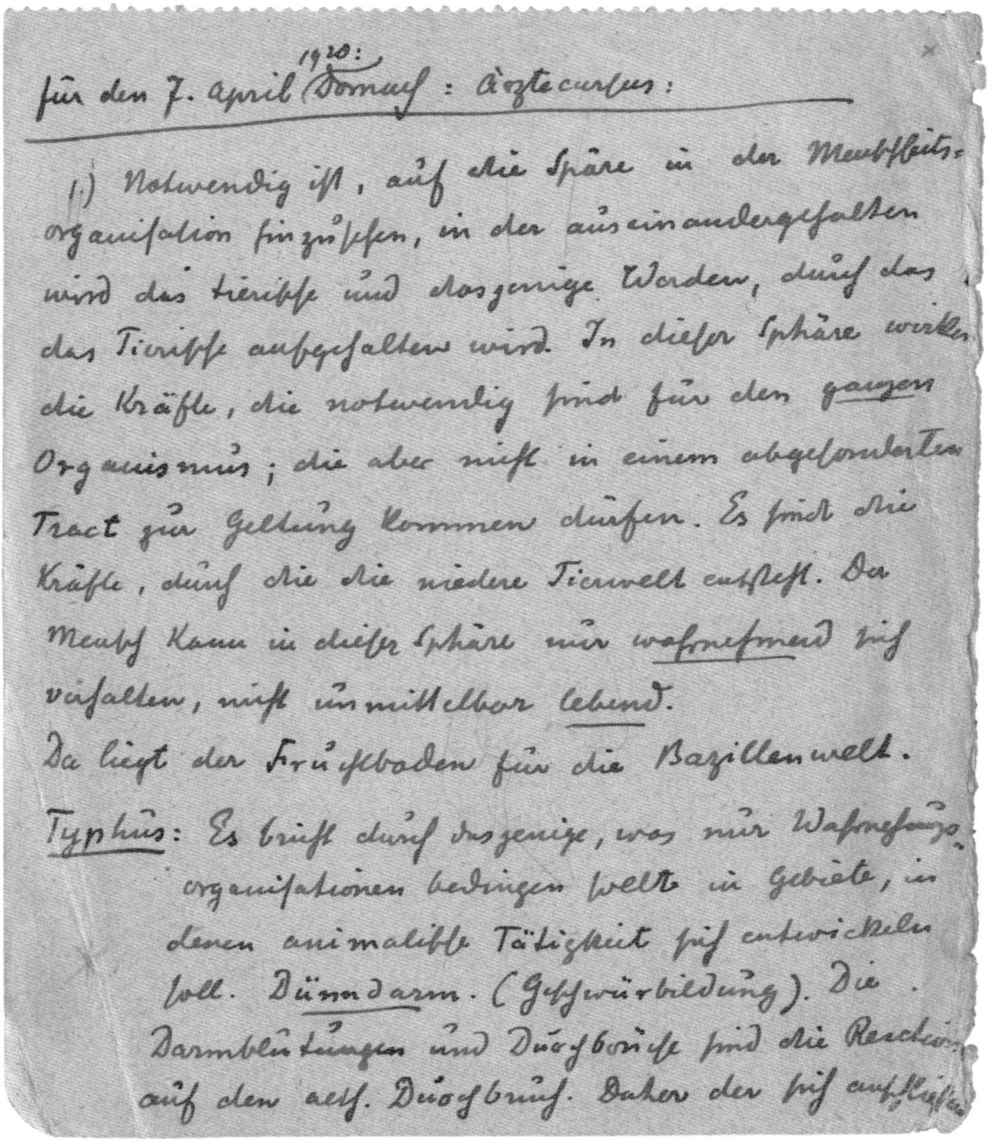

ABB. 27: RUDOLF STEINER: AUFZEICHNUNGEN

für den 7. April 1920 Dornach: Ärztecursus:

1.) Notwendig ist, auf die Sphäre in der Menschheits-organisation hinzuweisen, in der auseinandergehalten wird das Tierische und dasjenige Werden, durch das das Tierische aufgehalten wird. In dieser Sphäre wirken die Kräfte, die notwendig sind für den ganzen Organismus; die aber nicht in einem abgesonderten Tract zur Geltung kommen dürfen. Es sind die Kräfte, durch die die niedere Tierwelt entsteht. Der Mensch kann in dieser Sphäre nur wahrnehmend sich verhalten, nicht unmittelbar lebend.

Da liegt der Fruchtboden für die Bazillenwelt.

Typhus: Es bricht durch dasjenige, was nur Wahrnehmungs-
     organisationen bedingen sollte in Gebiete, in
     denen animalische Tätigkeit sich entwickeln
     soll. Dünndarm. (Geschwürbildung). Die
     Darmblutungen und Durchbrüche sind die Reaction
     auf den aeth. Durchbruch. Daher der sich aufhebende

Rudolf Steiners Fachkurs sollte ursprünglich 14 Tage – bis zum Ostersamstag – dauern, wurde dann jedoch um weitere sechs Vorträge verlängert, und endete erst nach dem zwanzigsten Vortrag am 9. April. Er fand vor 34 Ärzten und Medizinstudenten im mittleren Atelier des Glashauses statt, in dem Oskar Schmiedel im Vorjahr seine Vorträge zur Farbenlehre gehalten hatte. Der Kurs eröffnete umfassende Perspektiven einer geisteswissenschaftlich durchdrungenen Physiologie, Pathologie und Therapie, einer realen und weiterführenden «*Durchgeistigung des medizinischen Denkens und Anschauens*»[60]. Bereits seinen siebten Vortrag beschloss Rudolf Steiner mit den Worten: «Nun habe ich Ihnen heute vielleicht mit diesem Ausblick nach manchen Seiten recht viel zugemutet. Allein ich hoffe, dass, wenn Sie sich manches ansehen, was ich gerade heute vorgebracht habe, Sie daraus erkennen werden, wie diese Dinge weiter verarbeitet werden müssen und wie gerade aus dieser Verarbeitung etwas sehr Fruchtbares hervorgehen kann für eine Umgestaltung des medizinischen Studienwesens und des ganzen medizinischen Wesens.»[61]

So vielfältig die Aussagen und Perspektiven waren, die Steiner in seinen zwanzig Vorträgen entfaltete, so deutlich wurde die bedingungslose Orientierung seiner Darstellungen an einer neuen Therapeutik, einer rationellen Therapie auf der Basis einer vertieften Organismus- und Naturkunde. Die Frage nach den Heilsubstanzen und einer geisteswissenschaftlich erneuerten Pharmazeutik durchzog den gesamten Kurs; in seinem zeitlichen Umfeld entstand die erste Heilmittelliste Oskar Schmiedels, mit Anmerkungen Rudolf Steiners. Zahlreiche Gespräche, kasuistische Darstellungen und begleitende naturwissenschaftliche Vorträge fanden im Umfeld des Kurses statt, an denen sich Schmiedel beteiligte. Er war in den Beginn der neuen Medizin vollgültig einbezogen – als zu diesem Zeitpunkt einziger Pharmazeut, der die in den Vorträgen beschriebenen Substanzprozesse am Goetheanum in die Tat umsetzen konnte.

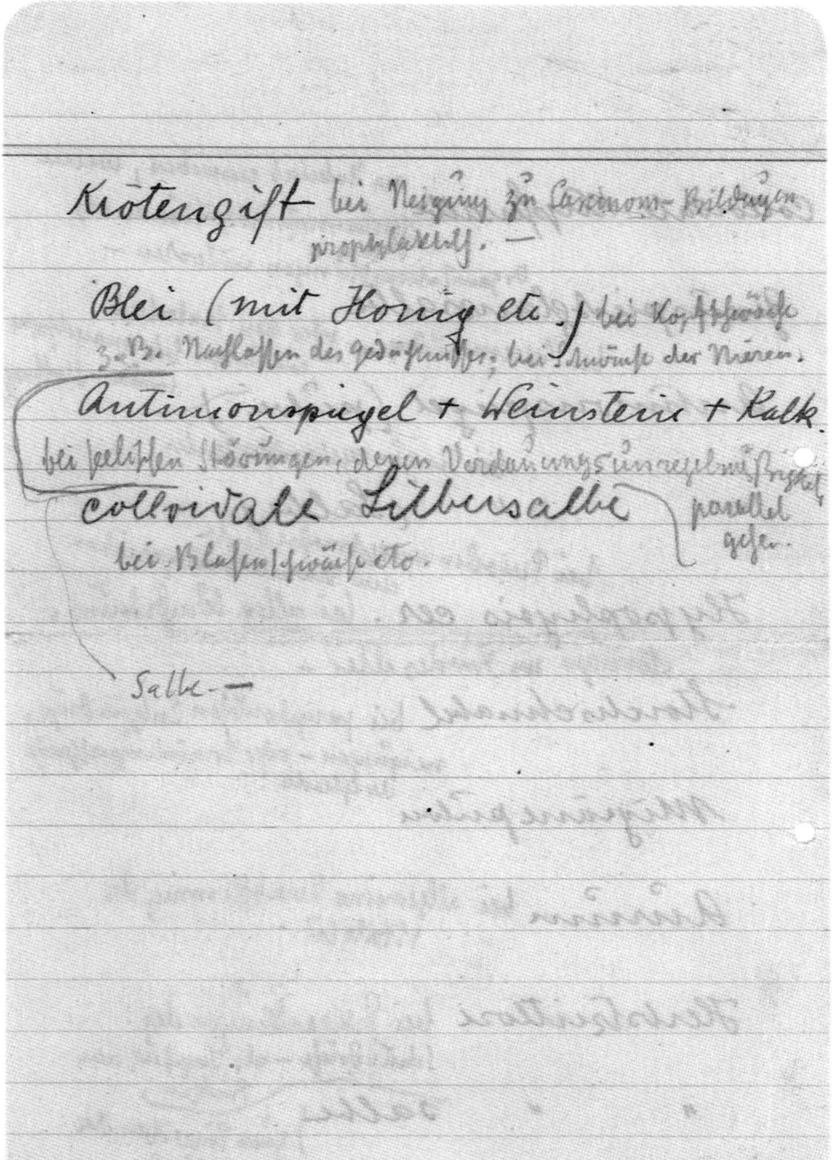

ABB. 28: DIE ERSTE HEILMITTELLISTE, S. 2

Krötengift bei Neigung zu Carcinom-Bildungen prophylaktisch. —

Blei (mit Honig etc.) bei Kopfschwäche z.B. Nachlassen des Gedächtnisses; bei Krämpfe der Nieren.

Antimonspiegel + Weinstein + Kalk bei solchen Störungen, deren Verdauungsunregelmäßigkeit

collvidale Silbersalbe parallel gehen.
bei Blasen/krämpfe etc.

Salbe —

Am Karfreitag, den 2. April 1920, sagte Rudolf Steiner in seinem dreizehnten Kursvortrag bei der Besprechung der Misteltherapie: «Sie werden nun verstehen, dass ich über diese Dinge aus dem Grunde vorsichtig sprechen muss, weil auf der einen Seite die Tendenz, die damit angegeben wird, absolut richtig ist, auf gut fundierten geisteswissenschaftlichen Forschungen beruht, weil aber auf der anderen Seite in dem Augenblicke, wo nun der praktische Heilungsprozess anfängt, die volle Abhängigkeit von der Verarbeitung der Mistelsubstanz anfängt, da eigentlich im Grunde genommen kaum die Kenntnisse da sind, um den Prozess in der richtigen Weise zu betreiben. Hier liegt es natürlich, wo Geisteswissenschaft nur dann günstig wirken könnte, wenn sie tatsächlich in fortwährendem Zusammenwirken mit dem stehen könnte, worauf ja so vieles bei der anderen Ärzteschaft beruht, nämlich mit dem klinischen Prozesse. Und das ist es, was die Beziehungen der Geisteswissenschaft zu der Medizin so schwierig macht, weil ja die beiden Dinge, klinische Beobachtungsmöglichkeiten und geisteswissenschaftliche Untersuchungen, einfach heute durch unsere sozialen Einrichtungen noch ganz auseinanderfallen müssen. Aber gerade aus dem wird eingesehen werden können, dass eigentlich nur auf einen grünen Zweig zu kommen ist, wenn sich beides miteinander verbindet.»[62] Von der absoluten Notwendigkeit klinischer Einrichtungen hatte Rudolf Steiner bereits im November und Dezember 1916 in zwei Vorträgen in der Schweiz in Gegenwart Ita Wegmans gesprochen – von der medizinischen Aufgabenstellung der Anthroposophie und ihrem Angewiesensein auf klinische und wissenschaftliche Einrichtungen. Es müsse «durch einen gemeinsamen Willen einer größeren Anzahl von Menschen» ein «solcher medizinischer Betrieb» erzwungen werden, der das Eindringen der geistigen Prinzipien in die Medizin möglich mache, hatte Steiner damals gesagt.[63] Nahezu niemand hatte ihn verstanden – nun erst, in den Jahren nach dem Ersten Weltkrieg, begriffen einzelne Mediziner, was jenseits ihrer eigenen Praxis zivilisatorisch auf dem Spiel stand. In Stuttgart hatten vor kurzem erste Überlegungen für die Gründung einer anthroposophischen Klinik, eines Labors und einer Heilmittelfabrikation eingesetzt, ebenso in Zürich bei Ita Wegman und am Goetheanum bei Oskar Schmiedel. Am Ende des Ärztekurses verfassten die Teilnehmer eine Erklärung, die zur Gründung eines «medizinisch-wissenschaftlichen Arbeitsinstitutes» aufrief, «das dem Goetheanum in Dornach angegliedert und unter fachmännischer Leitung stehen soll».

ABB. 29: ERKLÄRUNG DER TEILNEHMER, S. I

ERKLAERUNG

Die Unterzeichneten, Teilnehmer an einem dreiwöchigen, von etwa 35 Kollegen besuchten Kurse des Herrn Dr. Rudolf S t e i n e r an der Freien Hochschule für Geisteswissenschaft G o e t h e a n u m in Dornach über anatomische, physiologische, pathologische und therapeutische Probleme erklären hiemit, aus ihrer wissenschaftlichen Ueberzeugung heraus:

durch diesen Kurs sind grundlegende Erkenntnisse im ganzen Gebiet der medizinischen Wissenschaften und Anweisungen für erfolgreiche diagnostische, therapeutische und sozialhygienische Arbeit von solcher Tragweite in die Welt gestellt worden, dass es geradezu als Zentralaufgabe der Gegenwart auf dem Gebiet der medizinischen Arbeit angesehen werden muss, durch Schaffung eines medizinisch-wissenschaftlichen Arbeitsinstitutes, das dem "Goetheanum" in Dornach angegliedert sein und unter fachmännischer Leitung stehen soll, eine Stätte zu schaffen, an der systematisch und intensiv auf geisteswissenschaftlicher Grundlage gearbeitet werden kann.

Weil es sich bei dem erwähnten Kurs, der bis in zahlreiche Einzelheiten der medizinischen Wissenschaften Licht warf, um Ergebnisse einer umfassenden Geisteswissenschaft, der im Goetheanum vertretenen anthroposophisch orientierten Geisteswissenschaft, handelt, nicht um äusserlich lose aneinander gereihte Einzelerkenntnisse und -anregungen, kann es zunächst nicht Aufgabe der Unterzeichneten sein, mit Einzelheiten an die Oeffentlichkeit zu treten. Eine willkürliche Verzettelung des Gegebenen würde die Gefahr des dilettantenhaften oder spekulationsmässigen Missbrauchs und damit die Diskreditierung der geisteswissenschaftlich-medizinischen Forschung heraufbeschwören. Deshalb treten die Unterzeichneten mit der dringenden Bitte an das Publikum, die finanzielle Grundlage für die Fertigstellung der Hochschule mit angegliederten Spezialinstituten für die einzelnen Forschungszweige schaffen zu helfen, damit möglichst bald die ausgearbeiteten Ergebnisse in den Dienst der allgemeinen Gesundheitspflege gestellt werden können.

Die in Dornach ihrer architektonischen Vollendung entgegengehende Freie Hochschule für Geisteswissenschaft "Goetheanum" steht als Zeugnis für den inneren Gehalt und die Kreditwürdigkeit dieser ganzen Geistesrichtung da, für deren medizinisch-wissenschaftliche Fruchtbarkeit die unterzeichneten Fachleute mit ihrem Namen einstehen.

Dornach bei Basel, den 9. April 1920.
(Schweiz)

Prof. Dr. Alfred Gysi, Vorstand der technischen Abteilung des zahnärztlichen Institutes der Universität Zürich,

Dr. med. Edwin Scheidegger, leitender Arzt des Merian-Iselin-Spitals in Basel,

Dr. med. Husemann, Arzt an der städt. Irrenanstalt in Bremen,

Dr. Med. W. Engels, Hamburg,

Dr. med. Robert Ederle, Assistenzarzt in Geislingen,

Dr. med. Ludwig Noll in Cassel,

Prof. Dr. Oskar Römer, Direktor des zahnärztlichen Institutes an der Universität Leipzig.

(Fortsetzung auf der Rückseite.)

Noch während des ersten Ärztekurses hatte Ita Wegman einen Brief an Ludwig Noll geschrieben, und ihm die gemeinsame Gründung einer Klinik und eines Forschungsinstitutes in der Nähe des Goetheanum angeboten. Wegman dachte an ein Gemeinschaftskrankenhaus («dieses Sanatorium soll *frei* für alle Ärzte da sein, niemand persönlich angehören»), und war davon überzeugt, dass eine so konzipierte Klinik nicht in Stuttgart, sondern im Umraum der Dornacher Hochschule entstehen und von Anfang an international ausgerichtet sein sollte («Es ist so nötig, dass alles sich um Dornach gruppieren muss, durch die Schweiz muss das Goetheanum eine Weltsache werden.»[64]) Ludwig Noll aber war nicht auf Wegmans Pläne eingegangen – er war mit den Stuttgarter Klinikbemühungen verbunden und befand sich in deren Vorbereitungskreis. Einige Wochen später, am 11. Mai 1920, schrieb Ita Wegman daraufhin an Oskar Schmiedel, nach einem vorausgehenden Gespräch. Erneut betonte sie die Bedeutung eines *gemeinsamen* Anfangs: «Das Wichtigste ist, dass Sie und ich zusammen gehen ... Das, was wir jetzt zu tun haben ist ‹Handeln› und nicht reden und nicht länger warten, es braucht nicht gleich das Große zu sein, nur ein Anfang muss gemacht werden.» Wegman wusste von Schmiedels eigener Initiative im Umkreis des Goetheanum und hatte gehört, dass er bereits den Kauf eines konkreten Hauses ins Auge fasste – «Wo befindet sich dasselbe? Es ist unbedingt nötig, dass Sie Vertrauen in mich haben, und nicht so tun, dass Sie links gehen und ich rechts. Damit werden wir nichts erreichen. Wir wohnen nun einmal in der Schweiz und müssen nun hier etwas gründen, damit wir mit dem Doktor arbeiten können.» [65] Später schrieb Oskar Schmiedel: «Frau Dr. Wegman war eine Persönlichkeit von einer großen Aktivität, Energie und Tatkraft. Sie konnte, wenn sie etwas für richtig und die Durchführung für wichtig gehalten hatte, und wenn sie bei der Durchführung auf einen aus Unverständnis entspringenden Widerstand stieß, mit Temperament sich gegen diesen Widerstand wenden. Sie hatte einen weiten Blick und vorallem ein feines richtiges Gefühl für das, was notwendig geschehen sollte. Oft erwies es sich zuerst in der Zukunft, dass dieses Gefühl sie nicht betrogen hatte und dass das Richtige von ihr veranlasst wurde.»[66]

Zürich 11/V 1920.
Holderstr. 9.

Sehr geehrter Herr Dr. Schmiedl,

Nach unserm gestrigen Gespräch bin ich der Ansicht, dass wir so rasch als möglich handeln müssen. Ich habe auf der Rückreise nach Zürich mit Gimmi gesprochen und er war auch meiner Ansicht und gab mir den Rat mit Ihnen ein Komité zu bilden, die zum Zweck hat das Forschungsinstitut und das Sanatorium zu gründen. Wir wollen aber nicht zu viel darüber reden, das Wichtigste ist, das Sie und ich zusammen gehen. Es ist mir volkommen klar, dass diese Sachen von dem kommenden Tag nicht unterstützt werden können vorläufig, diese müssen Unternehmungen gründen, die viel Geld aufbringen um das Goetheanum zu helfen. Wir müssen also dafür sorgen, dass wir auf irgend einer Art an Geld kommen. Nun habe ich von Holländischen Freunden schon 50.000 frs versprochen bekommen, und es wird noch mehr kommen. Dieses Geld wurde wohl für die Gründung des Sanatoriums gegeben. Natürlich ist diese Summe noch lange nicht genügend, aber der Anfang ist da.

Oskar Schmiedel reagierte postwendend, jedoch zurückhaltend. Er habe Rudolf Steiner sein eigenes Projekt bereits unterbreitet – eine von Steiner unabhängige, wenn auch für ihn gedachte Gründungsinitiative komme in dieser Situation nicht in Frage:

«Wir dürfen bei der ganzen Sache durchaus nicht dreierlei vergessen:

1.) Herr Dr. St. hat sich bereits der Idee eines Versuchsinstitutes angenommen (Er übernahm das dsbzgl. Projekt zur Durchsicht, beabsichtigt, mit mir darüber zu sprechen u. hat mich schließlich in der Generalversammlung aufgefordert, bereits über das Institut zu sprechen.) Ich kann also nicht seinen Entschließungen durch eigenmächtiges Handeln vorgreifen.

2.) Die Versuchsanstalt ist durchaus als Institut des Goetheanums geplant. Und die ganze Aktion muss vom Beginn an einen offiziellen Charakter haben. An jedem Heilmittel muss man erkennen, dass es aus diesem Institut stammt. Ein provisorischer Beginn mit irgendwelchem privaten Charakter wäre nach meiner Ansicht unrichtig.

3.) Das Laboratorium ist Eigentum des Goetheanum, u. ich selbst bin Angestellter des Goetheanum. Ich kann also im Laboratorium nicht gut etwas auf eigene Faust unternehmen u. insbesondere nichts ohne Einverständnis Herrn Dr. St.'s.»[67]

Zwei Wochen vor seinem Brief hatte Oskar Schmiedel sein Projekt einer «chemisch-pharmazeutischen Versuchsstation» bei der Generalversammlung des Vereins des Goetheanum mit Unterstützung Rudolf Steiners erstmals vorgestellt – so konnte und wollte er nicht etwas Eigenes mit Wegman beginnen.

Im Sommer 1920 arbeitete Oskar Schmiedel eng mit Ludwig Noll in der Herstellung von Heilmitteln in seiner Baracke und im Keller von Haus «Hansi» zusammen, wiederum mit Unterstützung Rudolf Steiners. Erste Kompositionen entstanden, darunter Biodoron, Scleron, Digestodoron, Rheumadoron, Dermatodoron, und Cardiodoron. Später schrieb Schmiedel im Rückblick auf diese Zeit: «Es scheint mir wichtig, dass nicht nur die neue, durch Anthroposophie befruchtete Heilkunde ihren Ausgangspunkt am Goetheanum hatte, sondern dass auch die dafür benötigten Heilmittel in dem dem Goetheanum gehörenden Laboratorium zuerst ausgearbeitet und an die Ärzte abgegeben wurden. Die Heilkunde mit der dazugehörenden Heilmittelherstellung ging in richtiger Weise von der Mysterienstätte aus. – So arbeitete ich mich immer mehr in das Gebiet der Heilmittelherstellung ein und verschaffte mir allmählich die dazu notwendigen Kenntnisse.»[68]

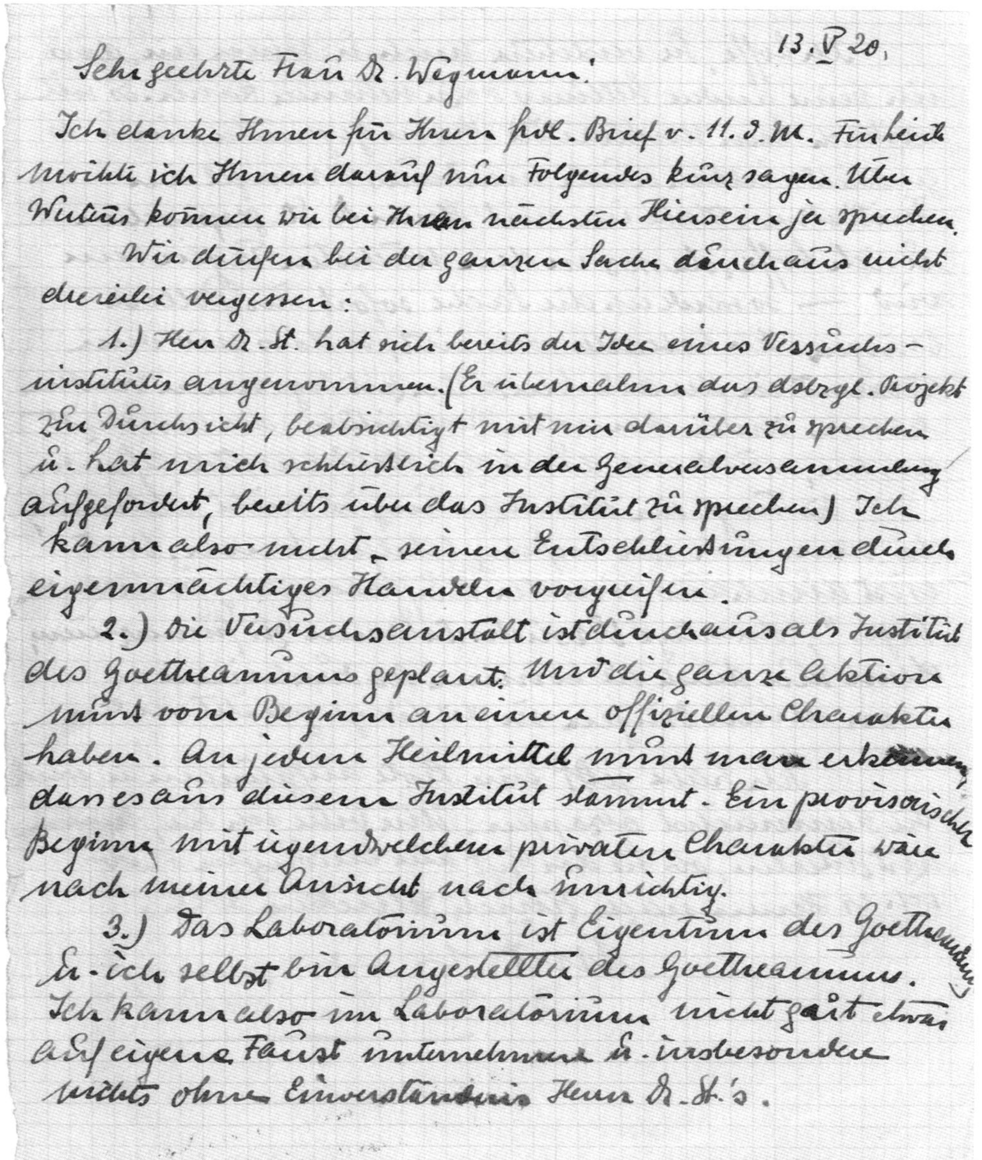

ABB. 31: BRIEF AN ITA WEGMAN, 13.5.1920, S. 1

13. V 20.

Sehr geehrte Frau Dr. Wegmann!

Ich danke Ihnen für Ihren pol. Brief v. 11.d.M. Einleitend möchte ich Ihnen darauf nur Folgendes kurz sagen. Über Weiteres können wir bei Ihrem nächsten Hiersein ja sprechen.

Wir dürfen bei der ganzen Sache durchaus nicht dreierlei vergessen:

1.) Herr Dr. St. hat sich bereits der Idee eines Versuchs-institutes angenommen. (Er übernahm das dsbzgl. Projekt zur Durchsicht, beabsichtigt mit mir darüber zu sprechen u. hat mich schließlich in der Generalversammlung aufgefordert, bereits über das Institut zu sprechen.) Ich kann also nicht seinen Entschließungen durch eigenmächtiges Handeln vorgreifen.

2.) die Versuchsanstalt ist durchaus als Institut des Goetheanums geplant. Und die ganze Aktion muss vom Beginn an einen offiziellen Charakter haben. An jedem Heilmittel muss man erkennen, dass es aus diesem Institut stammt. Ein provisorischer Beginn mit irgendwelchem privaten Charakter wäre nach meiner Ansicht nach unrichtig.

3.) Das Laboratorium ist Eigentum des Goetheanums u. ich selbst bin Angestellter des Goetheanums. Ich kann also im Laboratorium nicht gut etwas auf eigene Faust unternehmen u. insbesondere nichts ohne Einverständnis Herrn Dr. St.'s.

Mit einem dreiwöchigen Hochschulkurs und künstlerischen Veranstaltungen wurde das Goetheanum im Herbst 1920 eröffnet. Rudolf Steiner sprach in acht Vorträgen im großen Saal des hölzernen Doppelkuppelbaues über «Grenzen der Naturerkenntnis» – und hielt spontan vier medizinische Vorträge als Ersatz für Ludwig Noll, der überraschend nicht erschien.

Oskar Schmiedel nahm an allen Veranstaltungen teil, von den wissenschaftlichen wie sozialen Aufgaben der neuen Hochschule bewegt und erfüllt. Bei einer Aussprache während eines sozialwissenschaftlichen Seminarabends meldete er sich energisch zu Wort, berichtete von seiner Begeisterung nach Erscheinen der Schrift *Die Kernpunkte der sozialen Frage*, aber auch von den Schwierigkeiten, die sich seither in der Bekanntmachung und Umsetzung der Dreigliederungskonzeption ergeben hatten: «Aber es muss einen Weg geben. Und das ist es, was mich interessiert. Die ganze Frage der Dreigliederung des sozialen Organismus ist eigentlich auch eine Machtfrage; Gewalt gehört dazu, um selbst den besten Gedanken der Menschheit beizubringen; auch zum Guten, zum Besten muss man sie zwingen. Wenn ich einige Regimenter Kavallerie hätte, wäre es vielleicht möglich, oder Geld, sehr viel Geld gehört dazu. In der Presse kommt fast gar nichts darüber. Wir haben keine Zeit zu verlieren. Es ist die Frage, wie das praktisch anzufassen ist, um doch durch die Stärke des Gedankens weiterzukommen.»[69] Rudolf Steiner kam in seinem Votum bald darauf auf Schmiedels dynamische Worte zurück, sprach von einem «wichtigen Gedanken» und betonte, wie sehr es darauf ankomme, zu den Menschen sprechen zu lernen, «wirklich den Zugang zu den Leuten zu finden». Der Erfolg der Dreigliederung in der öffentlichen Meinung hänge, so Steiner, von dieser sozialen Fähigkeit ab. Unter Rekurs auf Schmiedel und die gemeinsame österreichische Heimat sagte er: «Dr. Schmiedel wird mir wahrscheinlich Recht geben, wenn ich ihm sage: Ich wüsste, gerade wie ich den Eichenstämmen aus der Horner Gegend — ich kenne dort die Leute —, ich wüsste ungefähr auch, wenn ich mich gerade beschränken sollte auf diesen Kreis, wie ich den dortigen Bauern die Dreigliederung unterbreiten müsste, wenn ich nur dort sein könnte und wirken könnte. Aber das ist es gerade: Wir stehen heute auf einem Punkte der Menschheitsentwicklung, namentlich in Mittel- und Westeuropa, wo wir durchaus nicht verstanden werden, wenn wir nicht in der Sprache der Menschen reden.»[70]

ABB. 32: THRONE IM KLEINEN KUPPELRAUM

Zur Eröffnungsfeier des Goetheanum rezitierte Marie Steiner die Rede des Hilarius aus Rudolf Steiners Mysteriendrama «Der Hüter der Schwelle» sowie die «Ägyptische Szene» aus «Die Pforte der Einweihung». Zahlreiche Eurythmieaufführungen fanden am 26. September 1920 und im Verlauf der folgenden Wochen statt, aber auch Darstellungen zur Kunst der Deklamation, die Rudolf Steiner und Marie Steiner gemeinsam veranstalteten. Schließlich sprach Steiner in der letzten Woche des Hochschulkurses noch in drei Vorträgen über den «Baugedanken von Dornach».

Bereits fünf Jahre zuvor, zur Weihnachtszeit des Jahres 1915, hatte Rudolf Steiner die Oberuferer Weihnachtsspiele in die Schreinerei geholt und sie seither alljährlich in Dornach aufführen lassen. Die anthroposophische Kunst war ein Neuanfang, ein Kommendes – Steiner aber bezog in die künstlerische Arbeit ein, was in der Vergangenheit gearbeitet und geleistet worden war. Die Oberuferer Spiele, die er 1882 in Wien bei Karl Julius Schröer kennen gelernt hatte, gehörten zu diesem Gut, und zum geistigen Rückraum des «Wiener Beckens». Oskar Schmiedel war diesen Spielen tief verbunden, deren Sprache und Atmosphäre er wie wenig andere verstand. An den Inszenierungen in der Schreinerei, unter der Regie Steiners, wirkte Schmiedel mit – über die Aufführung des Paradeisspiel in der Schreinerei zur Weihnachtszeit 1920 schrieb der Wiener Karl Schubert: «Da hätte man ausrufen wollen: ‹Da ist Notwendigkeit, da ist Gott.› Unvergesslich schön war der Herrgott, ergreifend herb das Weinen der Eva, markerschütternd die Verwandlung des Adam, unerbittlich groß die Sprache des Engels und überzeugend wirksam die Sprache des Teufels. Alles war so natürlich im Stil und so lebendig abgemessen, dass kein Wort und keine Geste zu viel war. Ähnlich stark waren die Eindrücke, die wir vom Christ-Geburt-Spiel und König-Spiel in Dornach empfangen haben. So viel innerliche Bereicherung ist den Zuschauern zuteil geworden, dass man es nicht in Worten beschreiben könnte. Die verstärkten Herzensbeziehungen zu dem geistigen Inhalt der Spiele verdanken wir den Aufführungen in Dornach.»[71]

Sieben Wochen vor Weihnachten 1920 war das erste Kind von Thekla und Oskar Schmiedel geboren worden, das seinen Namen von Rudolf Steiner erhielt: Clara-Maria. An Weihnachten sprach Rudolf Steiner – nach den vorbereitenden, medizinisch wegweisenden «Brücke»-Vorträgen – über den Isis-Mythos und die erneuerte Sophia einer wirklichen Natur-Erkenntnis.

ABB. 33: ALS TITUS BEI DEN WEIHNACHTSSPIELEN

DER ZWEITE ÄRZTEKURS

Den zweiten Dornacher Ärztekurs, der in der Nachosterzeit des Jahres 1921 im Glashaus stattfand, verstand Rudolf Steiner als «Ergänzungskurs» seiner Darstellungen vom Vorjahr. Hatte er damals versucht, ein neues medizinisches Denken im Bereich der Physiologie, Pathologie und Therapie aufzuzeigen, unter Betonung eines möglichen Brückenschlages zur Schulmedizin, so wurden die Darstellungen nun auf das Zusammenwirken der menschlichen Wesensglieder und ihre therapeutische Beeinflussbarkeit durch anthroposophische Heilmittel zentriert: *«Es wird sich darum handeln, dass wir diese Betrachtungen dann gipfeln lassen in der Schilderung des Wesens jener Heilmittel, die wir zusammengestellt haben, und die dann von unserer Seite aus eine Verbreitung haben sollen.»*[72] Möglicherweise wurde den Teilnehmern am Ende des Kurses eine von Oskar Schmiedel ausgearbeitete und reinlich niedergeschriebene Liste der bestehenden anthroposophischen Heilmittel bereits zur Verfügung gestellt – sie umfasste 46 verfügbare Präparate. Anderen Vermutungen zufolge entstand Schmiedels Liste erst im Anschluss an ein Treffen, das nach Beendigung des Kurses in Rudolf Steiners Privathaus in kleiner Runde stattfand und in dem der Stand der Heilmittelforschung, -herstellung und -verbreitung intensiv besprochen wurden.

ABB. 34: HEILMITTELISTE 1921, S. 1

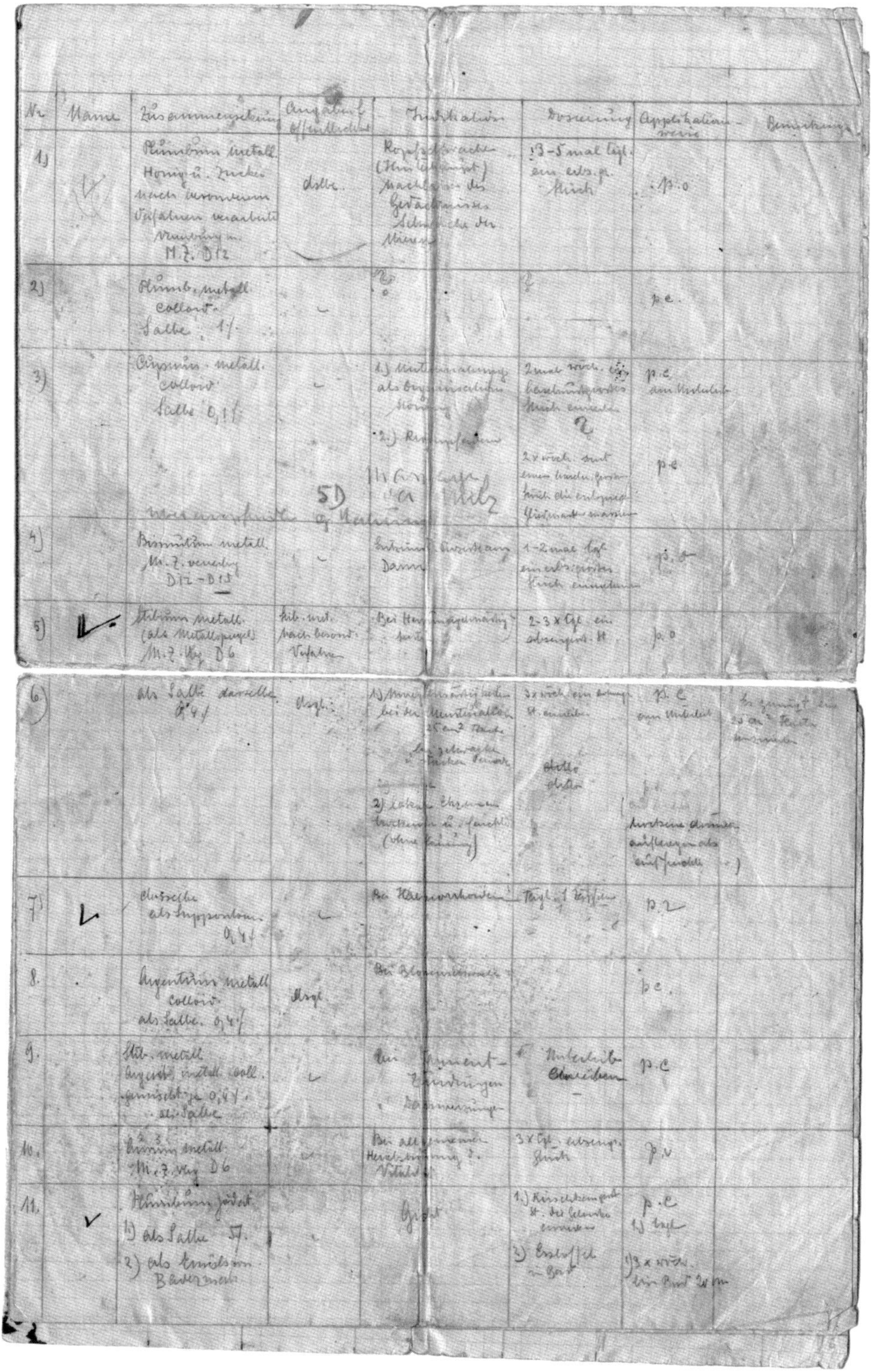

Nr	Name	Zusammensetzung	Angabe d. Offizinellen	Indikation	Dosierung	Applikationsweise	Bemerkungen
1)		Plumbum metall. Honig u. Zucker nach besonderem Verfahren verarbeitet Verreibung M.Z. D12	dsgl.	Kopfschwäche (Hirnschwäche) Schwäche des Gedächtnisses Schwäche der Nieren	1/3–5 mal tgl. ein erbs.gr. Stück	p.o.	
2)		Plumb. metall. colloid. Salbe 1%	–	?	?	p.e.	
3)		Cuprum metall. colloid. Salbe 0,1%	–	1.) Menstruationsstörung als [illegible] Störung 2.) Krampfadern	2mal wöch. ein bohnengroßes Stück einreiben; 2x wöch. [illegible]	p.e. am Unterleib; p.e.	
4)		Bismutum metall. M.Z. verreib. D12–D15	–	Entzünd. Erweiterung Darm	1–2mal tgl. ein erbsgroßes Stück einnehmen	p.o.	
5)		Stibium metall. (als Metallspiegel) M.Z. Vg. D6	Stib. met. nach besond. Verfahr.	Bei Herzunregelmäßigkeit	2–3 x tgl. ein erbsengr. St.	p.o.	
6.)		als Salbe dasselbe 0,4%	dsgl.	1) [illegible] bei der Menstruation 25 cm² [illegible] 2) lokale Ekzeme [illegible]	3x wöch. ein [illegible] einreiben; dsgl.	p.e. am Unterleib	[illegible] 25 cm² [illegible]
7)		als Suppositorien 0,4%	–	Bei Hämorrhoiden	Tägl. 1 Zäpfchen	p.r.	
8.		Argentum metall. colloid. als Salbe 0,4%	dsgl.	Bei Blasenschwäche		p.e.	
9.		Stib. metall. Argent. metall. coll. gemischt je 0,4% als Salbe	–	Bei Gemüts-Verstimmungen [illegible]	Unterleib einreiben	p.e.	
10.		Bismut. metall. M.Z. Vg. D6	–	Bei allgemeiner Herzschwäche [illegible]	3x tgl. erbsengr. Stück	p.o.	
11.		Stannum jodat. 1) als Salbe 5% 2) als Emulsion Bäder		Gicht	1.) Kirschkerngroß. St. [illegible] einreiben 3) Esslöffel ins Bad	p.e. 1) tägl. 1) 3x wöch. ein Bad [illegible]	

Während am Ende des ersten Ärztekurses noch Absichtserklärungen der Teilnehmer formuliert worden waren, hatten die Bemühungen zu einer Klinikbegründung und institutionalisierten Heilmittelherstellung in Stuttgart und Arlesheim mittlerweile konkret eingesetzt, unter initiativer Mitarbeit der Ärzte. In Stuttgart hatte die Finanzgesellschaft «Der kommende Tag A.G. zur Förderung wirtschaftlicher und geistiger Werte» am 1. Februar 1921 ein Gelände und Anwesen für die Inbetriebnahme einer anthroposophischen Klinik erworben und in Schwäbisch Gmünd Einrichtungen für eine künftige Heilmittelfabrikation geschaffen. Insbesondere Ludwig Noll, Friedrich Husemann und Felix Peipers, die bereits seit vielen Jahren ärztlich mit Rudolf Steiner zusammenarbeiteten und beide Ärztekurs hörten, waren an dem Stuttgarter Vorhaben von Anfang an beteiligt.

Ita Wegman war dagegen im Umfeld des Goetheanum tätig geworden – sie hatte am 27. September 1920 eine Liegenschaft in Arlesheim gekauft und ab Beginn des Jahres 1921 umbauen lassen. Auch in der Schweiz war eine Finanzgesellschaft entstanden («Futurum A.G. Ökonomische Gesellschaft zur internationalen Förderung wirtschaftlicher und geistiger Werte»), die eine assoziative Verbindung von geistigen und wirtschaftlichen Unternehmungen bilden und u.a. klinisch-pharmazeutische Betriebe unterhalten sollte. Schmiedels eigener Plan, der neben einer Klinik (unter Noll) und einem Forschungsinstitut (unter Leitung Eugen Koliskos und seiner selbst) auch eine Heilpflanzenanlage am Goetheanum vorgesehen hatte, war im Unterschied zu den Stuttgarter und Arlesheim Initiativen vorerst gescheitert – für sein Vorhaben war nach Ansicht von Roman Boos, dem Sekretär Rudolf Steiners, keine ausreichende Finanzierung vorhanden.

84

ABB. 35: TEILNEHMER DES ZWEITEN ÄRZTEKURSES

Seit April 1921 arbeiteten die Ärzte Ludwig Noll und Felix Peipers an Heilmitteln in Schwäbisch Gmünd, wo der «Kommende Tag» ein bestehendes Fabrikgelände im März 1920 aufgekauft hatte, nach Besichtigung und Zustimmung Rudolf Steiners.[74] Diese Fabrik (die ehemaligen «Colonial-Werke Paul Rumpus») sollte in Zukunft die Herstellung der in Stuttgart (und ggf. auch in Dornach) entwickelten Heilmittel übernehmen – bis zur Fertigstellung der Stuttgarter Klinik und ihres Forschungslaboratoriums wurden Noll und Peipers in Gmünd tätig. Von dort sandte Ludwig Noll Oskar Schmiedel Mitte Mai 1921 auf Schmiedels Bitten Angaben Rudolf Steiners für die Kultur von Heilpflanzen. In seinem Begleitschrieben formulierte er: «Lieber Herr Schmiedel! / Auf der nächsten Seite teile ich Ihnen die von Herrn Dr. Steiner gemachten Angaben über die Behandlung des Bodens für Arzneipflanzenkultur mit. Herr Dr. Palmer übergab mir Ihren Brief, in welchem Sie von Ihrer Unterredung mit Herrn Dr. Steiner berichten. Auch füge ich eine kurze Notiz über die Dosierung für cf. bereits zugeschickten Heilmittel-Darstellungen bei. Eine eingehende kleine Schrift ist in Bearbeitung. Sie erhalten dieselbe nach Fertigstellung des Entwurfes zur Rückäußerung. / Alle Angaben sind vertraulich. / Mit freundlichem Gruß / Dr. Noll.»[75] – Ludwig Noll hatte lange gezögert, ob er die Leitung der in Stuttgart entstehenden Klinik übernehmen sollte. Schließlich war der Hamburger Arzt Palmer vom «Kommenden Tag» mit diesem Amt betraut worden. Dennoch war Noll bereit, kollegial mitzuarbeiten – Rudolf Steiner hatte ihm die Verantwortung für die Heilmittelforschung in Deutschland und die Führung des Stuttgarter Laboratoriums persönlich anvertraut.[76] Im Spätsommer 1921 veröffentlichte Noll in Stuttgart die erste Heilmittelliste für Ärzte mit 15 Präparaten.

In Dornach war in der Zwischenzeit, seit dem 1. Februar 1921, das Laboratorium am Goetheanum der «Futurum A.G.» eingegliedert worden – dort wurde es als Abteilung «Futurum A.G. Chemisches Laboratorium» geführt und von Oskar Schmiedel weiter geleitet, dessen Situation sich damit jedoch nicht verbesserte. Seiner Darstellung zufolge wollten die leitenden Persönlichkeiten der «Futurum» das Labor ursprünglich nicht und waren auch in der Folgezeit wenig entgegenkommend: «Sie waren lieber damit einverstanden, dass das Laboratorium aufgelöst und ich nach Deutschland zum ‹Kommenden Tag› gehen sollte. Erst nach längerer Zeit entschlossen sie sich, auf Druck von Dr. Steiner das Laboratorium zu übernehmen und fortzuführen. Aber auch als die Übernahme endlich beschlossen war, geschah die Finanzierung nur in einer vollkommen unzulänglichen Weise.»[77]

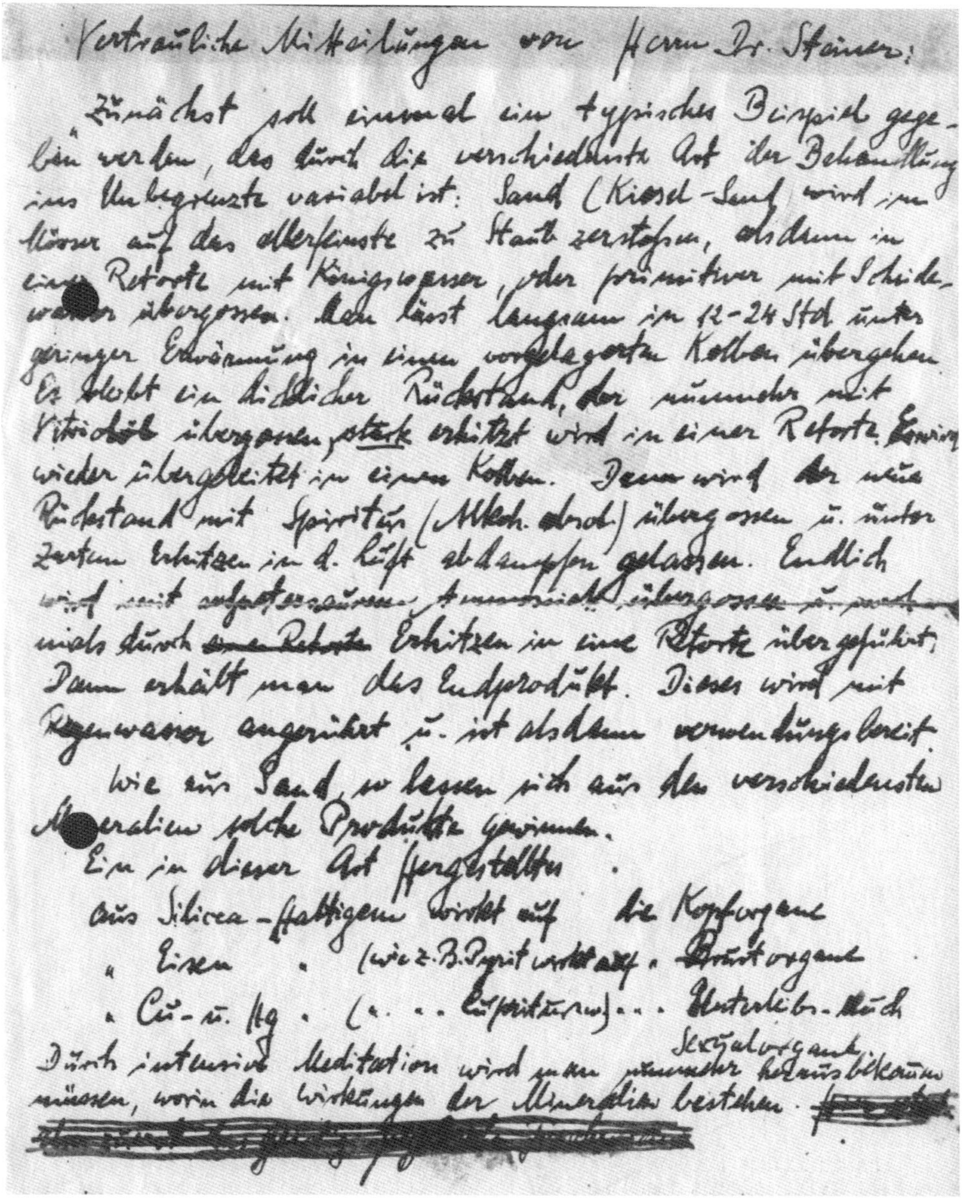

ABB. 36: MITTEILUNG L. NOLLS, 14.5.21

Die meisten der in Dornach und Stuttgart entwickelten anthroposophischen Heilmittel waren in der Mitte des Jahres 1921 noch kaum praktisch erprobt – mit Ausnahme der älteren, homöopathischen Mittel Ludwig Nolls, die dieser nun, mit geringfügigen Modifikationen, in den neuen Arzneimittelbestand überführte.[78]

Die Situation der Heilmittelfabrikation und -distribution gestaltete sich von Anfang an schwierig. Um Ärzte im größeren Stil auf die Medikamente aufmerksam machen zu können, waren teure Anzeigen und Reklame notwendig; auf der anderen Seite fehlten klinische Berichte und Heilmittelmonographien, die überzeugend waren. Insbesondere für die von Steiner und Wegman favorisierte Misteltherapie der Krebserkrankung war die Lage kompliziert. Zwar hatte Wegman mit Unterstützung Steiners seit 1917 in Zürich eindrucksvolle Therapien mit ihrem Präparat durchgeführt und über positive Ergebnisse im ersten Ärztekurs referieren können; dennoch waren viele Fragen offen geblieben, die die Pharmazeutik und klinische Anwendung betrafen. Im Sommer 1920 machte Steiner Ludwig Noll weitergehende Angaben zur Ernte und Verarbeitung der Mistelpflanzen, sehr wahrscheinlich auch Oskar Schmiedel; bald darauf, im ersten Halbjahr 1921, entwickelte der Stuttgarter Ingenieur Carl Unger eine Zentrifuge nach Angaben Steiners. Zeitgleich wurden weitere ärztliche Erfahrungen mit dem bisher verfügbaren Präparat gesammelt – unmittelbar nach dem ersten Ärztekurs hatte Wegman Oskar Schmiedel gebeten, allen Kursteilnehmern kostenlose Probepackungen zur Verfügung zu stellen.[79] Trotz der in mehrerer Hinsicht noch offenen Situation begannen bereits 1921 die Bemühungen der «Futurum», das Mistel-Präparat auch in England und in den USA in Ärztekreisen einzuführen. Von ersten Erfolgen des englischen Verbindungsmannes Mr. Francis berichtete Oskar Schmiedel Rudolf Steiner in seinem Brief vom 11. Juni; drei Wochen später schrieb Francis jedoch auch an Schmiedel:«Sir Charles Ryell is one of the leading members of the Cancer Research Committe in England, and he has told me that he is willing to give the remedy a test and to give it a good trial in the Cancer Hospital in London. *Before taking any steps, however, he wishes to have before him the records of the cases on which the remedy has been already tried, with the signature and comments of the doctor in charge of the case.*»[80]

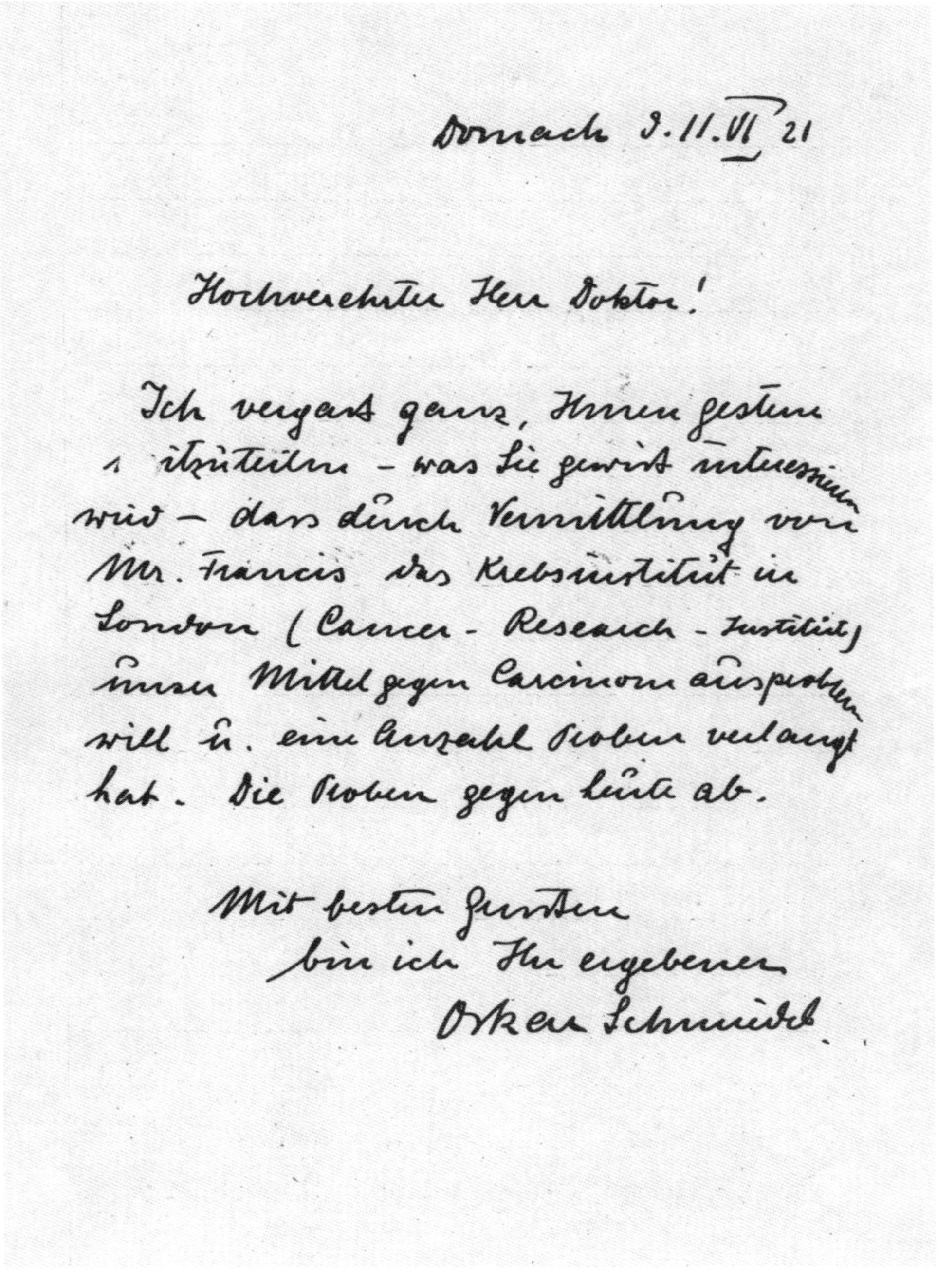

ABB. 37: BRIEF AN RUDOLF STEINER, 11.6.21

Dornach d. 11.VI.21

Hochverehrter Herr Doktor!

Ich vergaß ganz, Ihnen gestern mitzuteilen – was Sie gewiß interessieren wird – dass durch Vermittlung von Mr. Francis das Krebsinstitut in London (Cancer-Research-Institut) unser Mittel gegen Carcinom ausproben will u. eine Anzahl Proben verlangt hat. Die Proben gehen heute ab.

Mit besten Grüßen
bin ich Ihr ergebener
Oskar Schmiedel

Im Oktober 1920 hatte Oskar Schmiedel damit begonnen, das Mistelpräparat selbst herzustellen, in Rücksprache mit Rudolf Steiner und Ita Wegman. In seiner Heilmittelliste vom April 1921 hatte er die verfügbaren Mistel-Präparate (mit unterschiedlichen Wirtsbäumen) unter Nr. 36 rubrifiziert und sich zur selben Zeit weitere Einzelheiten zur Anwendung der verschiedenen Präparate notiert, sehr wahrscheinlich während oder nach einem diesbezüglichen Gespräch mit Rudolf Steiner. Die Notwendigkeit einer klinischen Umsetzung dieser Angaben war evident; Ita Wegmans Arlesheimer Vorbereitungen dazu liefen – das von ihr erworbene Hause wurde umgebaut und für einen klinischen Betrieb vorbereitet.

Transkription der Notizbuchseite:

Viscum ╱ *auch bei Mann*
Dosierung ╲ *Tanne, Kiefer*
  bei Frauen Laubb.

Helleborus foetidus 3D
  wirksamer
  niger bei leichten Fällen

Zeit & Anwendung
Frau: Mitte der Periode

oberhalb v. Diaphragmas (*Mistel d.*
  bei Brustkrebs: *Hagebuche*)
  wie Viscum mali
28 Tage
  7 vorne u. hinten
  u. in der Mitte Injizieren

Pfortnerkrebs: 14 Tage
Periode 7 Tage dann 14 Tage 7 Tage
  Ruhe
  lieber kürzer injizieren

Abb. 38: Aufzeichnungen, April 1921

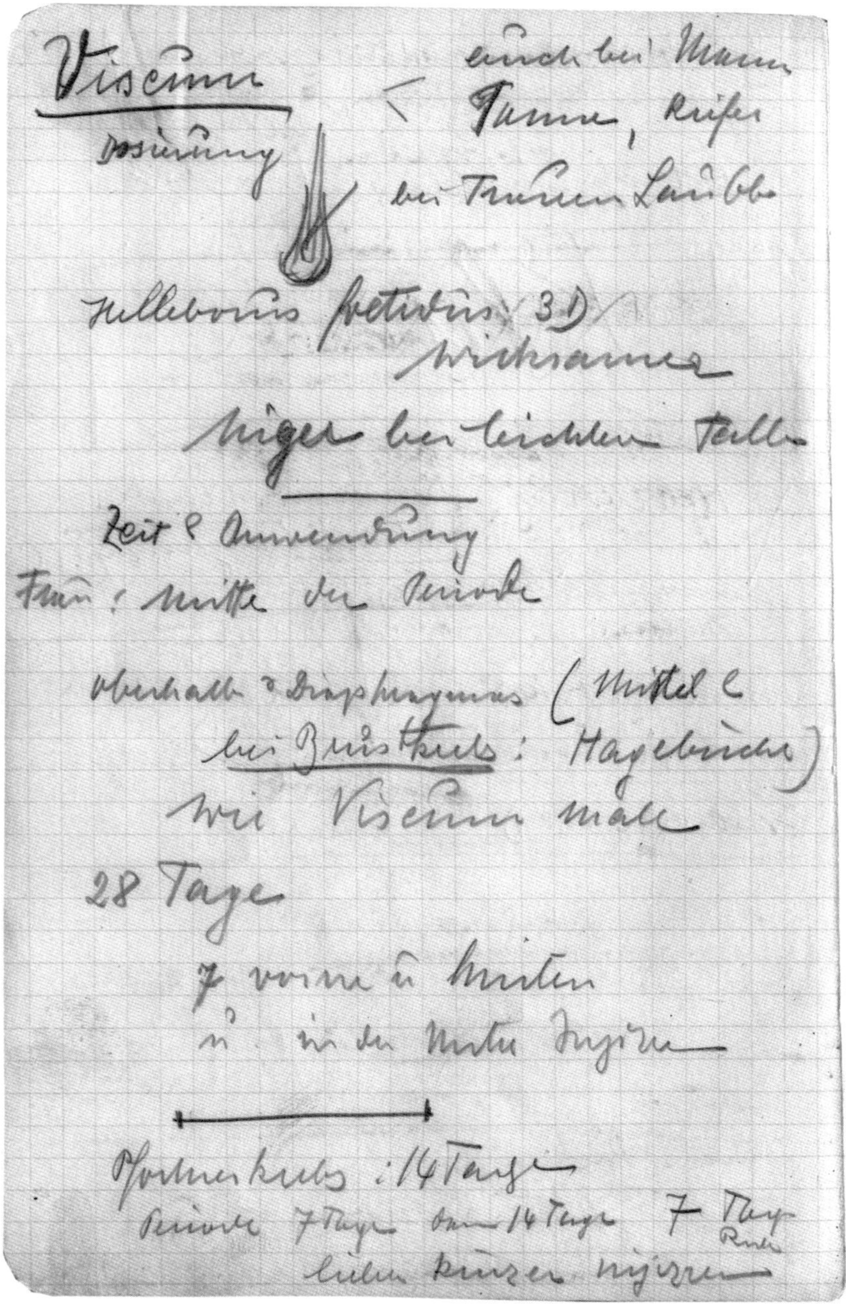

Viscum — auch bei Mann
Dosierung — Damen, Reifer
bei Trauer Laubb.

Helleborus (hetiv...) 3 D)
wirksamer
niger bei leichten Fällen

Zeit d. Anwendung
Frau: Mitte der Periode

oberhalb d. Diaphragmas (Mittel C
bei Brustkrebs: Hagebuche)
wie Viscum male
28 Tage
7 vorne u. hinten
u. in der Mitte Injection

Pfortnerkrebs : 14 Tage
Periode 7 Tage dann 14 Tage 7 Tage
Ruhe
leiten kürzer injizieren

Bereits drei Tage nach dem Kauf eines Hauses mit großem Garten in Arlesheim hatte Ita Wegman am 30.9.1920 an Rudolf Steiner geschrieben: «Ich will das kleine Häuschen ein wenig umbauen lassen und Patienten aufnehmen und in Basel eine ambulante Praxis eröffnen. Später wird sich vielleicht die Gelegenheit bieten, die Sache zu vergrößern oder etwas Neues zu bauen. Aber solange der Bau nicht fertig ist, ist hieran nicht zu denken. Ich hoffe, dass Sie einverstanden sind.»[81] Rudolf Steiner war einverstanden – und eröffnete das kleine anthroposophische Klinikum ein dreiviertel Jahr später, am 8. Juni 1921, mit seinem Besuch. Ita Wegman schrieb in Erinnerung an diesen Tag: «*Wie wird wohl alles aufgenommen werden?*, war bei mir die Frage, als ich unseren verehrten Lehrer Rudolf Steiner einlud, das Institut zu sehen, als es ganz fertig war zum Empfang der Patienten. Mit klopfendem Herzen zeigte ich ihm die Zimmer, die in den verschiedenen Farben gemalt waren, das Behandlungszimmer, die Veranden, was wird er sagen? Und unvergesslich bleibt mir der Moment, als wir in die oberste Etage angelangt zur offenen Veranda uns begaben, um den schönen Ausblick zu sehen, den Arlesheim auf die Vogesen hat, Rudolf Steiner sich mir zuwendete, mir die Hand gab und die Worte aussprach, dass er mit mir arbeiten wolle, und dass es ihm Freude gemacht, dass das Institut zustande gekommen ist, dem er den Namen Klinisch-therapeutisches Institut geben wollte und für das er jetzt mit mir zusammen einen Prospekt ausarbeiten wollte.»[82] – Der von Rudolf Steiner anschließend entworfene Klinikprospekt wurde in vier Sprachen gedruckt, brachte die internationale Ausrichtung des Unternehmens zum Ausdruck und begann mit dem Satz: «Das klinisch-therapeutische Institut in Arlesheim dankt sein Entstehen der Einsicht, dass die Medizin der Gegenwart eine geisteswissenschaftliche Erweiterung und Vertiefung nötig hat.»[83] In Inseraten wurde betont, dass in der Klinik *«neue, spezifische Heilmittel»* zur Anwendung kommen würden.[84]

Ita Wegmans Gründung arbeitete von Anfang an erfolgreich – bereits im ersten halben Jahr wurden nahezu 100 Patienten aus neun Ländern stationär mit guten Erfolgen behandelt; auch eine vielseitige Klinikambulanz wurde rasch aufgebaut. Mit wenigen Mitarbeitern, aber großem therapeutischen Elan vollzog sich die Arbeit, sehr zur Freude Rudolf Steiners. Drei Jahre später nannte er die Klinik mehrmals eine «Musteranstalt» der anthroposophisch erweiterten Medizin.[85]

ABB. 39: DAS ARLESHEIMER INSTITUT

«Das Laboratorium, auch als es von der Futurum bereits übernommen worden war, musste weiterhin in der kleinen Holzbaracke bei der Kantine des Goetheanum bleiben, da die Direktion des Futurum kein Verständnis für die Entwicklungsmöglichkeiten des Laboratoriums hatte. Da die Baracke viel zu klein geworden war, wurde ich bei der Direktion des Futurums vorstellig und bat um Ermächtigung, neue Räume zu suchen. Es wurde mir vorgeschlagen, in einer Garage in Basel oder in dem Keller des Hauses, in dem die Direktion ihre Büros hatte, das Laboratorium unterzubringen. Das Unmögliche dieser Vorschläge wurde nicht eingesehen und ich verzichtete daher auf jede weitere Verhandlung. Kurz darauf erfuhr ich, dass in Arlesheim in der Nähe der Klinik in günstigster Lage eine Liegenschaft zu verkaufen war. Ich erkannte sofort, dass diese eine einzigartige Möglichkeit für das Laboratorium bedeutete ... Ich begab mich wieder nach Basel zu der Futurums Direktion, doch diese sah die Vorteilhaftigkeit und die Notwendigkeit eines Kaufes nicht ein: und fertigte mich mit der Begründung ab, dass kein Geld dafür vorhanden wäre. Ich ging darauf hin zu Frau Dr. Wegman und setzte ihr die Angelegenheit auseinander. Sie sah sofort die Zweckmäßigkeit des Kaufes ein und erklärte mit ihrer oft erwiesenen Tatkraft, dass, wenn die Futurum die Liegenschaft nicht kaufen würde, sie diese kaufen und dem Laboratorium vermieten würde.» (Schmiedel[86]) So kam es – Ita Wegman kaufte das Anwesen («Haus Büchler») am 11.7.1921, vier Wochen nach der Eröffnung ihrer Klinik, und vermietete es an die «Futurum».

Die seit dem Spätherbst 1920 vorbereitete Klinik wollte Rudolf Steiner von Anfang an dem «Futurum» assoziieren; ein Verwaltungsratsbeschluss unter Steiners Präsidentschaft war darüber bereits im Januar 1921, fünf Monate *vor* der Klinikeröffnung, zustande gekommen. Unter Wahrung ihrer Freiheit war Wegman damit einverstanden gewesen, mit dem Direktorium der Finanzgesellschaft in der Folge dann jedoch genauso unzufrieden wie Oskar Schmiedel. Eine intendierte Platzierung der künftigen Heilmittelfabrikation in Reinach (bei dem Lieferanten der pflanzlichen Rohstoffe Alfred Usteri) lehnte sie im Juni 1921, kurz nach der Klinikeröffnung, energisch ab, unter deutlichem Verweis auf *Arlesheim*. Mit dem Kauf von Haus «Büchler» sah sie die gewünschte Option einer räumlich nahen Zusammenarbeit mit Oskar Schmiedel kommen – so handelte sie rasch und zukunftsgewiss. Nach einem Umbau des Hauses zogen Oskar Schmiedel und seine Arbeit dort ein, in Wegmans nächste Nähe.

ABB. 40: DAS NEUE LABOR-HAUS

Im Juni 1921 war der 67jährige Berner Apotheker Ernst Heim in die «Futurum A.G.» mit der Aufgabe eingetreten, ein «chemisch-pharmazeutisches Fabrikationslaboratorium» aufzubauen. Oskar Schmiedels Labor wurde nun als «Versuchslaboratorium» bezeichnet, über das Rudolf Steiner schrieb: «Dem Versuchslaboratorium liegt die Aufgabe ob, die aus geisteswissenschaftlicher Erkenntnis heraus zusammengestellten sowie durch chemisch-pharmazeutische Forschungen und Versuche gewonnenen Heilmittel auszuarbeiten und diese zu Versuchs- und Ausprobierungszwecken den Kliniken und Ärzten zu übermitteln.»[87]

Am 21. August 1921 beschloss der Verwaltungsrat der «Futurum», eine Abteilung «Futurum A.G. Chemisch-Pharmazeutisches Laboratorium» zu begründen und ihre Gesamtverantwortung Ernst Heim zu übergeben, gegen zuvor geltend gemachte Einwendungen Schmiedels. Schmiedel hatte sich gegen die Zusammenfassung eines wissenschaftlichen Forschungsinstitutes (d.h. seines Versuchslaboratoriums) mit einem kommerziellen Unternehmen gewandt und eine Angliederung seines «Versuchslaboratoriums» an Ita Wegmans Klinisch-therapeutischem Institut als «allein zweckmäßig» bezeichnet.[88] Eine Arbeit unter der Direktive Heims lehnte er ab. Nachdem ihm in der Folge auch eine bescheidene Gehaltserhöhung sowie die Bewilligung einer zweiten Hilfskraft im Labor von der Futurum abgeschlagen worden war, kündigte er am 26. August 1921: «Im übrigen möchte ich Ihnen doch einmal gesagt haben, dass Sie durch die ganze unmöglich kleinliche Art Ihrer bisherigen Geschäftsgebarung mir schon lange die mir sonst so liebe Arbeit verleidet und auch ein wirklich fruchtbares Arbeiten fast zur Unmöglichkeit gemacht haben.»[89]

Oskar Schmiedel erwog eine Bewerbung in Stuttgart – wohin er zu Gesprächen reiste – oder eine Übersiedlung nach Österreich. Nicht zuletzt Felix Peipers, der Schmiedel seit München kannte, sprach sich jedoch gegen seinen Weggang von Dornach/Arlesheim aus – «denn Dr. Steiner hat viel Mühe und Arbeit auf Schmiedel verwendet, um einen brauchbaren Mitarbeiter aus ihm zu machen»[90]. Schließlich gelang ein Rückzug der Kündigung und eine Einigung, mit Gehaltserhöhung und relativer Selbständigkeit: «Ihre Funktionen sind diejenigen eines selbständigen Leiters des chemisch-pharmazeutischen Versuchslaboratoriums nach Weisungen des Herrn Dr. Steiner und im wissenschaftlichen Kontakte mit Frau Dr. Wegman, Leiterin des Klinisch-therapeutischen Institutes, geschäftlich unter der Direktion der Futurum A.G.»[91]

ABB. 41: BRIEF DER FUTURUM-DIREKTION, 5.10.21

FUTURUM A.-G.
Oekonomische Gesellschaft zur internationalen Förderung wirtschaftlicher und geistiger Werte

DIREKTION

Telegramme: Futurum Basel
Telefon: Basel 2354
Postcheckkonto Basel Nr. V 4554
Bankkonto Eidg. Bank A.-G. Basel

Kontr. Nr. Oe/Fa. 5674

BASEL, den 5.Oktober 1921
Bruderholzstr. 9

Herrn

Dr. Schmiedel,

Futurum A.-G. Chemisch-pharmazeutisches

Versuchslaboratorium

Arlesheim.

Sehr geehrter Herr Doktor,

Mit Bezugnahme auf die Besprechung unseres Herrn Oesch mit Ihnen, beehren wir uns, Ihnen mitzuteilen, dass wir mit folgender Grundlage Ihres Anstellungsverhältnisses einverstanden sind, nachdem Sie Ihre Demission zurückgezogen haben werden.

1. Als Vergütung für Ihre Rezeptur- und Laboratoriumsvorarbeiten 1920 bis zur Uebernahme des Laboratoriums durch das Futurum A.-G. bezahlen wir Ihnen den Betrag von Frs. 400.-

2. Ihr Salär vom 1.Januar bis 31.März 1922 beträgt monatlich Frs. 750.-

3. Ihr Salär vom 1.April 1922 an beträgt monatlich Frs. 800.-

4. Ihre Funktionen sind diejenigen eines selbstständigen Leiters des chemisch-pharmazeutischen Versuchslaboratoriums nach Weisungen des Herrn Dr.Steiner, und im wissenschaftlichen Kontakte mit Frau Dr.Wegmann, Leiterin des Klinisch-therapeutischen Institutes, geschäftlich unter der Direktion der Futurum A.-G.. Anschaffungen unterliegen der Genehmigung der letzteren. In Bezug auf die Hausordnung ist im Interesse der Sache Herr Heim, Leiter des chemisch-pharmazeutischen Laboratoriums, der Futurum A.-G. gegenüber verantwortlich gemacht worden, und möchten wir daran festhalten, da es bei einigem guten Willen möglich sein soll, uns zu ersparen, rein administrativ formell mit beiden Laboratoriums-Leitern über Verwendung der Lokale, Maschinen und Apparate und dergleichen verkehren zu müssen. Bei irgend welchen Differenzen ist die Intervention von uns möglich, doch hoffen wir, bei der gemeinsamen Tätigkeit für das gleiche Interesse faktisch niemals nötig. Wir hoffen mit diesem Vorschlage, Ihnen die Basis für ein fruchtbares Wirken gegeben zu haben und erwarten Ihre Rückäusserung, ob Sie sie annehmen.

Wir bitten Sie um einen Bericht über den gegenwärtigen Stand aller Arbeiten mit einer Liste sämtlicher Mittel und Rezepte, mit Angabe des Standes und Grades ihrer Verwendungsmöglichkeit.

Mit vorzüglicher Hochachtung :

FUTURUM A.-G.

Trotz mancher Schwierigkeiten war die sich entwickelnde Zusammenarbeit Oskar Schmiedels mit Ita Wegman und der Klinik zukunftsweisend. Rudolf Steiner kam häufig zu Visiten, und fast täglich wurden neue Heilmittel angefordert. Bereits im Klinik-Prospekt hatte Rudolf Steiner geschrieben: «Es werden in demselben [Institut] alle Krankheiten im Sinne dieser [geisteswissenschaftlichen] Erweiterung auf das eingehendste untersucht, die Heilmittel mit einer Sorgfalt gewählt und bei jedem einzelnen Falle individualisiert.»[92] In seinen Erinnerungen an die Zeit seiner Mitarbeit im Klinisch-therapeutischen Institut schrieb der Wiener Arzt Norbert Glas: «In Arlesheim, wenige Schritte von der Klinik entfernt, war in einem kleinen Haus die damalige Weleda untergebracht. Wenn man als Arzt die schmale Holztreppe hinaufstieg und in einem größeren Raum Halt machte, war man erfreut, gewöhnlich, ohne viel Vorbereitung, den ‹Chef› der Heilmittelbereitung, Oskar Schmiedel, zu treffen. Man ging sehr gerne zu ihm, denn man war sicher, von ihm mit echt österreichischer Liebenswürdigkeit empfangen zu werden. Wenn man ihn um ein neues Heilmittel fragte, das Rudolf Steiner vor kurzem angegeben hatte, hörte er sehr andächtig zu und wurde sehr nachdenklich, wenn uns Rudolf Steiner ein neues Rätsel aufgegeben hatte. Oskar Schmiedel argumentierte weniger über das Mittel als dass er sich den Kopf zerbrach, wie man am besten – und schnellsten – das Heilmittel beschaffen könnte. Denn auch in jener Zeit waren die Ärzte nicht weniger ungeduldig als sie es heute sind. Es war schon eine Aufgabe, in Geschwindigkeit für einen Patienten, wie dies einmal vorkam, z.B. Injektionen herzustellen von einem ‹Holzschwamm, der auf Nadelbäumen wächst›. Unser Chemiker zögerte aber nicht lange, hatte ein Gespräch mit einem der Botaniker und machte sich auf einen stundenlangen Spaziergang in den Wald bereit. Er fand, was wir brauchten, und bald hatten wir das Präparat in den Ampullen bereit. Es wurde injiziert – und wirkte; darüber war man nicht einmal sehr verwundert – nur sehr erfreut.»[93]

Nobert Glas betonte das *andächtige* Zuhören Oskar Schmiedels (das Rudolf Steiners Ausführungen galt), sein *Nachdenken* und seine *Initiativkraft*. Ende 1921 waren bereits 71 neue Präparate seit dem ersten Ärztekurs entwickelt worden – nun, ab dem Winter 1921/22, begann die intensive Arbeit im umgebauten «Haus Büchler», unter Einschluss der Heilmittel- und Kosmetikfabrikation.

ABB. 42: ARBEIT AN NEUEN REZEPTUREN

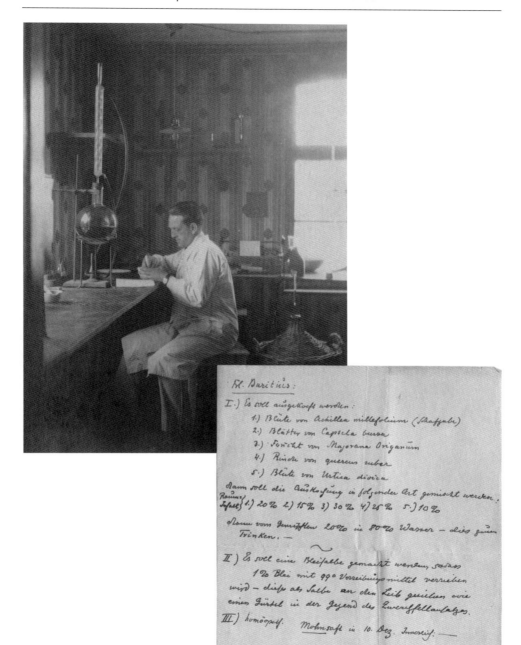

REZEPT RUDOLF STEINERS

Bereits in München hatte Oskar Schmiedel in seinem Laboratorium auch an der Herstellung von Kosmetika gearbeitet, darunter an einem neuen Zahnpulver, einem Haaröl und an Weihrauch (vgl. S. 50). Schon 1912/13 war beabsichtigt gewesen, diese Produkte kommerziell gewinnbringend zu vertreiben, auch, um damit die finanziellen Voraussetzungen für die zentrale Laborarbeit, darunter für die intendierte Heilmittelforschung, schaffen zu können. Die Umsetzung dieses Planes hatte sich 1912/13 als schwierig erwiesen, wurde jedoch ab 1920 am Goetheanum im Kontext der «Futurum»-Begründung noch einmal aufgegriffen. In einer pharmazeutischen Besprechung mit Wilhelm Pelikan, Arthur von Zabern und Hans Krüger, in der Oskar Schmiedel am 31.1.1955 über die Entstehung der kosmetischen Präparate der Weleda berichtete, sagte er zu Beginn: «Der Anfang war, dass man der Furutum A.G. eine kosmetische Abteilung eingliedern wollte, um den Umsatz zu heben. Dt. Steiner gab daraufhin als erstes das Haarwasserrezept an – in allen Einzelheiten.»[94]

Bereits im September 1920 beschloss der Verwaltungsrat der Futurum A.G., durch das Laboratorium am Goetheanum Haarwasser und Rasierseife herstellen zu lassen (das Rezept für eine Rasierseife aus Ziegenmilch, Viola tricolor und Mandeln war Oskar Schmiedel von Rudolf Steiner kurz zuvor übergeben worden[95]). Die Arbeiten an der Haltbarkeit der Präparate aber gestalteten sich kompliziert. Auch wünschte Rudolf Steiner im Januar 1921, dass die Herstellung der Produkte nicht in Dornach, sondern in den Fabrikationsanlagen des «Kommenden Tages» in Schwäbisch Gmünd vorgenommen werden sollte, wo geeignete Möglichkeiten dazu vorhanden waren («Rudolf Steiner beantragt, die Herstellung von Rasierseife und Haarwasser nicht im Laboratorium in Dornach vorzunehmen, sondern zu diesem Zwecke mit der chemischen Fabrik des Kommenden Tages Stuttgart in Gmünd in Verbindung zu treten.» Protokoll der Verwaltungsratssitzung[96]). Dieses Vorhaben wurde in die Tat umgesetzt und gehörte von Anfang an zu den Aufgaben des Gmünder Betriebes.

Haarwasser nach d. Steiner

1 kg frisches Meerrettichkraut (= 200 gr
   trockenes) in 3 Liter destill. H₂O
   mindestens 4–5 Stunden auskochen
   ebenso
1 kg frisches Mauerpfeffer
   (= 200 gr trockenes) (Rückflußkühler)

beides filtrieren u. mischen

hiezu gleiches Volumen 4 % Boraxlösung

leicht erwärmen (bis 37°)

dann soviel Alkohol zusetzen,
   dass ca. 30 % Alkohol in
   der Flüssigkeit enthalten ist.

in dem zuzusetzenden Alkohol
löst man soviel Salicylsäure, dass
in der ganzen Flüssigkeit enthalten
sind 0,4 %.) – hierauf Boraxzusatz
                u. 2–3 Wochen stehen
                u. filtrieren lassen

Diese conc. Flüssigkeit wird
   zum Gebrauch folgendermassen verdünnt

---

500 T conc. Flüssigk.
600 T Alkoh.
900 T Wasser dest.
 30 gr Borax
  6 gr Salicylsäure
(Borax in d. H₂O lösen
 Salicyls. in Alkohol –)

Das so verdünnte Haarwasser wird
nicht zu stark gefärbt sein; sonst
wird es noch stärker verdünnt
werden bis ein schönes Goldgelb
herauskommt.

Obwohl das Jahr 1922 mit Elan begann und die «Futurum A.G.» ab Januar 14 neue Arbeiter für die Laboratorien einstellte, blieb die Situation kompliziert. Ita Wegman hatte ihre Klinik zwar im August 1921 der «Futurum» assoziiert, war jedoch nicht bereit, sich in Klinik- und Laboratoriumsangelegenheiten von Menschen hineinreden zu lassen, deren Kompetenz mehr als zweifelhaft war. Die Klinik entwickelte sich positiv, nicht jedoch die «Futurum» und ihr Laboratoriengeschäft; lediglich wenige Mittel (gegen Grippe, Heufieber, Migräne) konnten bisher der Großfabrikation übergeben werden. Wegman forderte Veränderungen und schrieb an Rudolf Steiner: «Seit einem Jahr laborieren wir stets noch an dem Anfangsstadium. Das therapeutische Institut steht fertig da, ist in Tätigkeit und mit Patienten gefüllt, während das Laboratorium immer noch in den Kinderschuhen steckt. Es liegt hier weniger die Schuld an Dr. Schmiedel; meiner Ansicht nach wird von Seiten Futurums nicht das nötige Verständnis diesen medizinischen I[instituten entgegengebracht]. Es wird viel gesprochen, aber nichts getan.»[97] Wegman wollte die Klinik und die Laboratorien aus der «Futurum» herauslösen und fand Rudolf Steiners Unterstützung – noch im Februar 1922 erfolgte ein Verwaltungsratsbeschluss, der die rechtliche Verselbständigung von Klinik und Laboratorien vorsah; am 1. April 1922 wurde die Gründung der «Internationale Laboratorien und Klinisch-therapeutisches Institut A.G.» vollzogen. Oskar Schmiedel wurde über Ernst Heim positioniert und erhielt die Verantwortung für den gesamten pharmazeutischen Forschungs- und Fabrikationsbereich; Ita Wegman hatte einen großen Aktienanteil (von nahezu 40%) und wurde Präsidentin des Verwaltungsrates. «In der Folge war natürlich die Zusammenarbeit mit Dr. Wegman sehr rege – bis in die kaufmännischen Belange.» (Schmiedel[98]). Die Namensgebung der neuen Aktiengesellschaft betonte die internationale Ausrichtung des Unternehmens – im Juni und Juli wurde das Gencydo-Heuschnupfenmittel bereits in Kanada und in Australien als Marke eingetragen.

Die Startvoraussetzungen des Ganzen aber waren schlecht und durch die «Futurum»-Hypothek schwer belastet. Der Absatz entwickelte sich dürftig und die begonnene Produktion musste bald gedrosselt werden, erste Entlassungen folgten. In Deutschland grassierte die Inflation und die Anthroposophische Gesellschaft befand sich in der Krise. Rudolf Steiner wurde in Zeitungen und Journalen heftig attackiert. Die Dreigliederungsbewegung war seit langem gescheitert. – Dennoch wurde weitergearbeitet.

ABB. 44: PACKUNGSENTWURF R. STEINERS

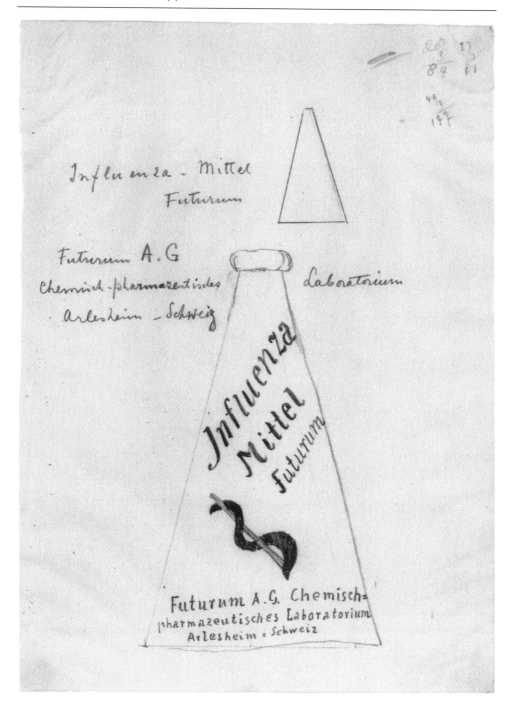

Am 12. Juli 1922 bat Rudolf Steiner Oskar Schmiedel um die Anfertigung eines Heilmittels für seine an Glaukom erkrankte Schwester Leopoldine. Er übergab ihm das notwendige Rezept, dessen Bestandteile Oskar Schmiedel in sein pharmazeutisches Notizbuch eintrug, um sich dann unmittelbar um die Herstellung zu kümmern.

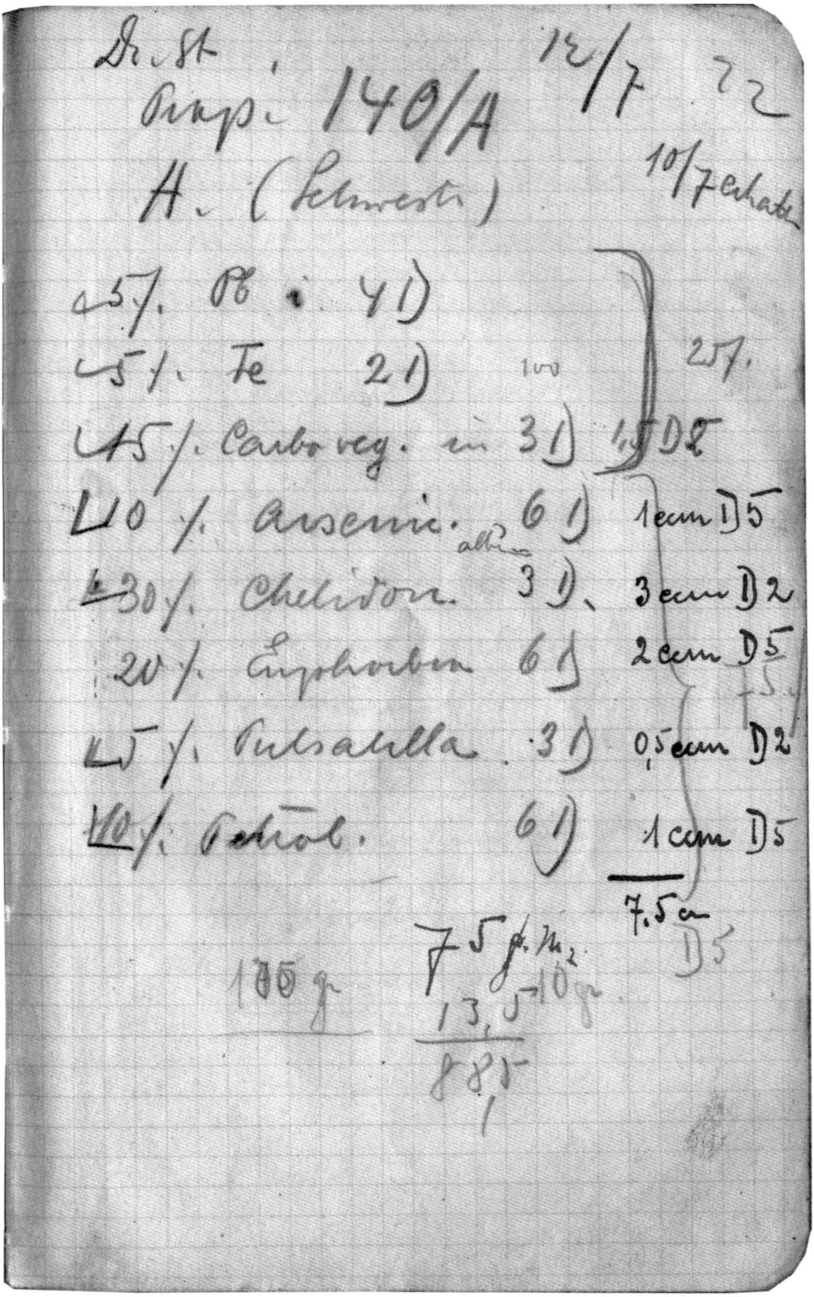

ABB. 45: NOTIZBUCHEINTRAGUNG

Dr. St.
Praep. 140/A   12/7 72
H. (Schwester)   10/7 erhalten

5 %. Pb   4 D ⎫
5 %. Fe   2 D ⎬ 100   2 D
45 %. Carbo veg. in 3 D 1,5 D5
10 %. Arsenic. alb. 6 D 1ccm D5
30 %. Chelidon.   3 D 3ccm D2
20 %. Euphorben   6 D 2ccm D5
5 %. Pulsatilla   3 D 0,5ccm D2
10 %. Petrol.   6 D 1ccm D5
                         ─────────
                          7,5 ccm
        75 g. M₂   D5
135 g. 13,5 10 g.
        ─────────
          88,5

Ende Oktober 1922 reiste Oskar Schmiedel zur «Medizinischen Woche» der Stuttgarter Klinik des «Kommendes Tages», die ebenfalls den Namen «Klinisch-therapeutisches Institut» erhalten hatte und nur zwei Monate nach Wegmans Arlesheimer Haus am 15.8.1921 eröffnet worden war. Seit dem 1. Juli 1922 war auch das eigenständige Laboratoriumsgebäude auf dem Klinikgelände vollendet und in Betrieb genommen – die ganze Anlage wirkte großzügig und hervorragend ausgestattet. Der Apotheker Wilhelm Spiess leitete das Labor, das dem laufenden Rezepturbedarf der Klinik dienen und neue Präparate ausarbeiten sollte – mit Spiess unterhielt sich Oskar Schmiedel während der «Medizinischen Woche» ausführlich und zur gegenseitigen Freude. Die Klinik hatte einen guten Anfang genommen. Sie war vollbesetzt und die Ärzte versuchten darüber hinaus, ihrem wissenschaftlichen Arbeitsauftrag gerecht zu werden, der ihnen von Rudolf Steiner gestellt worden war. Von dem Ärztekollegium der Klinik erwartete Steiner Veröffentlichungen und Vorträge für Außenstehende, ein ambulantes Netzwerk für niedergelassene Ärzte («Machen Sie eine Bewegung von zweitausend bis dreitausend Ärzten»[99]) und ein praktisches Lehrbuch der anthroposophischen Medizin. Trotz einer kleinen Schriftenreihe «Mitteilungen der Vereinigung anthroposophischer Ärzte», die im Februar 1921 begründet worden war und der «Anregung anthroposophisch orientierter Forschung auf dem Gebiet der Medizin» dienen sollte, der Publikation einer ärztlichen Heilmittelliste (durch Ludwig Noll) sowie der Abhandlung «Methodologisches zur Therapie» war jedoch bis zum Oktober 1922, über ein Jahr nach der Klinikeröffnung, noch nicht allzuviel passiert – und Steiners Ungeduld wuchs. Eigene Vorträge zu der von ca. 70 Ärzten besuchten «Medizinischen Woche» sagte er ungern zu: «Eigentlich war es nicht meine Absicht, innerhalb dieser ärztlichen Veranstaltung zu sprechen ...»[100]

In Arlesheim hatte es eine solche, öffentlichkeitsorientierte Veranstaltung nie gegeben – die Klinik Ita Wegmans war eine Therapeutenschule und der Ort einer inspirierten medizinischen Kunst. Hier in Stuttgart sollte dagegen nach dem dezidierten Willen Steiners der akademische Flügel der anthroposophischen Medizin offensiv vertreten werden. Ob die bürgerliche Veranstaltung der «Medizinischen Woche» zu seiner Zufriedenheit verlief, blieb offen – ihr Ungenügen behielt Steiner lange für sich, und half, wo er gefragt wurde.

ABB. 46: DAS STUTTGARTER KLINISCH-THERAPEUTISCHE INSTITUT

Die Zerstörung des Goetheanum in der Sylvesternacht 1922/23 durch Brandstiftung traf Oskar Schmiedel wie alle Mitarbeiter der anthroposophischen Bewegung in der Tiefe des Herzens. In seinen diesbezüglichen Erinnerungen beschrieb Schmiedel unter anderem eine denkwürdige Begegnung mit Edith Maryon einige Tage vor dem Brand: «An einem Abendvortrag Dr. Steiners saß ich in einer der ersten Reihen des Goetheanum. Miss Maryon, die bekannte, englische Bildhauerin, die mit Dr. Steiner in seinem Atelier zusammen arbeitete, und die im Mai 1924 starb, saß einige Plätze von mir entfernt in der gleichen Reihe. Plötzlich, während des Vortrages, ließ sie mir sagen, dass sie Brand riechen würde und ich es Aisenpreis sagen solle. Da ich selbst nichts gerochen hatte und auch den Vortrag durch mein Hinausgehen nicht stören wollte, blieb ich auf meinem Platz. Nach einiger Zeit ließ sie mir das Gleiche noch einmal dringend sagen. Ich stand dann schließlich auf und ging zu Herrn Aisenpreis, der in einer der letzten Reihen gesessen hatte. Dieser unternahm während des Vortrages nichts, ob er nachher eine Untersuchung angestellt hat, weiß ich nicht. Ich glaube ja nicht, dass tatsächlich ein Brandgeruch vorhanden war. Denn es hätte damals schon irgendwo etwas zum Glimmen oder Brennen begonnen haben müssen, woraus sich dann drei oder vier Tage später der eigentliche Brand entwickelt hätte. Eher halte ich es für möglich, dass Miss Maryon etwas wie eine Art Geruchshalluzination oder wie man es sonst nennen will, von dem kommenden Unglück gehabt hat. Auf jeden Fall berührte mich nach dem Brand dieses Geschehen eigentümlich.»[101]

Bis auf die hölzerne Christus-Plastik zwischen den Widersachermächten, die noch immer in Rudolf Steiners Atelier und dem Hochatelier stand, wurde nahezu das gesamte Goetheanum, der Bau der «Freien Hochschule für Geisteswissenschaft» zerstört – das Werk einer mehr als zehnjährigen Arbeit, mit allen Formen und Farben. Es war der Tod eines Lebewesens, wie Rudolf Steiner wiederholt betonte, die Vernichtung eines Sinnlich-Übersinnlichen, dem eine wichtige Bedeutung für die Zukunft zugekommen wäre. «Aber die Möglichkeit der Anschauung ist seit der Silvesternacht hinweg genommen.»[102] Wie alle anderen Menschen vor Ort war Oskar Schmiedel von Rudolf Steiners unmittelbarer Weiterarbeit nachhaltig beeindruckt. Zu den Arbeitern am Goetheanum sagte Steiner: «Sie können ... überzeugt sein, ich selber werde mich von meinem Wege niemals abbringen lassen, was auch geschieht.»[103] «*Die Veranstaltungen gingen in der Schreinerei unverändert weiter, und es war für alle, die damals in Dornach waren, ein ungeheures Erlebnis, dass dies möglich war.*» (Schmiedel[104])

ABB. 47: BRANDRUINE DES GOETHEANUM

Am Morgen des ersten Januar 1923 stand Ita Wegman neben Rudolf Steiner vor der Brandruine und blickte in die Flammen und Asche. Ab diesem Zeitpunkt intensivierte sich die Zusammenarbeit und Nähe zwischen Rudolf Steiner und ihr noch einmal nachdrücklich – Wegman stand Steiner in all der schwierigen, kommenden Zeit bei, mit der Kraft ihres Wesens und therapeutischen Vermögens. «Von jetzt ab konnte sie sich restlos Rudolf Steiner zur Verfügung stellen.» (van Deventer[105]) Oskar Schmiedel schrieb in Erinnerung an die Jahre 1923 und 1924: «Die Zusammenarbeit zwischen Dr. Steiner und Frau Dr. Wegman wurde immer intensiver. Frau Dr. Wegman rückte mehr in den Vordergrund und das Klinisch-therapeutische Institut in Arlesheim gewann eine größere Bedeutung. [...] Es verging kein Tag, an dem Dr. Steiner nicht vormittags in das Klinisch-therapeutische Institut kam und lange dort blieb. Oft ging auch Frau Dr. Wegman nachmittags oder abends zu Besprechungen zu ihm. Später war es so, dass nach den Vorträgen Herr Dr. Steiner regelmäßig mit Frau Dr. Wegman in sein Atelier ging und dort mit ihr an dem medizinischen Buch arbeitete.»[106] Die tägliche Arbeit an einem medizinischen Lehrbuch, das Rudolf Steiner seit Jahren vergeblich von den Stuttgarter Ärzten erwartet hatte, begann im Oktober 1923. Die Schrift sollte grundlegende Gesichtspunkte zum Ideengehalt der anthroposophischen Medizin, aber auch Kasuistiken aus der Arlesheimer Klinik und Heilmittelbeschreibungen enthalten.

Zugleich sahen Steiner und Wegman nach wie vor neu aufgenommene Patienten und legten die Therapie gemeinsam fest. Das von Steiner in einer Visite vom 18. Oktober 1923 für eine Patientin empfohlene Präparat unter Verwendung von Kupfervitriol, Silber und Walnussschale legte Schmiedel bereits wenige Tage später vor – nach den Aufzeichnungen der Kurve bekam es die Patientin erstmals am 24. Oktober («Präparat 193»[107]). Schmiedel nahm wiederholt bei Ärztebesprechungen mit Rudolf Steiner teil oder sprach mit diesem unter vier Augen über pharmazeutische Fragen. In seinen Notizbüchern hielt er zahllose Angaben Steiners fest.

ABB. 48: THERAPIEVORGABEN

Fräulein A   (Tante von Kerstin T   ).

Dr. Steiner : " Bei der müssten wir die Kur fortführen mit Salben
Aber ausserdem dies eignetlich noch extra behandeln jeden Tag
mit einem Präparat, mit dem man später vielleicht noch mehr machen kann : aus Cu D4 , Spuren von Silber, das kann ganz schwach
sein und das müsste man verarbeiten mit Bindemittel, das man machen würde.- Es kommt dabei (auf) die kuriosesten (?) Dinge hervor,
aber es wäre gut und es könnte überhaupt für Leute sein(?) die
innerlich so stark an Stockung leiden (?)- dieses Cu- binden....
in einer Bindung von Wallnussschalen die aufgelöst werden in
1o.D von Kupfervitriol. Also dieses ist so : wir geben Cu, das
Cu vermehrt etwas die Kopfabsonderung, sie kriegt also die Möglichkeit, das Blut etwas zu vitalisieren , dann Spuren von Ag.,
dadurch bekommen wir die nötige Schleimabsonderung, die von der
Lunge aus geht. Nun muss das Ganze durch den Astralleib in Bewegung kommen, das erreichen wir durch Wallnuss-Schale, die äussere Schale der noch grünen Nuss. Wir haben fast ganz genau die
Form, die der menschliche Astralleib hat um die beiden Lungen-
flügel. Nun treibt man das da hinein und dann das CuSO4 macht
auch nur, dass das Cu recht wirksam ist. Die anderen drei Sachen
sind die Hauptsache. Es ist interessant, wie in manchen Pflanzen
teilen einfach Teile des menschlichen Astralleibes darinnen sind.
Und wählt man diese aus, so sind das die besten Heilmittel, die
man kriegen kann. -
Eurythmie wird beiden Frauen, Frl. Akerlund und Frau Froell nicht
schaden, alle eurythmischen Uebungen, die hauptsächlich mit den
Beinen gemacht werden. Viel E wird Frl. A gut machen. "

Am 10. Juni 1923 wurde Ita Wegman von Albert Steffen, dem Generalsekretär der Anthroposophischen Gesellschaft in der Schweiz, gebeten, über die Lage der Arlesheimer Klinik zu berichten, was Wegman jedoch ablehnte («sie sagt, dass sie keine Rednerin, sondern eine Frau der Tat sei»[108]), woraufhin Steffen Oskar Schmiedel bat, etwas zur Klinik zu sagen. Schmiedel ergriff das Wort und sprach ausführlich, nicht jedoch über das Klinisch-therapeutische Institut («Ich glaube, ich brauche nicht so sehr viel über die Klinik zu sagen, weil jedermann vor Augen hat, was Frau Dr. Wegman dort gemacht hat. Viele von Ihnen sind ihr ja schon sehr zu Dank verpflichtet in Bezug auf Ihre Heilung. Ich möchte mehr orientieren über die Arbeit in den Laboratorien.»). Wenig, so Schmiedel, werde in anthroposophischen Kreisen noch immer über diese Arbeit gewusst, obwohl sie wesentlich für die Anthroposophische Gesellschaft sei: «Eine durchaus wichtige, eine Hauptaufgabe der Laboratorien besteht darinnen, die Impulse, die von Dr. Steiner eben auf medizinisch-therapeutischem Gebiete gegeben sind, für eine größere Anzahl von Menschen fruchtbar zu machen, immer mehr und mehr der Allgemeinheit nutzbar zu machen.» Schmiedel beschrieb die Existenzsorgen der ILAG – die Überfüllung des pharmazeutischen Marktes, das Ausmaß der Konkurrenz und die Animosität gegen die Anthroposophie: «Wir haben nicht nur diese Überfülle vor uns, sondern auch, dass wir auf ganz anderen Wege wandeln wollen, wie die gewöhnliche pharmazeutische Wissenschaft, nämlich: eine neue Therapie in die Wege zu leiten.» Er berichtete von den unternommenen Bemühungen, in verschiedenen Ländern Schwestergesellschaften zu errichten, darunter in Frankreich, Holland und England – und bat die Mitglieder der Anthroposophischen Gesellschaft um Unterstützung und Initiative, statt um Klagen wegen überhöhter Preise («Ich möchte herzlich bitten, unsere Bestrebungen doch auch zu den Ihrigen zu machen.»). Sein Referat endete optimistisch: «Sie können wirklich die Zuversicht haben, dass wir aus der besten Überzeugung heraus arbeiten und dass, wenn Sie uns unterstützen und die Dinge so weitergehen können, wie es jetzt den Anschein hat, wir einer Zukunft in den Laboratorien entgegensteuern, die sehr erfreulich ist. Aller Reingewinn, der aus den Laboratorien erfließt, wird wieder zurückfließen können all den Bestrebungen zu, die in der Anthroposophischen Gesellschaft wurzeln.»[109]

ABB. 49: PREISLISTEN, 1922/23

Verkaufspreise der Präparate

	in der Schweiz	Holland	England	Frankreich (bisher
	Fr.	Fl.	Sh.	F.Fr.
Biodoron	"3.50	" 2.-	" 3/-	" 6.--
Infludo	"3.50	" 2.--	" 5/-	" 6.--
Scleron A	"3.--	" 2.--	"17/-	" 6.--
Scleron B Ampll.	"5.--	" 4.--	"10/-	" 9.--
Hausyn	"3.50	" 2.50	"13/-	" 6.--
Gencydo Salbe & Fl.	"5.--	" 4.--	"10/-	" 9.--
Gencydo Ampll.	"5.--	" 4.--	" 7/6	" 9.--
Viscal	"2.--	" 1.25	" 2/-	" 5.--
Schnupfencrême	"1.60	" 1.--	" 2/-	" 4.--
sonst. Präp. Fl. & Salb.	"2.--	" 1.50	" 2/-	" 5.--
Ampullen	"5.--	" 3.--	" 7/6	" 8.--
Kosm. Präparate				
Haarwasser	"5.--	" 3.50	" 5/-	" 10.40
Mundwasser	"3.50	" 2.--	" 3/6	" 8.--
Haaröl	"2.75	" 1.50	" 2/9	" 6.--
Zahncrême	"2.--	" 1.25	" 2/6	" 3.50

Lieber Herr Denzler!
Bitte sprechen Sie doch in England, wieviel %
f. Ms. Stewart bei Direktbestellungen fakturiert
werden sollen.
Ihr
Schmiedel

Noch vor dem Brand des Goetheanum hatte Rudolf Steiner im November 1922 sein Missfallen gegenüber den Ärzten der Stuttgarter Klinik mit deutlichen Worten zum Ausdruck gebracht. Steiner hatte erwartet, dass die Ärzte sich bei der «Klinischen Woche» und danach öffentlich für die wissenschaftlichen Grundlagenstudien Lilly Koliskos einsetzen würden, für ihre Arbeiten zur Wirksamkeit homöopathischer Substanzen und ihre Milzforschungen – das Gegenteil aber war der Fall gewesen. «Von dem Ärztekollegium ist eine krassere Opposition ausgegangen als von irgend jemand in der [Anthroposophischen] Gesellschaft», sagte Steiner am 25. November 1922 am Telefon zu Friedrich Husemann.[110] – Nach der Zerstörung des Goetheanum, die er zumindest teilweise auf das Versagen der Anthroposophischen Gesellschaft zurückführte, auf ihre fehlende Wachheit und mangelnde Initiativkraft, sprach sich Steiner gegenüber den Ärzten noch deutlicher aus. Bereits 1920 hatte er Noll darum gebeten, ein öffentlichkeitsfähiges Buch über die anthroposophische Medizin in Stuttgart rasch zu erarbeiten. Nicht die Propagierung einzelner Heilmittel solle im Vordergrund der Außenaktivitäten stehen, sondern – neben der praktischen Ärzteberatung – die Darstellung einer neuen medizinischen Denkweise, ihres ideellen Gehaltes. Am 31. Januar 1923 sagte Steiner zu den Stuttgarter Ärzten: «Es handelt sich nicht nur darum, der Welt bloß Heilmittel zu empfehlen. Ich halte die [publizierte] ‹Heilmittelliste› so für das Schädlichste, was hat entstehen können. Es handelt sich darum, die Methode zu vertreten ... Die Methoden sind von mir genau und ausführlich dargestellt worden. Die Herren Ärzte sind nicht aus einem Himmlischen heraus geboren worden, indem ihnen die Aufgabe gestellt worden ist ... Es kommt darauf an, für eine medizinische Methodik einzutreten ... Etwas, was Sie selbstverständlich im Kopfe tragen, müssen Sie aufschreiben! Ich möchte wissen, wo wir heute wären, wenn so etwas vorliegen würde ...!»[111]

Die von Steiner bezeichneten Versäumnisse hatten Folgen, innerer wie äußerer Art (vgl. S.124f.), auch wenn sich der Arzneimittelabsatz der ILAG 1923 insgesamt positiv entwickelte. Der Umsatz konnte gegenüber 1922 verdreifacht werden – allein in der Schweiz verlangten 350 interessierte Ärzte Präparatproben und Literatur (die kaum vorhanden war). Arzneimitteldepots in Amsterdam, London, New York und im Baselnahen St. Louis (Frankreich) wurden eingerichtet, und auch die Klinik Ita Wegmans expandierte weiter.

ABB. 50: NOLL, STEINER, PELIKAN, 1923

Der Absatz der Präparate stieg – dennoch blieb die finanzielle Situation der Laboratorien kritisch. Der mit hohem Werbeaufwand unternommene Versuch der Großeinführung des Kopfschmerz- und Grippemittels in England, den USA und Holland scheiterte kläglich und brachte hohe Verluste ein. Barmittel standen kaum mehr zur Verfügung – weitere Entlassungen waren erforderlich und die Ausgaben für Reklame mussten drastisch gekürzt werden, zumindest bis zum Vorliegen überzeugender Literatur. Im Dezember 1923 wurde der holländische Großkaufmann Josef van Leer neuer Präsident des Verwaltungsrates mit umfassenden Vollmachten.

Die Spannung innerhalb des Unternehmens war hoch, auch zwischen Ita Wegman und Oskar Schmiedel. Als Wegman im September von einer längeren Reise aus England zurückkehrte, war sie mit den ILAG-Fortschritten mehr als unzufrieden: «Ich fand das Laboratorium verlassen, Denzler auf einer Vergnügungsreise, ebenso Schmiedel, sodass die Mäuse dort ihre Narrenfreiheit hatten. Gott sei Dank war aber im Sanatorium ein anderer Betrieb, alle meine Leute in fieberhafter Tätigkeit.»[112] Ob Oskar Schmiedel, eineinhalb Monate nach der Geburt seiner Tochter Gunda und in einer Krisensituation des Unternehmens, sich tatsächlich auf einer «Vergnügungsreise» befand, ist nicht dokumentiert und wenig wahrscheinlich. Aber auch Rudolf Steiner ging Schmiedels Arbeit keineswegs immer rasch genug voran – bereits drei Jahre zuvor hatte Steiner, damals noch Präsident des Verwaltungsrates der Futurum A.G., in einer Sitzung gesagt: «Seit vier Monaten könnten beliebig viele Tuben Seife bereitliegen, wenn Dr. Schmiedel die Versuche intensiv geführt hätte. Wenn Dr. Schmiedel von der Futurum angestellt würde, so hoffe ich, dass er auch die Verpflichtung in sich fühlt, tüchtig zu arbeiten.»[113] Diese Verpflichtung fühlte Oskar Schmiedel sehr wohl, dennoch dauerte vieles länger als erhofft. Auch bestand über den Kurs der ILAG weiterhin Uneinigkeit. Direktor Denzler plädierte noch immer für hohe Werbeausgaben («dass es für uns absolut keinen Zweck hat in irgendeiner Weise weiterzufahren, wenn es uns nicht möglich ist, eine großzügige Geschäfts- und Propagandaorganisation zu führen»); andere wollten zusätzliche Geschäftszweige integrieren: «In Arlesheim sollte im Laboratorium eine Handelsabteilung angegliedert werden, die u.a. im Großen Lebensmittel einkaufen sollte. Auch sollten Dinge, wie z.B. ein besonderer Bodenwischer verkauft werden. Gegen die Idee einer solchen Handelsabteilung wehrte ich mich mit Händen und Füssen.» (Schmiedel[114])

ABB. 51: I. WEGMAN, M. BOCKHOLT, O. SCHMIEDEL

Im Dezember 1923, kurz vor der Weihnachtstagung, kam es zu einer heftigen Auseinandersetzung Oskar Schmiedels mit Ita Wegman – Schmiedel beendete die Diskussion mit den Worten, er werde die Klinik nicht mehr betreten. Worum es inhaltlich ging, berichtete er nie, wohl aber von den Folgen: «Für Dr. Steiner war dieser Vorfall anscheinend von großer Bedeutung, da nach seinen Intentionen Frau Dr. Wegman und ich, der Arzt auf der einen Seite und der Heilmittelhersteller auf der andern Seite, in innigstem Kontakt zusammenarbeiten sollten. Dr. Steiner telephonierte mich sehr bald nach dem Vorfall an und bat mich, zu ihm zu kommen. Ich ging sofort etwa um 11 Uhr vormittags zu ihm. Diese Unterredung dauerte bis cirka 2 Uhr nachmittag, also etwa 3 Stunden ... Er ließ sich alles auseinandersetzen, was ich gegen Frau Dr. Wegman vorzubringen hätte und hörte sich es in Geduld an. Nie widersprach er, und nie sagte er, dass das von mir Vorgebrachte nicht richtig wäre. Sondern er stellte einfach dagegen Positives. Und dieses Positive, das er über die Persönlichkeit von Frau Dr. Wegman anführte, war allmählich so gewichtig, dass alles, was ich gegen sie vorbrachte, an Wert und Bedeutung verlor. Zum Schlusse stand die Bedeutung der Persönlichkeit von Dr. Wegman klar vor mir, ohne dass er auch nur einen einzigen von mir vorgebrachten Punkt zu widerlegen oder zu entkräften versuchte. Das Negative, das ich vorbrachte – und ich nahm kein Blatt vor den Mund und ich sagte alles und oft sogar sehr temperamentvoll, was ich gegen Frau Dr. Wegman zu sagen hatte –, verlor allmählich an Gewicht gegenüber dem, was Dr. Steiner über Dr. Wegman ausführte ... Ich lernte da vor allem die Art und Weise kennen, <u>wie</u> man eine Persönlichkeit beurteilen muss, durch Negatives hindurch zusehen auf das Positive der Persönlichkeit, ohne dabei das eventuelle Vorhandensein von Negativem weg zu leugnen und auch dem gegenüber nicht blind zu sein. Dass man lernt, zu erkennen den wahren Wert der Persönlichkeit, d.h. dass man durch die Maya des einen, vielleicht Störenden, die wahre Persönlichkeit sieht.»[115]

Auf dem Weg zur Weihnachtstagung begegneten sich Oskar Schmiedel und Ita Wegman sehr herzlich, ohne erneut auf die zurückliegende Kontroverse einzugehen. Schmiedel berichtete Steiner davon und dieser freute sich, dass eine neue innere Basis der Zusammenarbeit gefunden war. Er gab Schmiedel die Hand und klopfte ihm auf die Schulter – «*Es war mir, als ob ein warmer Strom der Liebe und Freude von ihm zu mir gehen würde.*»[116]

ABB. 52: RUDOLF STEINER

Mit der Weihnachtstagung 1923/24 begründete Rudolf Steiner in Dornach die Allgemeine Anthroposophische Gesellschaft in internationaler Ausrichtung neu, übernahm selbst deren Vorsitz, bestimmte einen Vorstand seiner Wahl und richtete die Dornacher Hochschule ein, mit verschiedenen Sektionen (Fakultäten) und einem spirituellen Zentrum, der «esoterischen Schule des Goetheanums». Nach vielen Krisen innerhalb der Gesellschaft und in schwieriger zivilisatorisch-politischer Lage in Mitteleuropa ging Steiner einen letzten, entschiedenen Schritt nach vorne. Die anthroposophische Gemeinschaft sollte endgültig erwachen, für ihr Schicksal und ihre Aufgaben. Dieses Erwachen hatte Rudolf Steiner seit zwei Jahrzehnten vorbereitet und ermöglicht, zu wenig aber war bis zur Gegenwart geschehen. Die Zeit für einen Durchbruch der Anthroposophie drängte und lief ab – «Wenn man heute in die Welt hinaussieht, so bietet sich, zwar seit Jahren schon, außerordentlich viel Zerstörungsstoff. Kräfte sind am Werk, die ahnen lassen, in welche Abgründe die westliche Zivilisation noch hineinsteuern wird», sagte Rudolf Steiner in seinem Abschlussvortrag der Tagung.[117]

Die medizinische Abteilung der neuen Hochschule legte Rudolf Steiner in die Hände Ita Wegmans – mit ihr wollte er mit aller Intensität weiterarbeiten. Wiederholt betonte Steiner den «Mut», der zur offensiven Vertretung der Anthroposophie notwendig sei, gegen alle Formen der Diplomatie und Abschwächung. Vier Wochen vor der Tagung hatte ihm ILAG-Direktor Denzler geschrieben: «Zum erfolgreichen Absatz unserer Präparate unter unserer heutzutagigen großen Konkurrenz muss die [anthroposophische] Idee vorläufig in den Hintergrund gestellt werden. Die Präparate dürfen nicht als aus der anthroposophischen Wissenschaft hervorgegangen vertrieben werden, sondern müssen nur als erfolgreiche, neue Medikamente und Spezialitäten in den Handel gebracht werden, da wir sonst nie an ein weiteres Publikum herankommen werden und sich auch die Ärzteschaft ablehnend verhalten wird.»[118] Einem solchen Vorgehen und einer solchen Haltung erteilte Steiner auf der Weihnachtstagung eine eindeutige Absage: «Ganz gewiss wird Anthroposophie für das Medizinische, namentlich für die Therapeutik unfruchtbar bleiben, wenn die Tendenz besteht, innerhalb des medizinischen Betriebes in der anthroposophischen Bewegung die Anthroposophie als solche in den Hintergrund zu drängen und etwa den medizinischen Teil unserer Sache so zu vertreten, dass wir denen gefallen, die vom heutigen Gesichtspunkte aus Medizin vertreten. Wir müssen mit aller Courage die Anthroposophie in alles Einzelne, auch in das Medizinische, hineintragen.»[119]

ABB. 53: MODELL DES ZWEITEN GOETHEANUM

Als Rudolf Steiner im Verlauf der Weihnachtstagung Ita Wegman als Mitglied des neuen «esoterischen Vorstands» vorstellte, sagte er: «Als weiteres Vorstandsmitglied muss ich Ihnen vorschlagen, aus namentlich den Tatsachen der letzten Wochen hier, diejenige Persönlichkeit, mit der ich in der Gegenwart so recht die Möglichkeit habe, anthroposophischen Enthusiasmus in der richtigen Weise auszuprüfen dadurch, dass ich mit ihr zusammen das medizinische System der Anthroposophie ausarbeite: Frau Dr. Ita Wegman. Sie hat ja durch ihre Arbeit – und namentlich durch die Auffassung ihrer Arbeit – gezeigt, dass sie auf diesem Spezialgebiete die Anthroposophie in rechter Weise zur Geltung bringen kann. Und ich weiß, dass das segenbringend wirken wird. Deshalb habe ich es auch unternommen, für die nächste Zeit schon das anthroposophische System der Medizin gemeinschaftlich mit Frau Dr. Wegman auszuarbeiten. Es wird der Welt vor Augen treten, und dann werden wir ja sehen, dass wir gerade an in solcher Art arbeitenden Mitgliedern die richtigen Freunde der Anthroposophischen Gesellschaft haben.»[120] Die Heilkunst spielte während der gesamten Weihnachtstagung und insbesondere in den Abendvorträgen Rudolf Steiners eine große, ja entscheidende Rolle – an der Medizinischen Sektion und ihrer Arbeit sollte nach dem Willen Rudolf Steiner der gesamte Zukunftsweg des Goetheanum und seiner Hochschule erkennbar werden.[121]

Besondere Ärztevorträge, an denen Oskar Schmiedel teilnahm, fanden darüber hinaus parallel zur Tagung statt. Im Unterschied zu den esoterisch gehaltenen Unterweisungen für die «jungen Mediziner», die unmittelbar nach Beendigung der Tagung begannen, wurden die medizinischen Vorträge vom 31.12.1923, 1.1. und 2.1. 1924 von Steiner anhand therapeutischer Fragestellungen der praktizierenden Ärzteschaft entwickelt. Am 1. Januar sprach er auf entsprechende Bitten bzw. Anfragen über die Syphilistherapie, die Behandlung der Otitis media und verwandte Gegenstände. Seine diesbezüglichen Aussagen vermerkte sich Oskar Schmiedel in seinem Notizbuch.

hereditären Lues:

rechtzeitig diagnoszen:

mit verd. As u. ev. Milchsäure

Gibt uns 2 phys. Leib
(Lyph. selbst stark im ätherischen)

(Bocksdorn ihn spielt immer
von ätherischen Kräften)

Holausches Prozess der Ohrenkrankung
(Übekthandnehmung ätker. Organisation)
    führt sofort lieber eine Verstärkung
    "Ichorganisation"
    Ein
    Atmungsprozess in Stimmung bring.
    im "Leviticum" anwenden

ferner Herteury[?]hure (Lues)

Ohrsclerose : vokalische
                 Eurythmie

Mit einem zweiseitigen Brief teilte der Reichsminister der Finanzen über das Landesfinanzamt Stuttgart (Abteilung Besitz- und Verkehrssteuer) dem Klinisch-therapeutischen Institut in Stuttgart bzw. dem «Kommenden Tag» am 11.3.1924 mit, dass seine Heilmittel mit zwei Ausnahmen in Zukunft als «luxussteuerpflichtige Geheimmittel» anzusehen seien, ab dem 1. April einer erhöhten Umsatzsteuer unterliegen und damit von der Krankenkassenerstattung ausgeschlossen sein würden: «*Denn durch die Art ihrer Anpreisung in der von dem Institut herausgegebenen Broschüre dienen die nachstehend genannten Mittel der Irreführung.*»[122] Gutachterlich wurde massiv Kritik an vierzehn der vom Klinisch-therapeutischen Institut angewandten und vertretenen Heilmittel geübt und die Darstellungen der Institutsärzte als «nach sachverständigem Urteil irreführend» bezeichnet. Die Wirkungsweise und -möglichkeit der Medikamente wurde vehement bestritten, im Fall des Sklerodoron-Präparates darüber hinaus eine toxische Gefährdung behauptet («da der Genuss selbst geringer Bleimengen schädlich auf den menschlichen Organismus wirken kann»[123]).

In einem neunseitigen, detaillierten Brief an den Reichfinanzminister wehrten sich die Ärzte der Klinik gegen die gutachterliche Einschätzung und ministerielle Beschlussfassung («Die Bezeichnung [der Heilmittel] als Geheimmittel erscheint uns sachlich nicht begründet, da die Zusammensetzung bekannt gegeben ist. Außerdem schließt die Einreihung dieser Mittel in die Liste der Geheimmittel eine Disqualifikation ein, welche die ernsten, wissenschaftlichen Bestrebungen, die denselben zugrunde liegen, auf das empfindlichste schädigen.»[124]) Das Kollegium legte gutachterliche Zeugnisse von 87 praktizierenden Ärzten aus sieben Ländern vor und schrieb am Ende seiner Eingabe: «Wir möchten zum Schlusse nicht versäumen, darauf hinzuweisen, dass das Klinisch-therapeutische Institut *vor drei Jahren zum ersten Male* mit seinen Heilmitteln an die Öffentlichkeit getreten ist und zwar auf Grund von Anschauungen, denen die weitgehenden Vorurteile sowohl von Ärzten wie bei Laien entgegenstehen. Trotzdem fanden die Heilmittel des Klinisch-therapeutischen Institutes auch außerhalb des engeren Interessentenkreises bei einer großen Anzahl von Ärzten Anerkennung und rasch sich steigernde Verwendung. Davon geben die vorgelegten Gutachten Zeugnis ...»[125] Die Situation der Anthroposophie blieb schwierig – in Deutschland und in der Welt.

Abschrift

Der Reichsminister der Finanzen-. Berlin, den 11.März 1924

III U 3212

Auf den Bericht vom 11.April 1923, Nr.27676/23-.

    Nach Gehör des in § 62 III der Ausf. Best. zum Umsatzsteuergesetz genannten Ausschusses sind sämtliche in dem Bericht angezeigten Zubereitungen des Klinisch-therapeutischen Institutes "Der Kommende Tag" in Stuttgart, Gänsheidestrasse 88, mit Ausnahme der beiden Mittel A e s t v o d o r o n und P e r t u d o r o n als Luxussteuerpflichtige Geheimmittel anzusehen. Denn durch die Art ihrer Anpreisung in der von dem Institut herausgegebenen Broschüre dienen die nachstehend genannten Mittel zur Irreführung (zu vergl. § 62 I No.3 a.a.O.). Die Stellen, die nach dem Gutachten des Ausschusses als uebertrieben und irreführend anzusehen sind sind durch Unterstreichen kenntlich gemacht.

  I. Kephalodoron wird empfohlen gegen Migräne und alle Arten von Kopfschmerz, soweit sie nicht ausschliesslich Begleiterscheinungen von Organerkrankungen sind.

 II. Phthisodoron pulmonale wird gegen Lungentuberkulose auch bei vorgeschrittenen Fällen, angepriesen. Nach dem derzeitigen Stande der aerztlichen Wissenschaft gibt es kein pharmakologisches Heilmittel gegen diese Krankheit.

 3. Phthisodoron ileojejunale wird gegen Dünndarmtuberkulose empfohlen.

 4. Phthisodoron coli wird bei Dickdarmtuberkulose, bei vorgeschrittenen Fällen angepriesen.

 5. Sklerodoron wird empfohlen gegen alle uebermässigen Sklerosierungstendenzen des Organismus mit ihren Flogeerscheinungen, wie sie sich u.a. in Schwindelanfällen, Schwächezuständen des Gedächtnisses, der Sinnesfunktion usw ankündigen und schliesslich in ausgesprochene Sklerose uebergehen. Die Zubereitung besteht in einer verdünnten Bleilösung. Sie kann nach dem Stande der aerztlichen Wissenschaft als Heilmittel der Sklerose nicht angesprochen werden, ist vielmehr geeignet, gesundheitsschädlich zu wirken (§ 62 I No.2 a.a.O.), da der Genuss selbst geringer Bleimengen schädlich auf den menschlichen Organismus wirken kann.

 6. Renodoron wird angepriesen gegen Störungen der Nierentätigkeit mit Neigung zu Steinbildung. Die Ausführungen ueber die Wirkungsweise der Silikate, die Steinablagerungen beseitigen sollen, sind nach sachverständigem Urteil irreführend.

 7. Choleodoron wird empfohlen gegen Störungen der Gallenfunktion, Gallenstauungen, Erkrankungen der Gallenwege, der Gallenblase, Gallensteinbildung usw. Die Beschreibungen der Wirkungsweise des Mittels, das Steinablagerungen zerspringen soll, ist nach sachverständigem Urteil irreführend.

 8. Infludoron wird gegen Influenza und Grippe in allen Formen, also auch schwerster Art, wie Darm- u. Gehirngrippe angepriesen.

Die inhaltliche Ausarbeitung der anthroposophischen Medizin aber führten Rudolf Steiner und Ita Wegman trotz aller Hindernisse fort: «Das Jahr 1924 war ebenso wie das vorhergehende Jahr für die ILAG ein äußerst fruchtbares. Herr Dr. Steiner arbeitete mit Frau Dr. Wegman intensiv zusammen; er war jeden Tag stundenlang in der Klinik und besprach mit ihr die Behandlung vieler Kranker. Es verging kein Tag ohne dass neue Präparate von ihm angegeben wurden. Bemerkenswert ist, dass Präparate in der oft komplizierten Herstellungsart, wie sie im Jahre 1920 in der Zusammenarbeit mit Dr. Noll entstanden waren, von Rudolf Steiner nicht mehr angegeben wurden. Es waren meistens einfache oder gemischte Extrakte und daraus hergestellte Potenzen und Verreibungen. Im Allgemeinen gab er bei den Besprechungen mit Frau Dr. Wegman die Präparate an, die sie mir dann übermittelte. Manchmal bekam ich die Angaben auch direkt von ihm oder er besprach mit mir noch näher das, was er Frau Dr. Wegman bereits gesagt hatte.» (Schmiedel[126]) So fand eine lange pharmazeutische Unterredung von Rudolf Steiner mit Oskar Schmiedel und Wilhelm Spiess zu Ostern 1924 in Steiners Atelier statt[127] – Ende des Jahres lagen bereits 295 Heilmittel ausgearbeitet vor.

Wann immer Zeit dafür vorhanden war, zwischen vielen Vortragsreisen und nicht endenden Goetheanum-Verpflichtungen, arbeitete Rudolf Steiner mit Ita Wegman an dem Manuskript des medizinischen Lehrbuchs. Im Mai 1924 sagte er in Paris: «Es wird jetzt von Dornach aus durch die Bemühungen von Frau Dr. Wegman und mir in die Medizin dieser [esoterische] Zug hineinkommen durch eine demnächst herauskommende Publikation, die frank und frei von demjenigen spricht, was die okkulte Erkenntnis der Medizin geben kann.»[128] Trotz der erheblichen finanziellen Verluste der ILAG blieben Steiner und Wegman, aber auch Josef van Leer optimistisch. Van Leer drängte Wegman auf Fertigstellung des Manuskriptes und sie selbst bat Rudolf Steiner, keine weiteren Vortragskurse zuzusagen – «Wir haben doch das Buch fertig zu machen ... Es beunruhigt mich dieses noch nicht fertige Buch, auf das alle Leute warten.»[129] Bei einer Generalversammlung der ILAG sagte Josef van Leer am 28. Juni 1924 im Glashaus: «Insbesondere darf diese Hoffnung [auf die Zukunft] mit Rücksicht darauf ausgesprochen werden, dass gerade in Kürze die größte Schwierigkeit – der Mangel an entsprechender Literatur – behoben sein wird, da [...] Herr Dr. Steiner im Vereine mit Frau Dr. Wegman an einem Buche über eine aus der Geisteswissenschaft stammende Medizin arbeitet.»[130]

~~Entwurf~~ Vorrede

Die Medizin hat heute einen rein wissenschaftlichen Karacter angenommen. Damit ist sie ganz abhängig geworden von den Ansichten, die über Wissenschaft und Wissenschaftlichkeit in der neuesten Zeit ausgebildet hat. Nach diesen Ansichten gilt nur als wissenschaftlich was durch sinnenfällige Beobachtung durch das Experiment und durch die verstandesgemässe Schlüsse aus diesen beiden festgestellt wird.

Man muss sich nun fragen: ist in diesem Sinne eine Wissenschaft möglich deren Ergebnisse auf dem einzelnen oder individuellen Menschen anwendbar sind? Man kan an noch so vielen Menschen den allgemeinen Karacter des Menschen festgestellt haben, die individuelle Wesenheit eines einzelnen Menschen kan man doch nur verstehen, wen man die Gabe der unmittelbaren Beobachtung des individuellen hat. Ein kranker Mensch ist aber immer ein ganz individueller Fall. Es gibt nicht 2 Menschen, die im gleichen Sinne krank sein können. Die Naturdinge, die ungeistig sind führen auf allgemeine Gesetze zurück. Das Individuelle ist immer der Ausdruck der Wirksamkeit der seelisch geistige Gesetze. Diese Gesetze sind nicht in Begriffe zu fassen, sondern nur für die Anschauung erreichbar wir werden in diesem Buche von einem medizinischen

Nach der Weihnachtstagung wünschte Rudolf Steiner, dass die Klinik Ita Wegmans dem «Verein des Goetheanum» angeschlossen, d.h. aus der ILAG herausgelöst und direkt mit dem Dornacher Zentrum verbunden würde. Am 25. Februar 1924 schrieb er an die Aktionäre, dass ihm das Gedeihen der Klinik «vor allem» am Herzen liege, und formulierte weiter: «Dieses Institut ist – unter Frau Dr. Wegmans Leitung – in meinem Sinne eine wirkliche Musteranstalt, wie sich eine solche die Anthroposophische Gesellschaft nur wünschen kann. Es liegt nun im Karma dieser Gesellschaft, möglichst bald dieses Institut ganz in das Goetheanum einzugliedern.»[131] In Oskar Schmiedels Erinnerungen heißt es hierzu: «Diese Maßnahme erläuterte Rudolf Steiner dahin, dass die fabrikationsmäßige Herstellung und der Vertrieb der Heilmittel als mehr kommerzielle Angelegenheit eine von der Klinik getrennte, selbständige Angelegenheit sein soll.»[132] Der künftige Verwaltungsrat der – selbständig weitergeführten – «Internationalen Laboratorien A.G.» sollte nur noch mit Kaufleuten besetzt sein. Am 15. Juli sagte Rudolf Steiner in einer Sitzung: «Der Heilmittelverkauf lässt sich so an, dass er, wenn er in Zukunft kaufmännisch richtig geführt wird, ein rentables Geschäft werden kann, zumal bei der großen Anerkennung, die sogar diejenigen Heilmittel in der Welt finden, auf die ich selber nur, ich möchte sagen, mit halber Hoffnung hingesehen habe.»[133]

Josef van Leer leitete hinfort die «Internationalen Laboratorien A.G.» kaufmännisch in Hauptverantwortung – eigenständig und ohne viele Sitzungen. Rudolf Steiner und Ita Wegman bildeten die «Kontrollstelle» des Unternehmens, «die eine ganz reale, über alle Gebiete sich erstreckende sein sollte», wie Steiner hervorhob. «Rudolf Steiner betont, auf diese Art den nötigen Kontakt zwischen dem Verein des Goetheanum, also der rein geistigen Richtung, und den Internationalen Laboratorien, das heißt der kommerziellen Richtung, herstellen zu können. Diese Lösung verbürgt ihm die nötige Zusammenarbeit.» (Sitzungsprotokoll[134]) Durch die Kontrollstelle war die Verbindung der Aktiengesellschaft mit der Goetheanumsleitung und seiner Medizinischen Sektion gewährleistet – die Aktionäre hatten die Garantie dafür, dass die «Internationalen Laboratorien A.G.» im Sinne der von Rudolf Steiner gewollten Arbeitsmethoden und -ziele geführt würden.

ABB. 57: BRIEF O. SCHMIEDELS, 6.2.1924

St. LOUIS (Ht. Rhin)   AMSTERDAM   LONDON   NEW YORK
INTERNATIONALE LABORATORIEN
AKTIENGESELLSCHAFT
ARLESHEIM
(SCHWEIZ)

TELEPHON ARLESHEIM No. 202
TELEGRAMM-ADR.:
ILAG ARLESHEIM

POSTCHECK-KONTO V 6054

ARLESHEIM, den 6.Februar 1924

S/K

Herrn Dr.med.H.Messerli,
A a r b e r g .

Sehr geehrter Herr Doktor!

       Da unser Heuschnupfenmittel GENCYDO Aufsehen erregende Erfolge zu verzeichnen hatte, wurden wir von verschiedenen Seiten aufgefordert, eine umfangreichere Statistik über die Resultate der Behandlung des Heuschnupfens mit GENCYDO zu verfassen.

       Wir kommen dieser Anregung gerne nach und richten an Sie, sehr geehrter Herr Doktor, die höfliche Bitte, uns in dieser Arbeit zu unterstützen und uns Jhre Erfahrungen mit GENCYDO baldmöglichst mitzuteilen. Sie werden sich gewiss erinnern, dass wir letzten Sommer uns gestatteten, Jhnen auf Jhren Wunsch hin Proben von diesem Präparate zu übersenden.

       Wir verpflichten uns selbstverständlich zur vollsten Diskretion und werden keinesfalls - insoferne Sie uns nichts anderes gestatten, Jhren Namen zu irgendwelchen Zwecken benützen.

       Jndem wir Jhnen für Jhre gesch. Antwort im Voraus bestens danken, zeichnen wir

hochachtungsvoll
INTERNATIONALE LABORATORIEN A.-G.

Dr. Otto Schmiedel

Beilage: 1 Francocouvert.

«Man muss die Substanzen, deren Verwendung als Heilmittel in Betracht kommen soll, zunächst in der Art kennen, dass man die in ihnen enthaltenen möglichen Kräftewirkungen außerhalb und innerhalb des menschlichen Organismus beurteilen kann. Dabei kann es sich nur in einem geringen Grade darum handeln, die Wirkungsmöglichkeiten ins Auge zu fassen, die von der gewöhnlichen Chemie erforscht werden, sondern es kommt darauf an, *die* Wirkungen zu beobachten, die sich aus dem Zusammenhange der inneren Kräftekonstitution einer Substanz im Verhältnis zu den Kräften ergeben, die von der Erde ausstrahlen oder in sie einstrahlen» – schrieben Rudolf Steiner und Ita Wegman zu Beginn des Kapitels «Heilmittel-Erkenntnis» ihres medizinischen Lehrbuches.[135]

Im Verlauf einer längeren Heilmittelunterredung in Rudolf Steiners Atelier am 3. Juni 1924, an der Wilhelm Spiess und Oskar Schmiedel teilnahmen, äußerte Ita Wegman ihr Bedauern darüber, dass stets zu wenig Zeit für die gemeinsame Besprechung der Heilmittelfragen vorhanden sei.[136] Wegman überlegte, ob nicht zumindest ein Dauereinreisevisum für Wilhelm Spiess zu erreichen war, um die Frequenz der notwendigen Treffen und damit die kollegiale Zusammenarbeit in nächster Zeit erhöhen zu können. Viele Heilmittel wurden dann im Einzelnen mit Rudolf Steiner durchgesprochen und Fragen der Pharmazeutik bewegt – wenige Tage vor Steiners Aufbruch nach Schlesien, wo er in Koberwitz nahe Breslau einen grundlegenden Kurs über Landwirtschaft gab. Von Stuttgart reiste u.a. Lilly Kolisko dorthin und stellte in den nachfolgenden Monaten experimentelle Versuche zu den im Koberwitz entwickelten Forschungsaufgaben an, insbesondere im Hinblick auf die Entwicklung der Düngungssubstanzen bzw. -präparate. Die biologisch-dynamische Landwirtschaft begann und betraf auch die ILAG – die Heilpflanzenanlagen in Gmünd und Arlesheim setzten die erhaltenen Anregungen unmittelbar um.

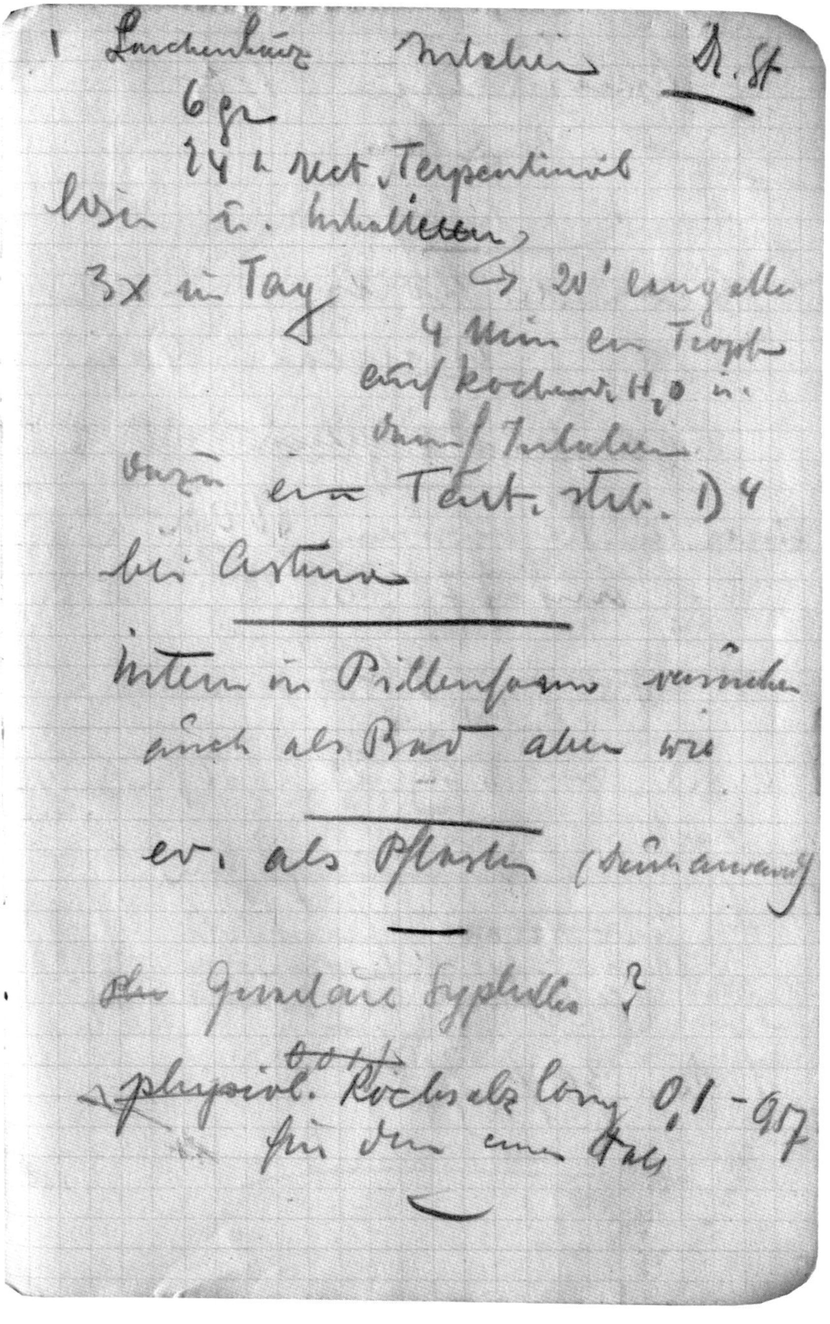

ABB. 58: SCHMIEDEL: AUFZEICHNUNGEN

1 Lärchenharz inhalieren   R. St
    6 gr
    24 h rect. Terpentinöl
lösen in Inhalieren
3x im Tag   → 20' eingeben
               4 Min ein Tropf
               auf kochend H_2O u.
               daraus Inhalieren
Dazu ein Tort. stib. D4
bei Asthma
_____

Intern in Pillenform versuchen
auch als Bad aber wie
_____

ev. als Pflaster (dein anwend)
_____

bei Genitale Syphilitis ?
physiol. Kochsalz Lsng 0,1 – 907
für den ein Tag

Die letzte Sitzung des Verwaltungsrates der ILAG im Beisein Rudolf Steiners fand am 7. September 1924 in seinem Atelier statt, drei Wochen vor Beginn des Krankenlagers. An ihr nahmen Josef van Leer, Rudolf Geering-Christ und Edgar Dürler als Mitglieder des Verwaltungsrates sowie Rudolf Steiner, Ita Wegman und Oskar Schmiedel als «Gäste» teil. Entscheidende Aspekte der Zukunft wurden besprochen und konfiguriert – die ILAG hatte mittlerweile die chemisch-pharmazeutischen Abteilungen des «Kommenden Tages» in Gmünd und Stuttgart übernommen, der wie die «Futurum» liquidiert werden musste. Kein Zusammenlegen der Laboratorien in einer gemeinsamem «Holding», sondern die eindeutige Führung durch Arlesheim/Dornach und damit die Verbindung mit dem Goetheanum (sowie ein maximaler Schutz vor der politischen Situation in Deutschland[137]) war Rudolf Steiners Wille, den er seit zwei Monaten mit Nachdruck artikulierte.[138] Oskar Schmiedel wurde nun zum «Direktor des Gesamtunternehmens» mit Berechtigung zur Einzelunterschrift berufen, Wilhelm Spiess blieb Leiter des Stuttgarter Laboratoriums, Wilhelm Pelikan wurde die Leitung des Gmünder Werkes anvertraut. Pelikan war sechs Jahre jünger als Oskar Schmiedel und stammte aus einer Wiener Offiziersfamilie. Er war 1918 Steiner in Wien begegnet, hatte wie Schmiedel Chemie studiert und arbeitete seit 1921 im Stuttgarter Forschungsinstitut unter Eugen Kolisko, seit September 1922 im Laboratorium des Stuttgarter Klinisch-therapeutischen Instituts. Nun übernahm er die Verantwortung für die Gmünder Fabrikation – Verwaltungsdirektor und Gesamtleiter der Zweigniederlassungen von Stuttgart und Schwäbisch Gmünd blieb dagegen Emil Leinhas, der frühere Generaldirektor des «Kommendes Tages».

Obwohl das Laboratorium und die Fabrikation in Arlesheim wesentlich kleiner waren als die Einrichtungen in Stuttgart und Gmünd, sollte Arlesheim – zum Erstaunen Oskar Schmiedels – von nun an eindeutig führend sein. Als einheitliche Firmenbezeichnung für die künftigen Tochtergesellschaften in verschiedenen Ländern wurde der «Weleda»-Name bestimmt, den Rudolf Steiner im Sommer in Holland und England für die dortigen Niederlassungen vorgeschlagen hatte. Das Arlesheimer Mutterhaus sollte künftig «Internationale Laboratorien Weleda A.G. Arlesheim» heißen. Im Juni war der Weltmann Daniel Nicol Dunlop gebeten worden, eine selbständige Verkaufsgesellschaft in London zu begründen.

ABB. 59: BRIEF J. VAN LEERS, FEBRUAR 1925

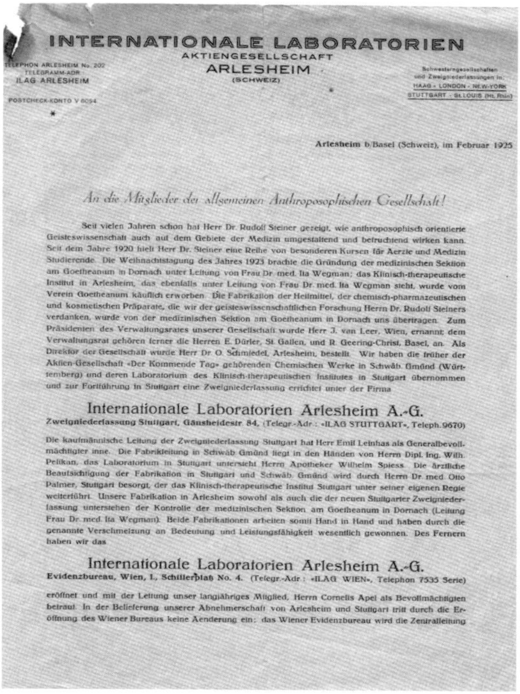

INTERNATIONALE LABORATORIEN
AKTIENGESELLSCHAFT
ARLESHEIM
(SCHWEIZ)

TELEPHON ARLESHEIM No. 202
TELEGRAMM-ADR.
ILAG ARLESHEIM

Schwestergesellschaften
und Zweigniederlassungen in:
HAAG – LONDON – NEW-YORK
STUTTGART – St. LOUIS (ill. RUR)

POSTCHECK-KONTO V 6094

Arlesheim b/Basel (Schweiz), im Februar 1925

An die Mitglieder der allgemeinen Anthroposophischen Gesellschaft!

Seit vielen Jahren schon hat Herr Dr. Rudolf Steiner gezeigt, wie anthroposophisch orientierte Geisteswissenschaft auch auf dem Gebiete der Medizin umgestaltend und befruchtend wirken kann. Seit dem Jahre 1920 hielt Herr Dr. Steiner eine Reihe von besonderen Kursen für Aerzte und Medizin Studierende. Die Weihnachtstagung des Jahres 1923 brachte die Gründung der medizinischen Sektion am Goetheanum in Dornach unter Leitung von Frau Dr. med. Ita Wegman; das Klinisch-therapeutische Institut in Arlesheim, das ebenfalls unter Leitung von Frau Dr. med. Ita Wegman steht, wurde vom Verein Goetheanum käuflich erworben. Die Fabrikation der Heilmittel, der chemisch-pharmazeutischen und kosmetischen Präparate, die wir der geisteswissenschaftlichen Forschung Herrn Dr. Rudolf Steiners verdanken, wurde von der medizinischen Sektion am Goetheanum in Dornach uns übertragen. Zum Präsidenten des Verwaltungsrates unserer Gesellschaft wurde Herr J. van Leer, Wien, ernannt, dem Verwaltungsrat gehören ferner die Herren E. Dürler, St. Gallen, und R. Geering-Christ, Basel, an. Als Direktor der Gesellschaft wurde Herr Dr. O. Schmiedel, Arlesheim, bestellt. Wir haben die früher der Aktien-Gesellschaft «Der Kommende Tag» gehörenden Chemischen Werke in Schwäb. Gmünd (Württemberg) und deren Laboratorium des Klinisch-therapeutischen Institutes in Stuttgart übernommen und zur Fortführung in Stuttgart eine Zweigniederlassung errichtet unter der Firma

Internationale Laboratorien Arlesheim A.-G.
Zweigniederlassung Stuttgart, Gänsheidestr. 84, (Telegr.-Adr.: «ILAG STUTTGART», Teleph. 9670)

Die kaufmännische Leitung der Zweigniederlassung Stuttgart hat Herr Emil Leinhas als Generalbevollmächtigter inne. Die Fabrikationen in Schwäb. Gmünd liegt in den Händen von Herrn Dipl. Ing. With. Pelikan, das Laboratorium in Stuttgart untersteht Herrn Apotheker Wilhelm Spiess. Die ärztliche Beaufsichtigung der Fabrikation in Stuttgart und Schwäb. Gmünd wird durch Herrn Dr. med. Otto Palmer, Stuttgart besorgt, der das Klinisch-therapeutische Institut Stuttgart unter seiner eigenen Regie weiterführt. Unsere Fabrikation in Arlesheim sowohl als auch die der neuen Stuttgarter Zweigniederlassung unterstehen der Kontrolle der medizinischen Sektion am Goetheanum in Dornach (Leitung Frau Dr. med. Ita Wegman). Beide Fabrikationen arbeiten somit Hand in Hand und haben durch die genannte Verschmelzung an Bedeutung und Leistungsfähigkeit wesentlich gewonnen. Des Fernern haben wir das

Internationale Laboratorien Arlesheim A.-G.
Evidenzbureau, Wien, I, Schillerplatz No. 4. (Telegr.-Adr.: «ILAG WIEN», Telephon 7535 Serie)

eröffnet und mit der Leitung unser langjähriges Mitglied, Herrn Cornelis Apel als Bevollmächtigten betraut. In der Belieferung unserer Abnehmerschaft von Arlesheim und Stuttgart tritt durch die Eröffnung des Wiener Bureaus keine Aenderung ein; das Wiener Evidenzbureau wird die Zentralstelle

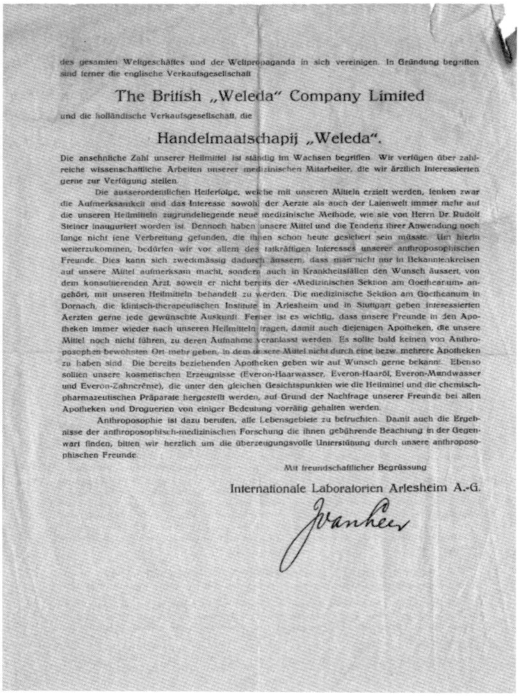

des gesamten Weltgeschäftes und der Weltpropaganda in sich vereinigen. In Gründung begriffen sind ferner die englische Verkaufsgesellschaft

The British „Weleda" Company Limited

und die holländische Verkaufsgesellschaft, die

Handelmaatschapij „Weleda".

Die ansehnliche Zahl unserer Heilmittel ist ständig im Wachsen begriffen. Wir verfügen über zahlreiche wissenschaftliche Arbeiten unserer medizinischen Mitarbeiter, die wir ärztlich Interessierten gerne zur Verfügung stellen.

Die ausserordentlichen Heilerfolge, welche mit unseren Mitteln erzielt werden, lenken zwar die Aufmerksamkeit und das Interesse sowohl der Aerzte als auch der Laienwelt immer mehr auf die unseren Heilmitteln zugrundeliegende neue medizinische Methode, wie sie von Herrn Dr. Rudolf Steiner inauguriert worden ist. Dennoch haben unsere Mittel und die Tendenz ihrer Anwendung noch lange nicht jene Verbreitung gefunden, die ihnen schon heute gesichert sein müsste. Um hierin weiterzukommen, bedürfen wir vor allem des tatkräftigen Interesses unserer anthroposophischen Freunde. Dies kann sich zweckmässig dadurch äussern, dass man nicht nur in Bekanntenkreisen auf unsere Mittel aufmerksam macht, sondern auch in Krankheitsfällen den Wunsch äussert, von dem konsultierenden Arzt, soweit er nicht bereits der «Medizinischen Sektion am Goetheanum» angehört, mit unseren Heilmitteln behandelt zu werden. Die medizinische Sektion am Goetheanum in Dornach, die klinisch-therapeutischen Institute in Arlesheim und in Stuttgart geben interessierten Aerzten gerne jede gewünschte Auskunft. Ferner ist es wichtig, dass unsere Freunde in den Apotheken immer wieder nach unseren Heilmitteln fragen, damit auch diejenigen Apotheken, die unsere Mittel noch nicht führen, zu deren Aufnahme veranlasst werden. Es sollte bald keinen von Anthroposophen bewohnten Ort mehr geben, in dem unsere Mittel nicht durch eine bezw. mehrere Apotheken zu haben sind. Die bereits beziehenden Apotheken geben wir auf Wunsch gerne bekannt. Ebenso sollten unsere kosmetischen Erzeugnisse (Everon-Haarwasser, Everon-Haaröl, Everon-Mundwasser und Everon-Zahncrème), die unter den gleichen Gesichtspunkten wie die Heilmittel und die chemisch-pharmazeutischen Präparate hergestellt werden, auf Grund der Nachfrage unserer Freunde bei allen Apotheken und Drogerien von einiger Bedeutung vorrätig gehalten werden.

Anthroposophie ist dazu berufen, alle Lebensgebiete zu befruchten. Damit auch die Ergebnisse der anthroposophisch-medizinischen Forschung die ihnen gebührende Beachtung in der Gegenwart finden, bitten wir herzlich um die überzeugungsvolle Unterstützung durch unsere anthroposophischen Freunde.

Mit freundschaftlicher Begrüssung

Internationale Laboratorien Arlesheim A.-G.

J. van Leer

«Während seiner Krankheit sah ich Dr. Steiner nicht mehr, jedoch hatte ich oft zum Atelier zu kommen, um an der Türe durch den Mund von Frau Dr. Wegman Aufträge für neue Heilmittel entgegenzunehmen oder durch sie Dr. Steiner verschiedenes zu berichten oder an ihn Fragen zu stellen. Dr. Noll kam auch öfters ins Laboratorium, um Heilmittel für Dr. Steiner anfertigen zu lassen.» (Oskar Schmiedel[139]) Ita Wegman und Ludwig Noll behandelten Rudolf Steiner sechs Monate lang in seinem Dornacher Atelier. Noll vertrat Wegman auch in der Klinik – schweigsam, ernst und in sich gekehrt. Die Erschöpfung Rudolf Steiners war seit langem spürbar gewesen; nun war seine Gesundheit definitiv zusammengebrochen, unter der immensen Last der Verpflichtungen, unzähliger Angriffe und einer maximalen Beanspruchung seiner Person. Von Steiners Krankenlager drangen zur Weihnachtszeit zwei Briefe an die Mitglieder, die sich zur Tagung in Dornach versammelt hatten; auch setzte er von seinem Krankenlager die wöchentlichen Leitsatz-Betrachtungen und autobiographischen Aufsätze in der Wochenschrift «Das Goetheanum» fort. Oft hielten die Mitglieder und Freunde den Atem an, vor Spannung und Betroffenheit, auch vor dem, was Rudolf Steiner in Schriftform über Michael und die Aufgaben der Gegenwart zum Vorschein brachte. So auch Oskar Schmiedel.

In Schwäbisch Gmünd begann in diesen Monaten die Überholung und Neueinrichtung der Unternehmensräumlichkeiten unter Wilhelm Pelikan. Noch einmal konnte Steiner aus der Ferne raten – und empfahl auf eine entsprechende Anfrage hin, die Räume, in denen fabrikatorisch gearbeitet wurde, in einem «orange-rot-gelblich-rötlichen Grundton» zu streichen.[140] In der Vorosterzeit, am 30. März 1925, einem Dienstagmorgen, ging Rudolf Steiner dann in die geistige Welt. «So sehr ich auch immer wieder von der sich steigernden Schwäche hörte, so wollte ich – wie auch die anderen Freunde – doch nicht an einen baldigen Tod glauben und ich war auf das Höchste betroffen, als ich am Morgen des Todestages von dem Tod verständigt worden war. Ich eilte sofort in das Atelier und wurde durch die Güte Frau Dr. Wegmans bald in das Atelier zum letzten Besuche Rudolf Steiners eingelassen. Es waren nur wenige Freunde anwesend und das Atelier noch in dem Zustande wie es war, als Dr. Steiner noch lebte.» (Oskar Schmiedel[141])

ABB. 60: PORTALMOTIV DES ERSTEN GOETHEANUM

Als Rudolf Steiner am 30. März 1925 starb, war Oskar Schmiedel 37 Jahre alt – im Zeitpunkt des zweiten «Mondknotens», einem entscheidenden Umbruchsmoment vieler Biographien. Achtzehn Jahre lang hatte er Steiner als seinen geistigen Lehrer erlebt, im Sinne einer esoterischen Schülerschaft und eines grundlegenden Neuanfangs von Wissenschaft, Kunst und Religion. Nach der intensiven Zeit in München, im Umraum der Mysteriendramen und des ersten Labors, war er 1914 auf den Dornacher Hügel gezogen, in Steiners Nähe, an den zentralen Arbeitsort der anthroposophischen Bewegung. Alle großen Vorträge hatte er dort gehört, alle Mitgliedertagungen mitgemacht und die Eröffnung des Ersten Goetheanum erlebt, ebenso wie seine Zerstörung. Schmiedel war ein Zeuge der neuen anthroposophischen Medizin geworden und war in ihre Entwicklung tatkräftig einbezogen – diese Entwicklung hatte seine Arbeit und sein Leben in den letzten fünf Jahren wesentlich bestimmt. Unzählige Schwierigkeiten hatte er kennengelernt, große fachliche Herausforderungen, aber auch menschliche Zerwürfnisse der Mitarbeiter, sowie den ständigen Überlebenskampf in einer Zeit, die keine finanzielle Konsolidierung erlaubte. Ein permanenter Aufbruch war zu bewältigen gewesen, inmitten äußerer und innerer Kämpfe, und in dem Gefühl, den geistigen Herausforderungen nie wirklich gewachsen zu sein. Dennoch hatte sich Oskar Schmiedel von Rudolf Steiner begleitet und unterstützt erlebt – auf dem inneren Weg und in der täglichen Arbeit.

Nun war der Initiat nach kurzer Krankheit gegangen, im Anbeginn der Bauarbeiten eines zweiten, monumentalen Goetheanum, nur etwas mehr als ein Jahr nach der Begründung der anthroposophischen Weltgesellschaft und ihrer Hochschule in Dornach. Die Spannungen zu Steiners Lebzeiten waren bereits groß gewesen und die Zukunft war unklar – wer sollte die Fähigkeit besitzen, die von Steiner umrissenen Aufgaben zu meistern, den Angriffen der Umwelt Stand zu halten und die geschaffenen Einrichtungen zu halten und weiterzuentwickeln? Oskar Schmiedel stand in der Mitverantwortung für den gesamten Bereich der anthroposophischen Pharmazie und Heilkunst. Die «Internationalen Laboratorien A.G. Arlesheim» trugen noch immer – und für viele weitere Jahre – die immensen Schulden der «Futurum», wie sollte alles weiter gehen? Dass es weitergehen musste, war auf der anderen Seite keine Frage. Steiners Leitsatzbetrachtungen, seine esoterischen Klassenstunden und manches andere wiesen den Weg.

ABB. 61: OSKAR SCHMIEDEL, 1925

Vier Wochen nach dem Tod Rudolf Steiners sagte Josef van Leer, der Präsident des Verwaltungsrates der ILAG, bei einer Generalversammlung der Aktionäre im Glashaus:

«Sie wissen, dass mit der Weihnachtstagung innerhalb der Anthroposophischen Gesellschaft auch die Medizinische Sektion unter der Leitung von Frau Dr. Ita Wegman gegründet wurde, und wir können nur eine Existenzberechtigung haben, wenn wir im innigsten Kontakt mit dieser Sektion arbeiten und versuchen, auch im wirtschaftlichen Sinne die Voraussetzungen gelten zu lassen, die wir vom geisteswissenschaftlichen Gesichtspunkte aus als richtig erkennen müssen. Und es ist darum Absicht der Leitung der Internationalen Laboratorien A.G., im engsten und herzlichsten Zusammenhang zu arbeiten mit der Medizinischen Sektion am Goetheanum. Die Sektion wird ja alles versuchen, um die Angaben der anthroposophischen Medizin in der Welt zu verbreiten, und es wird unsere Aufgabe dann sein, den Nachfragen, die dadurch immer mehr kommen werden, zu entsprechen. Dadurch wird zuerst das Bedürfnis nach unseren Erzeugnissen geschaffen werden, und es wird nicht vorkommen, dass wir etwas herstellen, nach dem keine Nachfrage ist. Die Internationalen Laboratorien A.G. wird sich so als eine wirtschaftliche Dienerin der Medizinischen Sektion auffassen und damit als Dienerin in der ganzen anthroposophischen Bewegung, und es wird Aufgabe der Leitung sein, alle Maßnahmen so zu treffen, dass dies in Realität durchgeführt wird.»[142]

Die von van Leer formulierten Gesichtspunkte waren in den nächsten Jahren auch für Oskar Schmiedel gültig. Rudolf Steiner hatte sich und die anthroposophische Medizin mit Ita Wegman verbunden. Er hatte bei der Weihnachtstagung ausgeführt, *er* werde die medizinische Abteilung *durch* Ita Wegman leiten. Dieses Prinzip hatte für Oskar Schmiedel auch nach dem 30.3.1925 Gültigkeit – Rudolf Steiner hatte auf der Weihnachtstagung zweifellos in einer über das Erdenleben hinaus während Weise gesprochen. So war es auch Ita Wegmans dezidiertes Vorhaben, Steiners ureigenen Intentionen in der Medizin zum Durchbruch zu verhelfen, mit Hilfe von Menschengemeinschaften: «Es bleibt uns nichts anderes übrig, als dass wir alle, die ihn lieben, uns eng mit einander verbinden und die Arbeit in dem Sinne fortsetzen, wie er es gewollt und festgesetzt hat», schrieb sie bald nach Steiners Tod in einem Brief an Otto Palmer.[143]

Dr. Rudolf Steiner
Dr. Ita Wegman

Grundlegendes
für eine Erweiterung
der
Heilkunst
nach geisteswissenschaftlichen Erkenntnissen

Erster Teil

1925

PHILOSOPHISCH-ANTHROPOSOPHISCHER VERLAG
am Goetheanum, Dornach (Schweiz)

Die Aufbauarbeit der Medizinischen Sektion unter Ita Wegman war vielfältig. Sie betraf die Weiterentwicklung des Klinisch-therapeutischen Instituts als «Musteranstalt» der anthroposophischen Heilkunst, die Führung einer umfangreichen Therapiekorrespondenz mit kasuistisch anfragenden Ärzten, die Etablierung von Ausbildungsgängen im Bereich der Krankenpflege und der künstlerischen Therapien, die Schaffung von Fortbildungen für approbierte Ärzte und Medizinstudenten, die Förderung von Forschungsaktivitäten und vieles andere. Ita Wegman war von ihrer Aufgabe durchdrungen, die *«anthroposophische Medizin in Arlesheim»*[144] in die Welt zu tragen, förderte internationale Kontakte und Verbindungen und reiste viel. Für den Aufbau und die Verbreitung der anthroposophischen Pharmazeutik in verschiedenen Ländern setzte sie sich seit Anfang der 20er Jahre mit aller Kraft ein, insbesondere in den westlichen Ländern. Den Weg nach England und Amerika hatte ihr Rudolf Steiner als vordringlich beschrieben, da zivilisationsbestimmende Kräfte in Zukunft aus dem angloamerikanischen Raum kommen würden – im Sommer 1925 hatte Steiner mit Wegman für Vorträge in die USA reisen wollen. Bereits 1921 hatte Ita Wegman versucht, mit verschiedenen anthroposophischen Heilmitteln in diesen Ländern Fuß zu fassen – nach Rudolf Steiners Ärztevorträgen in London 1923 und 1924 war zumindest in der englischen Hauptstadt etwas in Bewegung gekommen. Mit Daniel Nicol Dunlop stand seit 1924 eine eindrucksvolle Gestalt der englischen Weleda vor – Dunlop setzte sich auch direkt für die englische Übersetzung des medizinischen Lehrbuches von Steiner/Wegman ein, das noch 1925 in London erschien. Heilmittelanfragen und Kasuistiken aus England landeten in der ersten Zeit oft bei Oskar Schmiedel, der sie in die Klinik zur Bearbeitung weitergab und die Versendung der Präparate in die Wege leitete. Jahre später, 1931, sollte Ita Wegman die Gründung einer kleinen Dependance des Klinisch-therapeutischen Instituts in London (Kent Terrace) gelingen. Bereits 1925 aber waren die kasuistischen Anfragen und Beratungen zahlreich – die eng mit Wegman zusammenarbeitenden Ärzte Eugen Kolisko aus Stuttgart und Willem Zeylmans aus Den Haag richteten monatliche Sprechstunden in London ein. Nicht durch aufdringliche (und teure) Propaganda und Reklame, sondern durch positive ärztliche Arbeit wollte Ita Wegman die Nachfrage nach neuen Heilmitteln steigern, und wirkte erfolgreich. Auch in Deutschland stieg der Absatz der anthroposophischen Medikamente kontinuierlich.

THE BRITISH WELEDA CO., LTD.

Sole Agents for The Remedies of The Clinical and Therapeutic Institute
and Ilag Laboratories of Arlesheim (Switzerland)

Directors:
D. N. DUNLOP
H. DANK (Austrian)
J. VAN LEER (Dutch)

Secretary:
F. D. DUNSMUIR

21, BLOOMSBURY SQUARE,
LONDON, W.C.1.

Telephone:
MUSEUM 9348.
Cables:
LABWELEDA, LONDON
Telegrams:
LABWELEDA.
WESTCENT LONDON

July 17th. 1925.

Dr. Schmiedel,
Internationale Laboratorien,
Arlesheim,
Switzerland.

Dear Dr. Schmiedel,

We have received the following enquiry from a member of the Society, and shall be glad to have your advice.

"Is there anything amongst the "Weleda" remedies
"that would ease "noises in the head?"
"The Secretary of our Group has an old aunt of
"82, who is nearly going distracted with these
"noises. She says it is like a steam whistle
"continually blowing, and she cannot get any
"sleep. The drum and nerve of one ear is quite
"gone. The doctors will not kill the nerve of
"the other ear, as it would make her stone deaf, and
"as she is almost blind, this would cut her off from
"the world entirely. Neither will they give her
"morphia, because as she is strong and full of life,
"soon she would need too much for it to be effective.
"So I wondered if there was anything to ease it."

Yours faithfully,

THE BRITISH WELEDA CO., LTD.

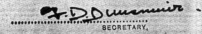
SECRETARY.

Die Zusammenarbeit Oskar Schmiedels mit dem Arlesheimer Klinisch-therapeutischen Institut war in den ersten Jahren nach Rudolf Steiners Tod außerordentlich eng. Nicht nur Ita Wegman, sondern sämtliche Klinikärzte waren in Kontakt mit Schmiedel, kamen für spezielle, oft individuelle Präparationen, die sie in der Klinik benötigten, und unterstützten umgekehrt die Heilmittelherstellung im Labor mit ihrem Sachverstand. Auch der internationale Vertrieb der Kosmetika, Tees etc. war bis zu einem gewissen Ausmaß ein gemeinsames Anliegen – neben der ökonomischen Sicherung der ILAG bzw. Weleda lebten in den Ärzten und Pharmazeuten Ideale der sozialen Hygiene, des Einsatzes für eine weiter gefasste Gesundheit auf dem Boden entsprechender Natursubstanzen. Von Anfang an war der Vertrieb entsprechender Präparate ein Teil von Schmiedels Lebensaufgabe gewesen, der er sich nicht versagte und um deren Gesamtbedeutung er wusste. 1926 konnten die «American Arlesheim Laboratories Inc.» in New York begründet werden, im selben Jahr auch die Tochtergesellschaft in Prag-Smichov.

Ita Wegman half den Internationalen Laboratorien in finanziellen Engpässen wiederholt aus; sie hatte eine große Begabung in der Beschaffung von Geldmitteln, kannte viele vermögende Menschen, die ihr und ihrer Klinik vertrauten, und hatte ökonomischen Sachverstand. Von den «Futurum»-Schulden noch immer gepeinigt, brauchten Oskar Schmiedel und Edgar Dürler diese Unterstützung. In seinen Erinnerungen an Wegman und den Aufbau der Weleda schrieb Schmiedel viele Jahre später: «Immer wieder erschloss sie Geldquellen, wo anderswo keine Hilfe zu finden war. Bis zum Ausscheiden van Leers (1930) war sie diejenige, an die ich mich nie vergeblich um Hilfe wandte. Und es waren besonders in den ersten Jahren Augenblicke, wo man kaum eine Möglichkeit sah, den dringendsten Verpflichtungen nachzukommen und doch fanden sich immer wieder Wege, meistens durch Hilfe Frau Dr. Wegmans. Sie war in der damaligen Zeit in Wirklichkeit einige der Wenigen, die Verständnis für die Wichtigkeit und Notwendigkeit der Weleda bzw. ILAG hatte. Wo ich sonst hinkam und um ein Darlehen bat, das fest verzinslich und nur auf einige Jahre fest sein sollte, fand ich Ablehnung und Verständnislosigkeit. Und es waren dies immer nur Menschen, die wirklich reich und langjährige Mitglieder waren. Diese Verständnislosigkeit gegenüber so wichtigen Aufgaben, als sie die Weleda zu erfüllen hatte, war oft schmerzvoll zu sehen.»[145]

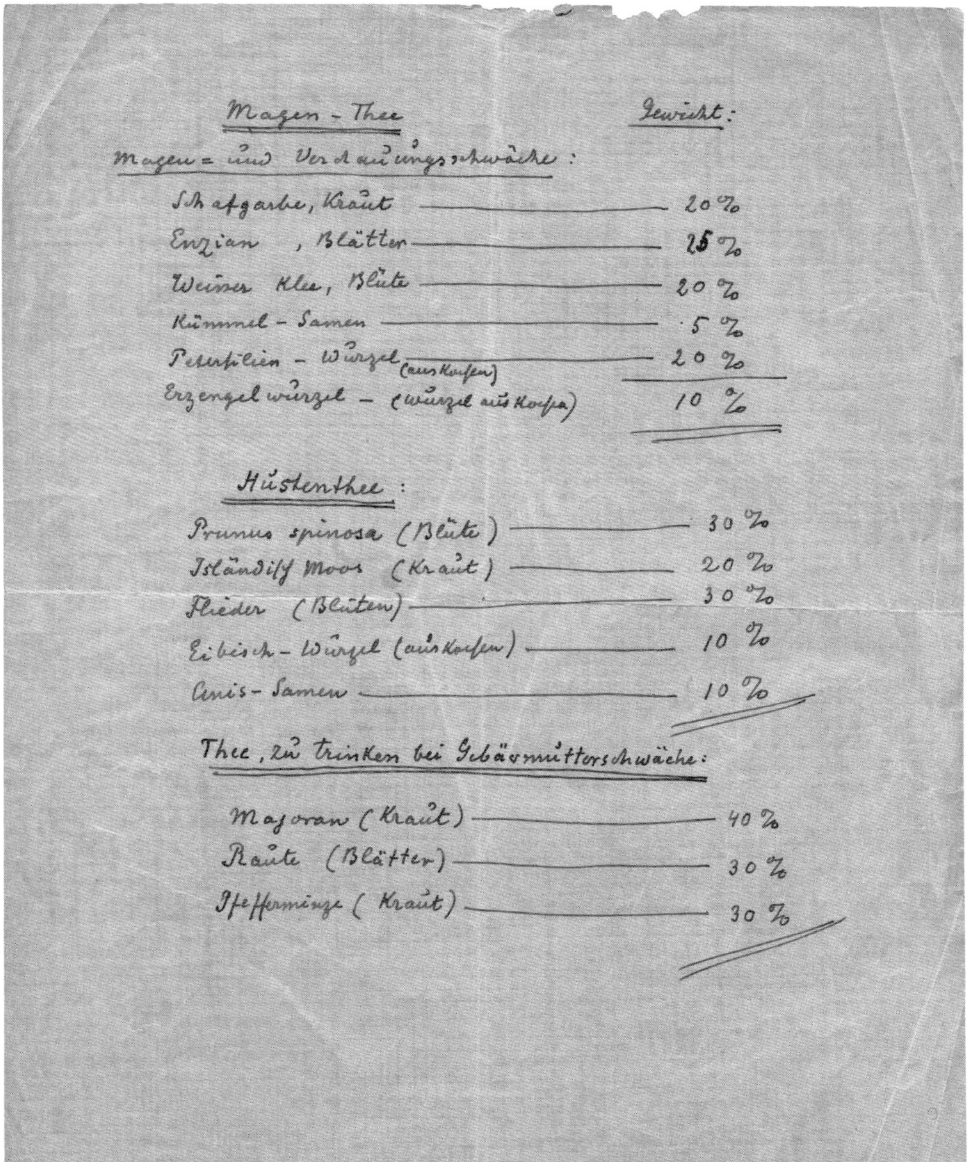

ABB. 64: NIEDERSCHRIFT RUDOLF STEINERS

Magen - Thee   Gewicht:
Magen- und Verdauungsschwäche:
  Schafgarbe, Kraut ——————————— 20 %
  Enzian   , Blätter ——————————— 25 %
  Weisser Klee, Blüte ——————————— 20 %
  Kümmel - Samen ——————————————— 5 %
  Petersilien - Wurzel (aus Kaufen) ——— 20 %
  Erzengelwurzel - (Wurzel aus Kaufen) 10 %

Hustenthee:
  Prunus spinosa (Blüte) ———————— 30 %
  Isländisch Moos (Kraut) ————————— 20 %
  Flieder (Blüten) ———————————— 30 %
  Eibisch - Wurzel (aus Kaufen) ————— 10 %
  Anis - Samen ————————————————— 10 %

Thee, zu trinken bei Gebärmutterschwäche:
  Majoran (Kraut) ——————————————— 40 %
  Raute (Blätter) ——————————————— 30 %
  Pfefferminze (Kraut) ————————————— 30 %

Während sich die Medizinische Sektion auch nach Rudolf Steiners Tod dynamisch entwickelte, war die Situation im Dornacher Vorstand von sich steigernden Krisen gekennzeichnet, trotz der vorhandenen Befähigung aller Einzelnen: «Wenn man vorurteilslos und sachlich die fünf Persönlichkeiten ansieht, die Rudolf Steiner als esoterischen Vorstand um sich gruppiert hatte, muss gesagt werden, dass er keine bessere Wahl hätte treffen können. Jede dieser fünf Persönlichkeiten hatte Eigenschaften und Fähigkeiten, die die andern nicht aufwiesen, die aber zusammengenommen sich gegenseitig ergänzen und ein Einheitliches bilden konnten. Keiner von ihnen konnte den andern ersetzen und es konnte eine wirkliche Zusammenarbeit nur die besten Früchte für die Anthroposophische Gesellschaft und die Anthroposophische Bewegung bringen.» (Oskar Schmiedel[146]). Bereits vor dem 30.3.1925 aber war Schmiedel wiederholt Zeuge davon geworden, auf wieviel Unverständnis Rudolf Steiners enge Zusammenarbeit mit Ita Wegman stieß[147] – worüber Steiner mit Schmiedel unmittelbar vor der Weihnachtstagung auch gesprochen hatte: «Wichtig war das Wort, dass er mir ziemlich am Ende der Unterredung gesagt hatte, als er über die Gegnerschaft gegenüber Frau Dr. Wegman sprach… Dr. Steiner sagte: ‹Wenn die Hetze gegen Frau Dr. Wegman so weiter geht, so wird sie zur Zersprengung der Gesellschaft führen.› Und er fügte die Worte hinzu, die mich zu tiefst erschütterten: ‹Und diese Tendenz macht sich auch in meiner nächsten Umgebung bemerkbar. Aber ich werde ihr auch da auf das Energischste entgegentreten.›»[148] Oskar Schmiedel zweifelte zeitlebens nicht daran, dass Rudolf Steiner damit in erster Linie die Antipathie Marie Steiners gegen Ita Wegman gemeint hatte. Bald nach dem Tod des Lehrers unterrichtete er Albert Steffen in einem vertraulichen Gespräch über diese Aussage. Als sich die Vorwürfe gegen Wegman in den nächsten Jahren immer weiter steigerten und zur Spaltung des Vorstands und der Gesellschaft führten, referierte er Steiners Worte auch in zwei größeren Versammlungen am Goetheanum – unter Hinweglassung des letzten Nachsatzes («Und diese Tendenz macht sich auch in meiner nächsten Umgebung bemerkbar») und nach schwerem inneren Überwinden: «Dr. Schmiedel meldete sich zu Worte und bat um Entschuldigung, dass er die Geduld der Versammlung in Anspruch nehme. Er fühle es aber als seine Schuld, die er gegenüber Dr. Steiner abzutragen habe. Sonst sei es nicht seine Gewohnheit, in die Debatte einzugreifen.» (6.2.1926[149])

ABB. 65: ITA WEGMAN, 1928

Oskar Schmiedel lehnte es in der Folge ab, sich an den immer aggressiver werdenden Streitigkeiten am Goetheanum zu beteiligen und hielt sich aus allen Polarisierungen heraus; auf Zusammenhalt, Vermittlung und Mäßigung bedacht, unterschrieb er im Dezember 1926 eine Erklärung von 98 prominenten Persönlichkeiten der anthroposophischen Bewegung (darunter Michael Bauer und Margareta Morgenstern), in der es u.a. hieß: «Dr. Rudolf Steiner hat uns bei seinem Scheiden einen Vorstand hinterlassen, den er wiederholt mit Nachdruck im Zusammenwirken mit ihm als einen esoterischen Vorstand bezeichnet hat. Wir sind der Überzeugung, dass dem lebendigen Weiterwirken Dr. Steiners in der Gesellschaft eine Möglichkeit gegeben ist, wenn dieser Vorstand in seiner Ganzheit die Gesellschaft führt. Auch sind wir der Meinung, dass man in einem solchen Zusammenwirken mit Dr. Steiner den Vorstand noch heute als einen esoterischen betrachten muss. Mögen in diesem Vorstand auch größte Gegensätze vereinigt sein: ... Wir bejahen den Vorstand in seiner Ganzheit und bekennen uns zu ihm in allen Kompetenzen, die ihm Dr. Steiner verliehen hat... Wir bitten alle Mitglieder der Gesellschaft in vollem Bewusstsein des Ernstes der Lage der Anthroposophischen Gesellschaft und auch des Ernstes der ganzen Zeit, sich über diese erste Bedingung des wirksamsten Fortwirkens Dr. Steiners klar zu sein und alles zu vermeiden, was sie zerstören könnte. – Dr. Steiner hat uns einen Organismus des gesellschaftlichen Lebens hinterlassen, von dem er hoffte, dass er der Träger des lebendigen Geistes werden könnte. Wir sind der Überzeugung, dass die Gesellschaft am besten der Zukunft entgegengeht und das lebendige Fortwirken Dr. Steiners sich erschließt, wenn sie an diesen Institutionen in Freiheit festhält und in ihnen die weitere Führung Dr. Steiners zu empfangen sucht ... Nur das größte Verantwortungsbewusstsein aller Mitglieder, ganz besonders auch in dem Sinne, dass Parteiungen vermieden, persönliches Misstrauen überwunden und überall das Gemeinsame mit reinem Willen gesucht wird, kann nach unserer Überzeugung die Gesellschaft erhalten, dem Geisteswerk ein menschheitliches Organ geben und ihm selbst die Möglichkeit verschaffen, uns kraftvoll weiterzuführen. Aber wir sind uns auch dessen bewusst, dass ein solches Wort seine volle Gültigkeit und Realität hat, wie es Dr. Steiner einmal gesagt hat: *Wenn nach meinem Tode auch nur Zwei ganz selbstlos und rein das Wohl der Sache suchen, dann habe ich die Möglichkeit, hereinzuwirken.*»[150]

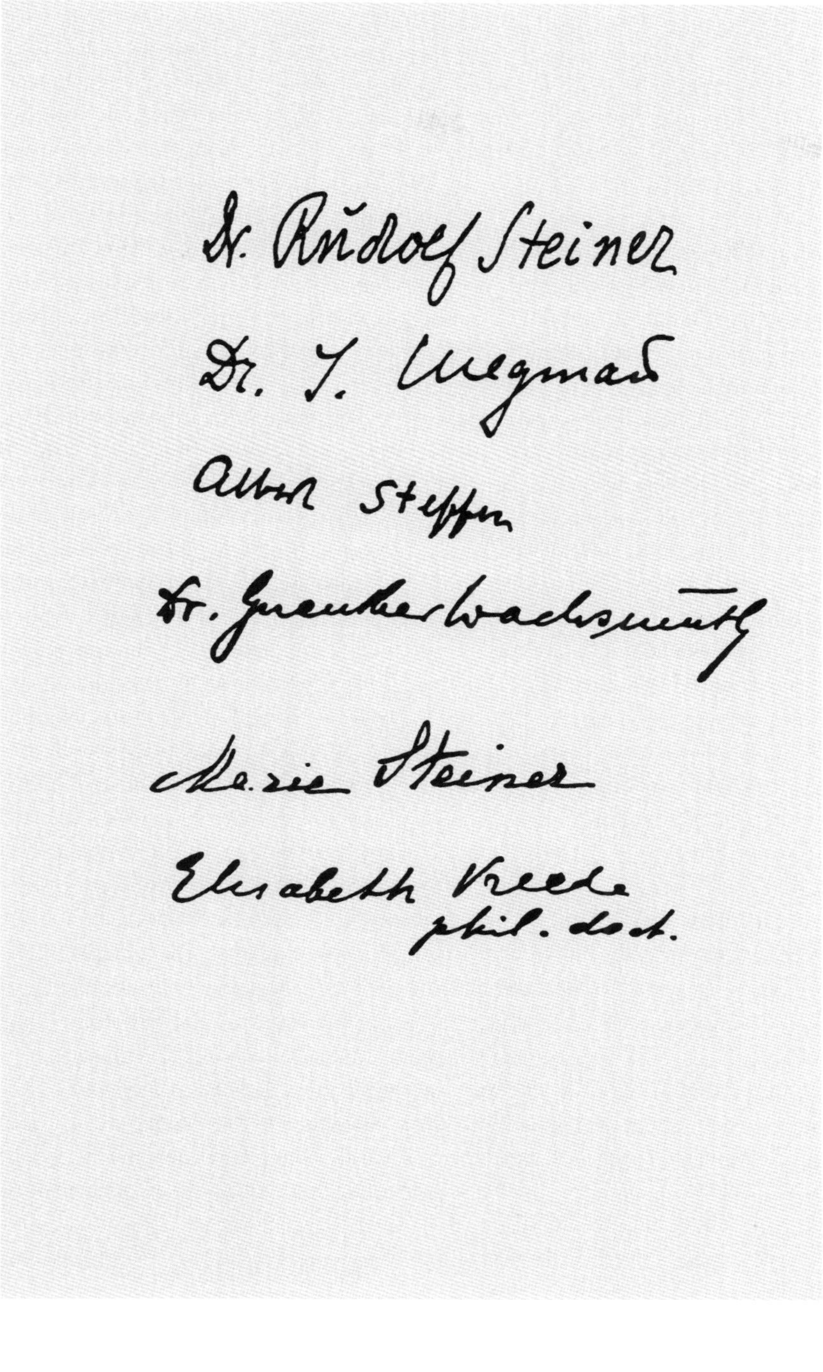

ABB. 66: DIE VORSTANDSMITGLIEDER

Dr. Rudolf Steiner

Dr. I. Wegman

Albert Steffen

Dr. Guenther Wachsmuth

Marie Steiner

Elisabeth Vreede
phil. doct.

Oskar Schmiedel bekannte sich zum Gesamtvorstand, zu seiner esoterischen Aufgabe und Bedeutung – und zu Ita Wegman. Dennoch war sein Verhältnis zu ihr nicht immer einfach. Rudolf Steiners nachdrückliche Anregung, auf das Wesentliche zu sehen, hatte Schmiedel seit Weihnachten 1923 nicht mehr vergessen – auch war er dazu in der Lage, Ita Wegmans Genius für das Wirken der Medizinischen Sektion zu erkennen und viele Gesichtspunkte nachzuvollziehen, die ihren Handlungen zugrunde lagen. Auf der anderen Seite traf Ita Wegman weitreichende Entscheidungen alleine und oft außerordentlich spontan, ohne sie abzustimmen; sie war energisch und expansiv im Dienst ihrer Aufgabe tätig, subtile Rücksichtnahmen und Bedenken lagen ihr fern. Ihre Motive waren rein und bestimmten sich an den Vorgaben und Zielsetzungen Rudolf Steiners; dennoch machte auch sie mitunter Fehler, lebte mit diesem Risiko und ging es bewusst ein.

Oskar Schmiedel und die «Internationalen Laboratorien» konnten nach dem Tod Rudolf Steiners nicht nur in einem dienenden Verhältnis zur Medizinischen Sektion, zu Ita Wegman und der Klinik stehen. Als die – von vornherein labile – Einheit in Dornach und in der Anthroposophischen Gesellschaft zerbrach, mussten Schmiedel und seine Kollegen auch mit vielen anderen Ärzten zusammenarbeiten, die sich gegen Ita Wegman aussprachen, darunter viele Schweizer Ärzte, die überwiegend gegen Wegman Stellung bezogen. Oskar Schmiedel versuchte in dieser Situation, mit allen Menschen, Gruppen und «Strömungen» zusammenzuarbeiten, denen die anthroposophische Pharmazeutik ein Anliegen war – auch aus geschäftlichen Gründen. Später schrieb er: «Nach dem Tode Rudolf Steiners ging die Weleda ihren Weg weiter, und dieser Weg musste infolge der immer stärker werdenden gesellschaftlichen Schwierigkeiten ein durchaus neutraler Weg sein – trotz aller sachlichen und inneren Verbundenheit mit Frau Dr. Wegman. Es gelang dies auch, so dass mit allen Ärzten gearbeitet werden konnte.»[151] Ita Wegman, so Oskar Schmiedel, habe Verständnis dafür gehabt oder aufgebracht, «für die Notwendigkeit, dass wir so handeln mussten»[152]. In gewisser Weise stand Schmiedel damit zwischen allen Lagern – zwischen Arlesheim und Dornach sowie Arlesheim und Stuttgart. Er war nicht nur mit vielen Menschen am Goetheanum verbunden, die Arlesheim und Wegman ablehnten, sondern schätzte auch die Pharmazeuten und Ärzte in Stuttgart, die von Rudolf Steiner 1924 massiv kritisiert worden waren[153] und die ihre Zurücksetzung zugunsten Wegmans nie ganz verkraftet hatten.

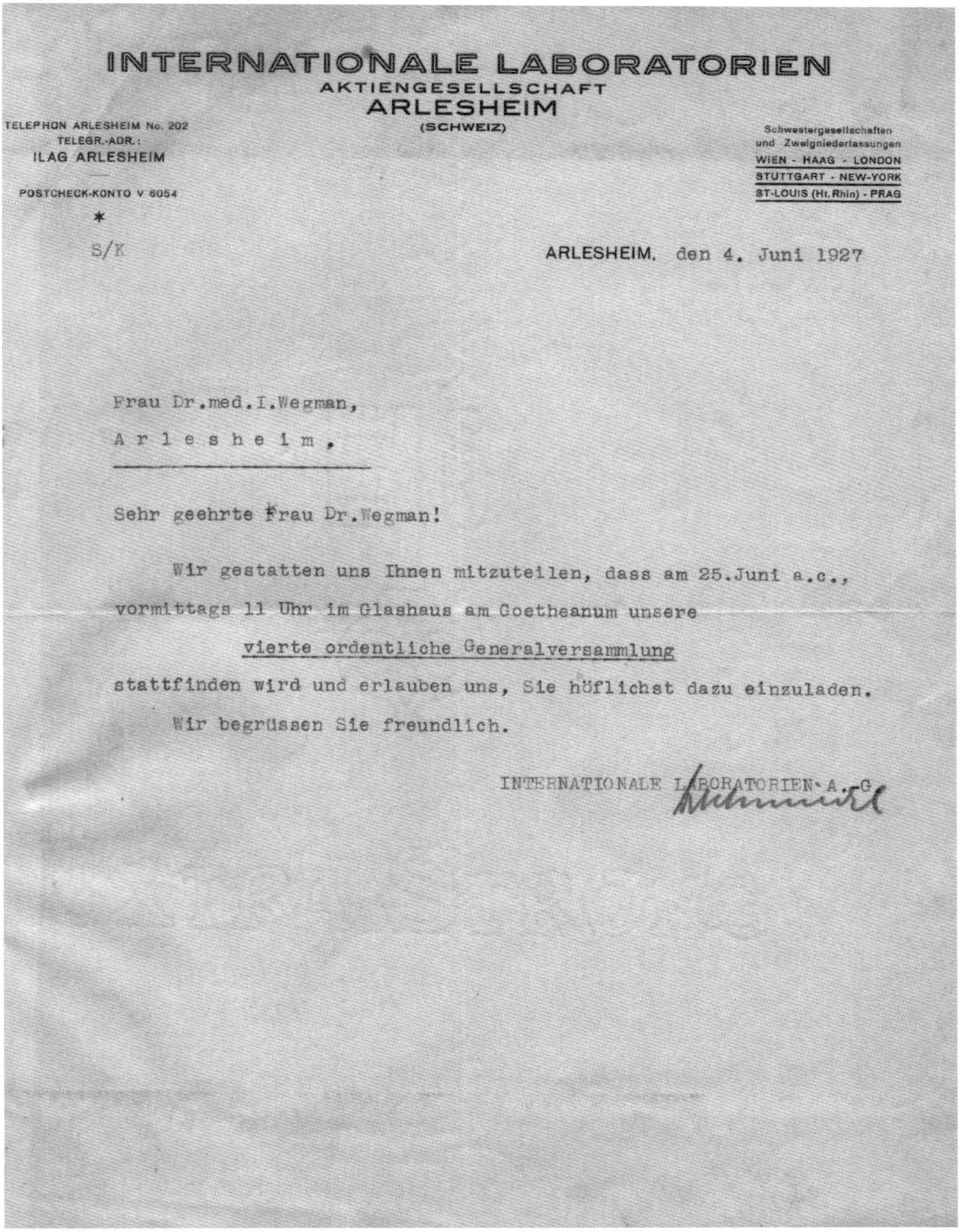

ABB. 67: ILAG-GENERALVERSAMMLUNG

INTERNATIONALE LABORATORIEN
AKTIENGESELLSCHAFT
ARLESHEIM
(SCHWEIZ)

TELEPHON ARLESHEIM No. 202
TELEGR.-ADR.:
ILAG ARLESHEIM

POSTCHECK-KONTO V 6054

Schwestergesellschaften
und Zweigniederlassungen
WIEN - HAAG - LONDON
STUTTGART - NEW-YORK
ST-LOUIS (Ht. Rhin) - PRAG

S/K

ARLESHEIM, den 4. Juni 1927

Frau Dr.med.I.Wegman,
A r l e s h e i m,

Sehr geehrte Frau Dr.Wegman!

Wir gestatten uns Ihnen mitzuteilen, dass am 25.Juni a.c., vormittags 11 Uhr im Glashaus am Goetheanum unsere
<u>vierte ordentliche Generalversammlung</u>
stattfinden wird und erlauben uns, Sie höflichst dazu einzuladen.

Wir begrüssen Sie freundlich.

INTERNATIONALE LABORATORIEN A.G.

Auf der Generalversammlung der «Internationalen Laboratorien A.G.» im Dezember 1928 wurde entschieden, den «Weleda»-Namen in Zukunft nicht nur für die Tochtergesellschaften, sondern auch für das Stammhaus zu gebrauchen, gemäß dem Vorschlag Rudolf Steiners vier Jahre zuvor. «Da der Name [Internationale Laboratorien-AG] uns bald als farblos und zu konventionell schien, wandten wir uns [1924] mit der Bitte an Dr. Rudolf Steiner, uns einen besseren, einen sinnvollen Namen zu geben. Darauf schlug er den Namen *Weleda* vor und erklärte auf unsere Fragen, dass dies der Name einer germanischen Priesterin sei, die als Heilkundige große Berühmtheit erworben habe» (Schmiedel[154]).

Auch war von Rudolf Steiner im September 1924 darauf hingewiesen worden, dass die geschichtliche Weleda «eine alt-germanische Individualität» gewesen sei, «die sich außer der Heilkunde auf viele andere Dinge verstand»[155]. Wann sich Steiner erstmals der Weleda-Gestalt zugewandt hatte, ist nicht bekannt – auch nicht, ob er Edouard Schurés 1914 erschienenes Drama «La Druidesse» kannte, das von den Berichten des römischen Historikers Tacitus inspiriert worden war. Oskar Schmiedel beschäftigte sich seit Ende der 20er Jahren viel mit den geschichtlichen wie spirituellen Hintergründen der von Steiner vorgeschlagenen Namensgebung, darunter auch mit jener bretonischen Insel Ile de Sein (bretonisch: *Enez Sun*) im Department Finistère, die die letzte Zuflucht der Druiden in der Bretagne bildete und die (in exoterisch-literarischer Form) von René Chateaubriand 1809 als Stätte von neun druidisch-keltischen Heilpriesterinnen beschrieben wurde, die unter Führung der «Weleda» eine keltische Mysterienstätte verwalteten. Schmiedel verfasste 1930 ein erstes «Weleda»-Manuskript und arbeitete auch in späteren Jahren an den darin thematisierten Zusammenhängen weiter (vgl. S. 257ff.).

ABB. 68: BEKANNTMACHUNG, 1929

TELEGRAMM-ADRESSE: WELEDA ARLESHEIM TELEPHON ARLESHEIM: 202 POSTCHECK-KONTO: V 6054	**WELEDA A.-G.** VORMALS INTERNATIONALE LABORATORIEN A.-G. **ARLESHEIM** (SCHWEIZ) FABRIKATION PHARMAZEUT. UND KOSMET. PRÄPARATE	Schwestergesellschaften und Zweigniederlassungen: WIEN - HAAG - LONDON STUTTGART - NEW-YORK ST-LOUIS (Ht. Rhin) - PRAG

Arlesheim, im Februar 1929.

P. P.

Wir gestatten uns, Ihnen mitzuteilen, daß wir unseren bisherigen Firmennamen

Internationale Laboratorien A.-G., Arlesheim

abgeändert haben in

Weleda A.-G., Arlesheim

Zu dieser Namensänderung waren wir hauptsächlich dadurch veranlaßt, daß unsere Schwestergesellschaften im Auslande den gleichen Namen führen sollten wie wir, was jedoch aus markentechnischen Gründen nicht überall zu verwirklichen war. Wir mußten daher unsererseits den Namen Weleda A.-G. übernehmen, der bereits von unseren Schwestergesellschaften seit Jahren geführt wird.

Durch die Namensänderung tritt in der sonstigen Geschäftsführung keinerlei Aenderung ein.

Hochachtungsvoll

Weleda A.-G.

Als die Namensänderung im Februar 1929 publiziert wurde, arbeitete Oskar Schmiedel noch immer in dem kleinen Haus nahe dem Klinisch-therapeutischen Institut; über die Atmosphäre dieser Jahre schrieb Amalie Weissenborn: «Zum Sammeln der Pflanzen machte man große Wanderungen, oft als Sonntagsausflug. Man war ganz darauf eingestellt, alle Wünsche, die von den Ärzten kamen, zu erfüllen. Es war eine rege Zusammenarbeit mit dem Klinisch-therapeutischen Institut. Die Hilfsbereitschaft für die Patienten stand obenan. Ein dringlich benötigtes Medikament wurde zu jeder Zeit abgegeben.»[156]

Oskar Schmiedels Zimmer, mit einem großen grünen Kachelofen, lag im Parterre; einen Stock höher befanden sich die beiden Laboratoriumsräume. In einer Mansarde des Hauses verbarg sich das Ampullenlabor, auf der Veranda lagerten Teevorräte, und auch der Keller wurde als Lager und für Herstellungsarbeiten benutzt. In einem ehemaligen Waschhaus im Garten fanden Abkochungen von Elixieren statt, in seinem ersten Stock Spezialarbeiten (wie die Herstellung des Antimonspiegels). Ein angebauter Schuppen enthielt Vorräte, Kartons, Holzwolle, Seifen und Flaschen; in einem weiteren hölzernen Anbau arbeitete Thekla Schmiedel nach wie vor an Pflanzenfarben. Dies war der kleine Gesamtumfang des Arlesheimer Haupthauses für 13 Mitarbeiter – ein winziges Anwesen im Vergleich zu dem eindrucksvollen Stuttgarter Laboratoriumsgebäude und den Anlagen von Gmünd.

In seinen Erinnerungen beschrieb Oskar Schmiedel ausführlich, wie beide Gartenschuppen im April 1929 in einer Nacht Feuer fingen – dies gab den Anlass für einen großzügigen Neubau, der 1930 realisiert wurde, mit einem Darlehen Ita Wegmans und einer Hypothek der Bank. Der Goetheanum-Architekt Hermann Ranzenberger entwarf das neue, ungleich imposantere Haus, wenige Jahre nach dem klinischen Erweiterungsbau Ita Wegmans (1927). Ranzenberger arbeitete dabei eng mit Oskar Schmiedel zusammen – *«Die Führung [des Bauprojektes] liegt in den Händen von Herrn Dr. Schmiedel»*, betonte der Weleda-Jahresbericht vom 30.12.1929.[157]

ABB. 69: DAS NEUE GEBÄUDE

In den «Weleda-Nachrichten» vom August 1932 beschrieb Oskar Schmiedel das neue Gebäude und seine vielen Arbeitsräume im Einzelnen, am Ende deren Kolorierung und den Geist des Hauses: «Die Räume sind in verschiedenen fröhlichen Farben gehalten, welche auch dazu beitragen, den Fabrikcharakter weniger aufkommen zu lassen. Große Fenster sorgen für Licht und Sonne und gewähren einen schönen Ausblick in das Grün der umliegenden Gärten. Das Gebäude ist so orientiert, dass die Arbeitsräume nach Süden und Osten, die Lagerräume nach Norden liegen. Es wurde in diesem Gebäude ein Versuch gemacht, eine Arbeitsstätte zu errichten, die durch die ganze Gestaltung dazu beiträgt, dass sich die darin Arbeitenden voll als Menschen in ihre Arbeit hineingestellt fühlen können. Denn unser Betrieb will ja eine Arbeitsgemeinschaft sein, die den ganzen Menschen für seine Arbeit interessiert, an welchem Platze er auch stehen mag. Der Bildung einer solchen Gemeinschaft dienen auch gemeinsame Eurythmieübungen und Vorträge, deren Themen sich aus der Arbeit ergeben, teils die Zusammenhänge aufzeigen, in denen unser Unternehmen steht.»[158]

Die Arlesheimer Weleda hatte sich durch den Bezug des neuen Hauses um ein vielfaches vergrößert, in der inneren Ordnung – bis zum Saalbau – dabei an manchem orientiert, was Wilhelm Pelikan seit 1927 in Schwäbisch Gmünd innovativ eingeführt hatte, darunter die «Werkstunden» und die Betriebseurythmie. In den bezahlten Werkstunden erhielten alle Mitarbeiter Vortragseinführungen in die Hintergründe der Heilmittelherstellung und damit in die geistigen Grundlagen ihrer Arbeit; es sollte ein Gesamtbewusstsein für das Unternehmen entstehen, die «Entwicklung eines gemeinsamen Vorstellungskreises, der Arbeitgeber und Arbeitnehmer umschließt», wie Rudolf Steiner in seinem Buch *Die Kernpunkte der sozialen Frage* formuliert hatte.[159] Auch Vorträge an Todestagen bedeutender Persönlichkeiten sowie Möglichkeiten zur Vertiefung in den Jahreslauf hatte Pelikan in Schwäbisch Gmünd inauguriert, die Überwindung aller Einseitigkeit (u.a. durch die Eurythmie) und die kontinuierliche Bemühung um die geistige Identität, die bei steigenden Mitarbeiterzahlen unbedingt notwendig war.

Die Weleda entwickelte sich. In der Generalversammlung der Aktionäre am 27.6.1931 wies Schmiedel bei der Vorlesung des Geschäftsberichtes und der Bilanz 1930 darauf hin, dass sich der Gesamtumsatz seit 1925 mehr als verdreifacht hatte und auch 1930, trotz der herrschenden Wirtschaftskrise, um 15% gesteigert werden konnte.

ABB. 70: WELEDA ARLESHEIM

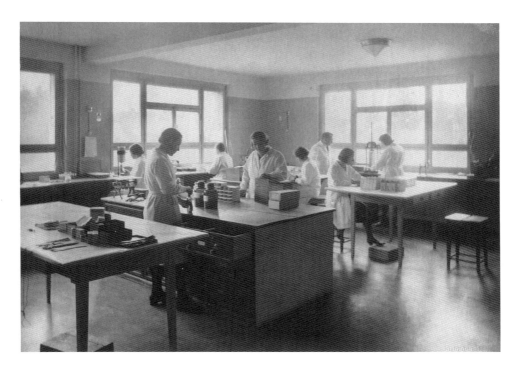

3. VON RECHTS: OSKAR SCHMIEDEL

Die Front des neuen Weleda-Gebäudes und sein Eingangsbereich waren nicht zum Klinisch-therapeutischen Institut hin gerichtet, sondern diesem abgewandt – die Beziehungen hatten sich in der letzten Zeit (trotz der Schilderungen Amalie Weissenborns und des erhaltenen Darlehens) erkennbar verschlechtert. Im Januar 1929 hatte Wegman den Wiener Chemiker Dr. Rudolf Hauschka aufgefordert, in ihr Institut einzutreten und an der Heilmittelherstellung mitzuwirken – bereits Rudolf Steiner hatte ihn im Sommer 1924 dorthin eingeladen. Rudolf Hauschka war ein hochbegabter, innovativer und eigenwillig-energischer Geist; mit seinem Eintritt ins Versuchslaboratorium der Klinik erlebte die Heilmittelforschung in Arlesheim einen dynamischen Aufschwung. Die ärztlichen Mitarbeiter Ita Wegmans – und Wegman selbst – waren in den letzten Jahren mit der Wirksamkeit vieler Weleda-Präparate zunehmend unzufrieden gewesen und wollten Neuansätze, auch in der Herstellung alkoholfreier Präparate, um die Schmiedel, Spiess und Pelikan sich seit Jahren bemühten. Die im Forschungslabor der Klinik von Hauschka ausgearbeiteten Präparate sollten der Weleda zur Erzeugung und zum Vertrieb angeboten werden.

Wie Oskar Schmiedel und die Weleda auf die Berufung Rudolf Hauschkas reagierten, ist nicht dokumentiert; die Beziehungen gestalteten sich jedoch von Anfang an schwierig.[160] Manches spricht dafür, dass Schmiedel die Heilmittelforschung als seinen eigenen Kernbereich in Arlesheim betrachtete, in dem er unter Rudolf Steiner pionierhaft gearbeitet hatte – in den Pharmazeutenbesprechungen der Weleda war er nach wie vor sehr präsent und aktiv, trotz vieler anderer Aufgaben. Seit Begründung seines Laboratorium am Goetheanum hatte Oskar Schmiedel seine diesbezügliche Tätigkeit als Mitarbeit an der Freien Hochschule für Geisteswissenschaft gesehen, als eine Form geistiger Arbeit, die sich in enger Abstimmung mit Rudolf Steiner und den Ärzten vollzog. Seine Verbindung zur Klinik war in den letzten Jahren loser geworden und mit Hauschkas Eintritt weiter erschwert; selbst Pflanzenfarben für die Maltherapie stellte Hauschka nun her.

Im Frühjahr 1931 lehnte der Verwaltungsrat der Weleda die Herstellung und den Vertrieb von Hauschka-Nahrungsmitteln und Getränken ab, im Sommer desselben Jahres die Übernahme einer Hautcreme. Gesprächsbedarf über die von Hauschka angewandten pharmazeutischen Verfahren und Begründungen wurde angemeldet. – Ita Wegman löste ihre Klinik im selben Jahr aus dem Goetheanumzusammenhang heraus, was Oskar Schmiedel verstand, aber für einen Fehler hielt.

ABB. 71: BRIEF O. SCHMIEDELS, 7.8.1931, S.1

WELEDA A.-G.
VORMALS
INTERNATIONALE LABORATORIEN A.-G.
ARLESHEIM
(SCHWEIZ)
FABRIKATION PHARMAZEUT. UND KOSMET. PRÄPARATE

TELEGRAMM-ADRESSE:
WELEDA ARLESHEIM
TELEPHON ARLESHEIM: 202
POSTCHECK-KONTO: V 6054

Schwestergesellschaften
und Zweigniederlassungen:
WIEN · HAAG · LONDON
STUTTGART · NEW-YORK
ST-LOUIS (Ht.Rhin) · PRAG

ARLESHEIM, den 7. August 1931

Sehr geehrte Frau Dr. Wegman!

In Ihrem Schreiben vom 7.ds.Mts. an Herrn Dürler sprechen Sie die Vermutung aus, dass ich ihm gegenüber merkwürdige Angaben über die Coldcream von Dr. Hauschka gemacht haben soll und dass dadurch der Brief an Herrn Dürler veranlasst wurde. Ich sehe mich dadurch veranlasst, Folgendes festzustellen:

Ich habe immer - sowohl Ihnen als auch Herrn Dürler gegenüber, und auch in der letzten Verwaltungsratssitzung - den Standpunkt vertreten, dass es selbstverständlich ist, dass die Weleda A.-G. diese Coldcream übernehmen wird, wenn:

1). sie wirklich gut ist,

2). sie sich hält,

3). die Aussagen der Herren Dr.Kaelin und Dr.Suchantke unrichtig sind, dass die Kieselsäure-hältige Cream den Haarwuchs beschleunigt. Wenn dies stimmt, so wäre es selbstverständlich unmöglich, eine Coldcream herauszugeben, die Kieselsäure enthält - wie dies bei der Hauschka'schen Coldcream der Fall sein soll - da eine haarwuchsfördernde Wirkung in der Hautcrème nicht sehr erwünscht wäre.

ad.1). Ich konnte bis jetzt mich von der Qualität nicht selbst überzeugen, da ich bis letzten Samstag keine Probe noch erhalten habe. Auch die am Samstag erhaltene nahm Herr Dr. Hauschka wieder mit, um mir separate Versuchsproben zuzustellen. Das einzige, was ich bisher von dieser Goldcream (mit Ausnahme einer kleinen Probe, die mir Dr. Diefenbach vor einigen Tagen zeigte) gesehen habe, war das erste Muster, das Sie mir vor über einem halben Jahr gezeigt haben. Diese Cream war nach dem

Inmitten dieser angespannten Situation, Hauschkas Entwicklung der WA- und LA-Präparate und seinen ersten Publikationen in Wegmans Natura-Zeitschrift, die Schmiedel und die Weleda z.T. als Kritik an den eigenen Erzeugnissen verstanden, verschärften sich die ökonomischen Bedingungen des Unternehmens und die Krisen am Goetheanum weiter. Im Oktober 1930 trat Josef van Leer von all seinen Funktionen überraschend zurück, nach dem desaströsen Ende der Einsinger Firma[161] und der Forderung nach einer kollektiven Unternehmens-Führung. Die Zusammenarbeit Ita Wegmans mit van Leer war bis zuletzt eng gewesen; mit seinem Nachfolger als Präsident und Delegierter des Verwaltungsrates, dem Schweizer Edgar Dürler, hatte sie sich dagegen bereits zu Lebzeiten Rudolf Steiners schwer getan. Dürler war befähigt, aber auch ein enger Freund von Roman Boos, ihrem aggressivsten und destruktivsten Gegner am Goetheanum. Selbst Oskar Schmiedel «wehe» nun «mit allen Winden mit» und sei keine «Stütze» mehr, schrieb Wegman im April 1931 an Josef van Leer.[162] 1930 hatten Marie Steiner und das Ehepaar Pyle-Waller ein «Anthea-Institut für Rudolf Steiner-Pflanzenfarbenherstellung» am Goetheanum gegründet, unter Mitarbeit von Thekla Schmiedel und dem Chemiker Otto Eckstein.

Oskar Schmiedels Beziehungen waren vielfältig. Auf der Weihnachtsgeneralversammlung der Anthroposophischen Gesellschaft, die von vielen Mitgliedern als letzte Chance zur Rettung der Gemeinschaft verstanden wurde, hatte er im Dezember 1930 im großen Saal noch einmal das Wort Rudolf Steiner über die «Hetze» gegen Ita Wegman referiert, die zur «Zersprengung» der Anthroposophischen Gesellschaft führen würde. In seinen Erinnerungen hielt er fest: «Durch verschiedene Erlebnisse entstand für mich das Gefühl, als ob in dieser Zeit die geistige Welt noch einmal sich herunterneige und die Möglichkeit geben würde, die Anthroposophische Gesellschaft aus ihrem Zerwürfnis zu retten ... Als die Generalversammlung vorbei war, musste ich mir die Überzeugung bilden, dass diese letzte von der geistigen Welt gebotene Möglichkeit zur Verständigung und zur Verhütung der Zerspaltung der Anthroposophischen Gesellschaft von den Mitgliedern nicht verstanden und nicht ergriffen worden war.»[163] – Ita Wegman dachte an die weitere Zukunft: «Die laufende Zeit und die positive Arbeit wird zuletzt wieder die Einheit schaffen. Im Dornacher Vorstand wird die Zweiheit auch sein, so lange wohl, bis eingegriffen wird von höherer Hand. Wenn nur weitergearbeitet werden kann und die Menschen sich in der Arbeit finden.»[164]

WELEDA A.-G.

TELEGRAMM-ADRESSE:
WELEDA ARLESHEIM
TELEPHON ARLESHEIM: 202
POSTCHECK-KONTO: V 6054

VORMALS
INTERNATIONALE LABORATORIEN A.-G.
ARLESHEIM
(SCHWEIZ)
FABRIKATION PHARMAZEUT. UND KOSMET. PRÄPARATE

Schwestergesellschaften
und Zweigniederlassungen:
WIEN - HAAG - LONDON
STUTTGART - NEW-YORK
ST-LOUIS (Ht. Rhin) - PRAG

ARLESHEIM, den 11. Januar 1932

Liebe Frau Dr. Wegman!

    Herr Dr. Diefenbach teilte mir den Inhalt seines Gespräches mit Ihnen von Dr. Knauer, Herrn Dr. Kaelin etc. am heutigen Morgen mit und bedaure ich ungemein, dass derartige Aeusserungen wie "dass wir Präparate nicht mehr nach Angabe von Dr. Steiner machen" und vor allem, was sich an Bemerkungen sonst noch daran anschloss, gemacht wurden. Insbesondere bedaure ich derartige Redereien, weil sie absolut grundlos sind und nur geeignet, das Vertrauen in unsere Arbeit zu untergraben. Sie selbst werden wohl am besten wissen, dass mir nichts ernster ist, als meine Arbeit nach den Angaben und im Sinne Dr. Steiners durchzuführen. Es befremdet mich daher umsomehr, dass in Ihrer Gegenwart solche leichtfertigen Bemerkungen gemacht werden konnten, ohne dass Sie dem entgegengetreten sind, oder zum mindesten mich haben zur Aufklärung holen lassen. Da ich diesen Vorwurf nicht auf der Weleda sitzen lassen will, bitte ich Sie eine Besprechung zwischen Ihnen, mir und den heute Morgen Anwesenden zu veranstalten. Sie werden sich bei dieser gewiss von der Grundlosigkeit derartiger Behauptungen überzeugen.

    Mit besten Grüssen bin ich

                                  Ihr Schmiedel

Nach der Liquidation des «Kommenden Tages» hatte Otto Palmer im August 1924 die Klinik in Stuttgart von der Uhlandshöhe A.G. gepachtet und unter dem bisherigen Namen «Klinisch-therapeutisches Institut» als Privatklinik sieben Jahre weitergeführt – Ludwig Noll war in seine Praxis nach Kassel zurückgegangen, Friedrich Husemann hatte seine psychiatrische Arbeit in Freiburg begonnen und Felix Peipers sich aus Gesundheitsgründen nach Teneriffa zurückgezogen. 1931 sah sich Palmer dann nicht mehr in der Lage, die Zinsen für die Hypothek weiter aufzubringen, und musste – inmitten der allgemeinen Wirtschaftskrise – endgültig schließen. Emil Leinhas verkaufte zwei Jahre später, zum Zeitpunkt der nationalsozialistischen Machtübernahme, das eindrucksvolle Gebäude für die bescheidene Summe vom 70000.– Mark an die katholische Schwesternschaft Veronica, die es als Altersheim weiterführte. So endete im Jahr 1933 der großangelegte Versuch einer anthroposophischen Klinik in Stuttgart.

In seinen Erinnerungen schrieb Oskar Schmiedel über das Scheitern und den letztendlichen Verkauf des Hauses: «Ich selbst sah erst später in die Zusammenhänge hinein und erkannte erst dann, welche Bedeutung und welche Wichtigkeit für die medizinische Bewegung in Deutschland und für die Weleda die Aufrechterhaltung einer Klinik gehabt hätte. Bei einiger Initiative und einigem guten Willen wäre die Erhaltung der Klinik gewiss möglich gewesen, zumindest hätte der Verkauf durch Vermieten oder auch durch die Übernahme durch die Weleda vermieden werden können. Wenn auch damals anscheinend keine Ärzte für die Weiterarbeit in der Klinik vorhanden waren, so hätten sich gewiss später solche gefunden. Wie notwendig eine Klinik für Deutschland war, darüber ist kaum ein Wort zu verlieren ...Dadurch verlor man für die Zukunft eine einzigartige Möglichkeit, die nicht so leicht wieder kommen konnte.»[165] Oskar Schmiedel vergaß nie, welches die besondere Aufgabe und Bedeutung der Stuttgarter Klinik gewesen war – als eine zentrale Stütze der anthroposophischen Medizin in der Öffentlichkeit, im akademischen wie kulturellen Leben. Die «neue medizinische Denkweise» offensiv zu vertreten, hatte Steiner von den Stuttgarter Ärzten erhofft, die Darstellung ihre Methodik im medizinischen Denken der Gegenwart und Zukunft. All dies war nun endgültig verloren – zugunsten eines katholischen Altenheimes.

ABB. 73: DIE EHEMALIGE STUTTGARTER KLINIK

Auf der Generalversammlung der Anthroposophischen Gesellschaft wurden Ita Wegman und Elisabeth Vreede am Palmsonntag des Jahres 1935 ihrer Ämter enthoben, in Vorstand und Sektionsleitung – und Tausende von Mitgliedern aus der Gesellschaft ausgeschlossen. Wenige Wochen zuvor, Ende März, als die Ausschlussanträge und ein Leitartikel von Marie Steiner in der Wochenschrift «Das Goetheanum» veröffentlicht worden waren, hatte auch eine «Denkschrift über Angelegenheiten der Anthroposophischen Gesellschaft in den Jahren 1925 bis 1935» das Licht der Welt erblickt, die über das Sekretariat am Goetheanum zu beziehen war. Die Vorwürfe gegen Ita Wegman, in Richtung einer versuchten Machtübernahme und Manipulation des Goetheanum und der Anthroposophischen Gesellschaft nach Rudolf Steiners Tod, wurden darin noch einmal maximal und bis zur Groteske gesteigert. Ein enger Mitarbeiter Oskar Schmiedels in der Weleda, der Chemiker Dr. Otto Eckstein, gehörte zu dem Kreis der 12 Herausgeber des Buches – und forderte Schmiedel ebenfalls dazu auf, ihm beizutreten: «Es war kurz vor der Herausgabe der Broschüre, die damals wohl schon ganz oder beinahe fertig gedruckt vorgelegen haben mag, als Dr. Eckstein zu mir gekommen war und mich gefragt hatte, ob ich nicht eine Denkschrift, die die Gesellschaftsangelegenheiten darstellen will, mitunterzeichnen möchte. Ich kannte natürlich damals den Inhalt nicht, auch sprach er selbst über diesen nichts zu mir, noch zeigte er mir das Manuskript. Auf meine Frage, ob diese Schrift gegen Frau Dr. Wegman gerichtet sei, bejahte er das. Ich erklärte darauf selbstverständlich, dass ich dann meinen Namen nicht hergeben könne.»[166] Schmiedel fragte Eckstein nach der Lektüre, wie die Herausgeber Vorgänge aus den Vorstandssitzungen zu beschreiben vermochten, deren Zeugen sie nicht gewesen waren. «Ja, diese Dinge sind uns von Frau Dr. Steiner geschildert worden, sie hat uns diese Darstellungen gegeben», antwortete Eckstein, so Schmiedel.[167]

Jahre später bezeichnete Oskar Schmiedel die «Denkschrift» als ein *Verbrechen* und zeigte in seinen autobiographischen Erinnerungen ihre Irrtümer und gezielten Falschdarstellungen als erster detailliert auf – «Ich kann nicht anders sagen, als dass mit dieser Denkschrift ein nicht wieder gut zu machendes Verbrechen geschehen ist und zwar vor allem in dreifacher Richtung. Ein Verbrechen gegen Rudolf Steiner, ein Verbrechen gegen Frau Dr. Wegman und schließlich ein solches gegen das Goetheanum und gegen die Anthroposophische Gesellschaft.»[168]

MANUSKRIPT

DENKSCHRIFT

über Angelegenheiten der Anthroposophischen Gesellschaft

in den Jahren 1925 bis 1935

als Manuskript gedruckt

nur für Mitglieder der Anthroposophischen Gesellschaft

und diesen vorgelegt von:

Dr. C. Bessenich	Ehrenfried Pfeiffer
Paul Bühler	Dr. Hermann Poppelbaum
Dr. E. O. Eckstein	Paul Eugen Schiller
C. Englert-Faye	Günther Schubert
Dr. Otto Fränkl	Dr. Richard Schubert
Dr. Emil Grosheintz	Jan Stuten

Dornach, Schweiz
Februar 1935.

Im November 1935 wurde die Anthroposophische Gesellschaft in Deutschland verboten. Die Arbeit der Weleda in Stuttgart und Schwäbisch Gmünd konnte fortgeführt werden, wenn auch unter weiter erschwerten Bedingungen. Oskar Schmiedel übernahm die bisherigen Aufgaben von Emil Leinhas in Deutschland, gemeinsam mit Fritz Götte und Arthur von Zabern, in schwierigen Gesprächen auf der Suche nach dem rechten Weg. Bereits im November 1935 wurde Fritz Götte einem ersten Verhör durch die Gestapo unterzogen.

Bald nach der Dornacher Generalversammlung, die die Gesellschaftsausschlüsse vollzogen hatte, war in London überraschend Daniel Nicol Dunlop gestorben, die führende Gestalt der Weleda in England und ein enger Weggefährte Rudolf Steiners. Ita Wegman korrespondierte häufig mit Eleanor Merry, Dunlops Mitarbeiterin und Vertrauten, und sorgte sich um die künftige Eigenständigkeit der englischen Weleda. Wegman und Merry wollten keine Übernahme und Bestimmung der Tochtergesellschaft durch die Arlesheimer Unternehmensführung, die die Aktienmehrheit besaß – Vorträge und eine mögliche Mitarbeit von Dr. Eckstein in London lehnte Eleanor Merry Schmiedel gegenüber ab: «I said that if he does that, and asks someone like Dr. E. who was one of those who signed the abominable and lying Denkschrift, that I might feel obliged to resign; and that I was sure he would be taking a great risk because many members of our Society would cease to patronize the Weleda. I told him that we could not set aside our opinion of the Denkschrift and all that it included. And I impressed upon him that I would not support anything that he did, if it did not have your approval.»[169] In den «Weleda-Nachrichten», die seit Mai 1932 auf Initiative Edgar Dürlers und Fritz Göttes veröffentlicht wurden, waren vor allem Artikel von Gegnern Ita Wegmans, ab 1935 auch von ihren Nachfolgern am Goetheanum erschienen. «Man spricht von der Weleda aus immer von Neutralität, aber das ist eine Neutralität, die sie auf ihre Art sich denken.» (Ita Wegman, 17.12.35[170])

Wegman unterstützte zur gleichen Zeit den Aufbau eines Hauschka-Labors in London. Sie hoffte weiterhin auf die Fabrikation seiner WA- und LA-Präparate durch die Weleda, sah aber auch andere Optionen: «Ich habe das Gefühl, dass man versuchen muss, jetzt eine Zusammenarbeit zu machen, so gut es geht, aber trotzdem in voller Freiheit etwas Neues zu machen, wenn nötig.»[171] Wiederholt hatte Wegman in den letzten Jahren zum Ausdruck gebracht, wie sehr sie ein Zusammengehen Hauschkas und der Weleda menschlich, wissenschaftlich und wirtschaftlich wünsche.[172]

Fabrikordnung
der
Firma WELEDA A.G., Arlesheim

I. Arbeitsordnung.

1. Die Dauer der täglichen Arbeitszeit beträgt von Montag bis Freitag
   vormittags von 7½—12 Uhr
   nachmittags von 2 — 6 Uhr.
   Am Samstag vormittags von 7½—12 Uhr.
   An Tagen vor Feiertagen ist Arbeitsschluß spätestens um 17 Uhr.

II. Fabrikpolizei.

2. Die Arbeit muß pünktlich begonnen werden und darf ohne Erlaubnis vor der festgesetzten Zeit nicht verlassen werden.
3. Wer von der Arbeit wegzubleiben wünscht, soll dem Vorgesetzten zum voraus davon Anzeige machen.

   Wer durch unvorhergesehene Ereignisse verhindert ist, bei der Arbeit zu erscheinen, hat sich nachher beim Vorgesetzten zu melden und den Grund der Verspätung oder des Ausbleibens anzugeben.

   Von eingetretener Erkrankung oder von Unfall ist sobald als möglich — jedoch spätestens am zweiten Tag — unter Angabe der Krankheit und voraussichtlichen Dauer der Abwesenheit Meldung zu machen. Der Wiederantritt des Dienstes ist der Direktion persönlich zu melden.
4. Jede Verletzung der Fabrikordnung zieht Verwarnung nach sich; dagegen wird auf Bußen verzichtet in der Erwartung, daß jeder Beschäftigte es als Ehrensache betrachtet, seine Pflicht ohne diese Maßregel zu erfüllen.
5. Schwere oder fortgesetzte Verletzungen der Fabrikordnung können im Sinne von Art. 356 O.R. als wichtige Gründe zur sofortigen Auflösung des Dienstverhältnisses geltend gemacht werden.

III. Lohnzahlung.

6. Die Auszahlung des Lohnes erfolgt jeden Freitag.
7. Als Kündigungstermin gilt der Samstag.

Arlesheim, den 18. Januar 1935.

WELEDA A.G.
Dr. Oskar Schmiedel.

Der Regierungsrat des Kantons Basellandschaft hat vorstehende Fabrikordnung in seiner heutigen Sitzung genehmigt, was bezeugt

Liestal, den 8. Februar 1935.

Der Landschreiber:
Haumüller.

Bereits in der zweiten Hälfte der 30er Jahre war Oskar Schmiedel häufig in Stuttgart und Gmünd, zu regelmäßig stattfindenden Pharmazeutenbesprechungen, aber auch in vielen Angelegenheiten, die die Geschäftsleitung und das politische Überleben betrafen; mitunter war er ganze Monate dort. 1940, im ersten Jahr des Zweiten Weltkrieges, verlegte er seine Arbeit ganz nach Deutschland, konnte jedoch alle drei Monate weiterhin nach Arlesheim kommen. Dann wurden auch ihm, dem Österreicher, diese Reisen untersagt – «wahrscheinlich wegen meiner Zugehörigkeit zur Anthroposophischen Gesellschaft».[173]

Nach dem Gestapo-Verhör Fritz Göttes im November 1935 war der Weleda in Deutschland wenig geschehen – sie hatte, dank Rudolf Steiner, den Status eines ausländischen Unternehmens mit Sitz in Arlesheim und wurde vorläufig in Ruhe gelassen, trotz ihrer offensichtlichen Zugehörigkeit zur anthroposophischen Bewegung. «Biologische Heilmittel» genossen in Hitlers Deutschland eine nicht unerhebliche Wertschätzung. Führende NSDAP-Größen ließen sich und ihre Kinder in Praxen anthroposophischer Ärzte auf wirksame Weise «natürlich» behandeln – unabhängig davon, dass die Anthroposophie der nationalsozialistischen Weltsicht diametral gegenüberstand, wie Adolf Hitler bereits im März 1921 im Parteiorgan des «Völkischen Beobachters» verkündet hatte. Bis auf eine Bibliotheks-Visitation mit Beschlagnahmung von vierzig Exemplaren des medizinischen Lehrbuches von Steiner/Wegman geschah der Weleda in Deutschland vorläufig nichts. Auf dem Weg der Diplomatenpost des Schweizer Konsulats konnten regelmäßig unzensierte Berichte ins Arlesheimer Stammhaus gesandt werden.

Oskar Schmiedel arbeitete und wohnte Anfang der 40er Jahre in Stuttgart, später im Gmünder Betrieb – seine Frau war in Arlesheim geblieben, die älteste Tochter besuchte die Waldorfschule in Stuttgart und lebte bei den Tanten Michels, die dem Lehrerkollegium angehörten. Die Weledaniederlassung in Stuttgart war der Uhlandshöhe benachbart – im ehemaligen Laboratoriumshaus des Stuttgarter Klinisch-therapeutischen Institutes, neben dem katholischen Altersheim, residierte mit Götte die Geschäftsleitung des deutschen Betriebes, die Verwaltung, aber auch die Abteilung für den täglichen Versand von Heilmitteln an Apotheken; darüber hinaus gab es ein Laboratorium für spezielle ärztliche Verordnungen. In Schwäbisch Gmünd fand die Fabrikation und der Großversand – auch von Kosmetika – statt. 140 Mitarbeiter waren mittlerweile an beiden Orten tätig.

ABB. 76: OSKAR SCHMIEDEL, 1939

Am 28. Juni 1941 – im neunten Jahr des nationalsozialistischen Regimes – traf schließlich der «Stilllegungsbescheid» bei der deutschen Weleda in Stuttgart ein. Ausgehend von der Berliner Reichsstelle Chemie wurde die sofortige, d.h. innerhalb weniger Tage durchzuführende Stilllegung des gesamten Betriebes angeordnet – im zeitlichen Kontext des Verbotes der Christengemeinschaft und der biologisch-dynamischen Landwirtschaft. Rudolf Hess, der Stellvertreter des «Führers», hatte sich nach England abgesetzt; nicht zuletzt seiner Protektion hatte sich das bisherige Überleben mancher anthroposophischen Arbeit verdankt. Die Weleda aber gab nicht auf – für die Leitung begann Fritz Götte mit hohem Geschick, Mut und Energie die Verhandlungen zu führen. Er hatte viele Verbindungen und pochte auf die Schweizer Eigentumsrechte, ebenso auf die unverzichtbare Bedeutung der Heilmittel für die Ärzteschaft. Auch der möglichen Eingliederung des Betriebes in die SS nach dem Willen Heinrich Himmlers verweigerte Götte sich mit den Freunden erfolgreich und kompromisslos. Schließlich wurde die vorläufige Aussetzung des Stilllegungsbescheides unter der Verpflichtung angeordnet, in einem definierten Zeitraum umfangreiche ärztliche Gutachten und klinische Materialien vorzulegen. Darauf war die Weleda vorbereitet – seit vielen Jahren und maßgeblich durch Götte geprägt hatte sie ein Netzwerk der Zusammenarbeit mit Ärzten und Patienten aufgebaut; allein die Weleda-Nachrichten erreichten mit jeder Ausgabe nahezu 100000 Leser. Am 27. Februar 1942, am letzten Tag der anberaumten Frist – dem Geburtstag Rudolf Steiners –, legte Götte dem zuständigen Ministerialrat zwei umfangreiche Bände vor, in denen 133 Ärzte und klinische Einrichtungen Stellung bezogen; bereits Anfang Juli des Jahres 1941, zehn Tage nach Eingang des Stilllegungsbescheides, hatte er ein erstes Gesuch von zahlreichen Ärzten eingereicht. Bald nach der Abgabe des zweibändigen Werkes und einer erneuten Intervention, die Göttes fast einjährige Verhandlungsarbeit besiegelte, traf die Aufhebung des Stilllegungsbescheides in Stuttgart ein.

Dennoch blieb die Lage und die Lieferung der Rohstoffe kritisch – die Weleda war kein «kriegswichtiger Betrieb» und hatte keinen «Produktionsauftrag». Die Mitarbeiter aber gaben nicht auf, als «verschworene Gemeinschaft» (Götte). Das weiter drohende Produktionsverbot war nicht nur politisch bedingt; wiederkehrend gab es Versuche der «Wirtschaftsgruppe Chemische Industrie», die Schließung endlich durchzusetzen. «Menschengemäße Heilmittel und ihre Feinde» – so überschrieb Fritz Götte seine späteren Erinnerungen an die Zeit des Nationalsozialismus.

ABB. 77: ÄRZTLICHES ZEUGNIS

Abschrift

Dr. med. Hackmack Eisenach, den 7. VII. 41
Kinderärztin Goethestrasse 7

Anhang zu beiliegendem Gesuch

Ich möchte noch betonen, daß ich nicht aus weltanschaulicher Bindung Weleda - Präparate verordne, sondern unabhängig davon, weil ich mich durch langjährige Anwendung einer ganzen Reihe dieser Mittel überzeugt habe, daß sie manche Krankheiten viel schneller zur Heilung und Besserung bringen als entsprechende Mittel anderer pharmazeutischer Fabriken. Speziell auf dem Gebiet des Keuchhustens beispielsweise wüsste ich nicht, was ich ohne die Weleda-Präparate machen sollte. Es kann kein Zufall sein, dass ich in 8 Jahren so gut wie keine Lungenentzündung bei Keuchhusten erlebt habe und niemals einen Todesfall - im Gegensatz zu früheren Jahren, in denen es mir so ging wie vielen meiner Kollegen noch heute, nämlich, dass ich im Jahr mehrere Kinder an Lungenentzündung bei Keuchhusten verlor. Dies ist nur ein Beispiel, dem ich noch mehrere anfügen könnte, wenn mir die Zeit dafür zur Verfügung stünde. - Eine Reihe von Kinderärzten und - ärztinnen in Thüringen haben auf meine Anregung hin die Weleda-Präparate verordnet und sind mir dankbar dafür. Das Fehlen dieser Mittel würde den Erfolg unserer Behandlung erheblich beeinträchtigen. Sie erscheinen mir geradezu unentbehrlich.

gez. Dr. Dora Hackmack

Auch Ita Wegman hatte Arlesheim 1940 verlassen, und war in die Casa Andrea Cristoforo in Ascona gegangen, entschlossen, ein therapeutisch Neues jenseits von Dornach zu beginnen. Wann Oskar Schmiedel sie das letzte Mal sah und sprach, ist nicht bekannt; dokumentiert ist lediglich sein Besuch bei ihr am 10. Februar 1939 mit Fritz Götte, als es einmal mehr um Rudolf Hauschka ging. – Ita Wegmans innere Haltung seit ihrem Ausschluss 1935 hatte Schmiedel tief beeindruckt. Sie, die Kämpferin, hatte alles ertragen und am Ende widerspruchslos auf sich genommen: «Trotz des fürchterlichen Geschehens in den Generalversammlungen, der ungeheuren Verächtlichmachung, trotz all der schweren Stunden und der Schmerzen, die ihr dadurch bereitet wurden, blieb sie aufrecht stehen, tat ihre Arbeit unermüdlich weiter, ließ ihre Patienten nichts davon merken und widmete sich ihnen und allen denen, die Rat und Hilfe suchten, mit gleicher Liebe und Hilfsbereitschaft. Unbeirrt führte sie das durch, was ihr als Aufgabe von Rudolf Steiner gestellt worden war, was ihr als heilige Pflicht galt. Kein böses oder herabsetzendes Wort hörte ich jemals von ihr über Frau Dr. Steiner oder sogar ihre sonstigen Gegner. Sie drückte nur wiederholt ihre unendliche Traurigkeit aus, dass Menschen sich so vergessen konnten. Vor dieser Seelengröße konnte man nur staunend und bewundernd stehen und man konnte empfinden, wie das Geschehen sie nicht klein und sie nicht innerlich zerbrochen hatte, sondern sie seelisch stark und reifer werden ließ. Besonders in den letzten Jahren empfand ich dies sehr, aber auch das starke Maß der von ihr ausgehenden Güte und Liebe.»[174] Innerhalb der Weleda war Oskar Schmiedel vor und nach 1935 hinter verschlossenen Türen oft für Ita Wegman eingetreten, obwohl er viele Freunde und Mitarbeiter im Lager ihrer Feinde hatte und einen schwierigen Weg gehen musste. Im Oktober 1935, ein halbes Jahres nach Wegmans Ausschluss, hatte er bei der Ärztezusammenkunft in Arlesheim teilgenommen, während Dr. Eckstein zum Ärztetreffen am Goetheanum gefahren war – anschließend hatten beide im Pharmazeutenkreis in Schwäbisch Gmünd berichtet. Am 27. März 1943, drei Wochen nach Ita Wegmans Tod, begann Oskar Schmiedel mit der Niederschrift seiner autobiographischen Aufzeichnungen, «aus dem Gefühl heraus, dass es meine Pflicht schon längst gewesen wäre, das niederzuschreiben, was ich über Frau Dr. Wegman und über die Dinge weiß, die den unseligen Vorgängen nach dem Tode Rudolf Steiners zugrunde liegen.»[175]

ABB. 78: ITA WEGMAN, † 4.3.1943

Vor der Übersiedlung der sechs Michels-Schwestern nach Söcking bei Starnberg hatte Clara Michels Physik und Mathematik studiert, unter anderem bei Max Planck – noch als Studentin war sie Rudolf Steiner und der Theosophie in Berlin begegnet. Ihre ein Jahr jüngere Schwester Gertrud studierte Gesang und lernte später Gartenbau und Bienenzucht in Berlin-Dahlem, wo sie mit Clara zusammenwohnte. Rudolf Steiner bat beide Jahre darauf – zusammen mit noch drei Schwestern, darunter Thekla – als Bäuerinnen in den mittelalterlichen Szenen des Mysteriendramas «Die Prüfung der Seele» mitzuwirken. 1922 und 1923 berief er Gertrud und Clara Michels dann als Lehrerinnen an die Waldorfschule Stuttgart, wo Gertrud Gartenbau unterrichtete, den Schulgarten betreute und ein Wohnhaus für sich und einige Kollegen am Rande des Schulgrundstückes errichten ließ. Clara Michels, die in einem Mädchengymnasium in Hameln Mathematik und Physik unterrichtet hatte und 1923 an die Waldorfschule nachgekommen war, wurde Klassen- und Religionslehrerin und wohnte mit ihrer Schwester zusammen.

Marie Steiner-von Sivers kannten beide bereits aus Berlin, später hatten sie zahlreiche Begegnungen mit ihr und Rudolf Steiner in Söcking und München, dann wiederum im Kollegiumszusammenhang der Waldorfschule, dem Marie Steiner als Eurythmieverantwortliche ebenfalls angehörte. Gertrud Michels zog 1936 nach Unterlengenhardt, wo sie erneut Landwirtschaft und Gärtnerei betrieb und ein Haus erbauen ließ; nach der Schließung der Waldorfschule kam auch Clara Michels dorthin – wiederum wohnten sie gemeinsam. Clara Michels war lange krank und Gertrud pflegte sie; dann starb überraschend die pflegende Gertrud am 27. November 1943, 62 Jahre alt. Ihre Schwester Clara folgte ihr nur drei Monate später nach, am 27. März 1944.

Rudolf Steiner-Halde
Dornach, den 2. Januar 1944

Liebe Frau Dr. Schmiedel,

    mit grosser Teilnahme habe ich von dem Ableben von Fräulein Gertrud Michels gehört, die bei der Pflege der andern Schwester selbst erkrankte und nun als erste aus dem Kreis der vier Schwestern geschieden ist. Schon seit längerer Zeit wollte ich Ihnen mein Beileid ausdrücken und wurde zu oft durch die schweren Geschehnisse abgehalten. Leider habe ich kein genaues Bild von den Wendungen, die das Leben seit dem Verbot der Waldorfschule Ihren Schwestern gebracht hat. Hübsch wäre es, einen zusammenhängenden Bericht des gemeinsamen Wirkens in Söcking bis zu den späteren Lebensdifferenzierungen einmal zu lesen.

    Wir treffen uns wohl alle auf der andern Seite des Lebens geläuterter und wieser wieder. Aus der gemeinsamen Vergangenheit vor dem Weltkrieg steigt noch immer ein schöner frischer Hauch herauf.

Herzlichst Ihre

M. Steiner

DIE BESCHLAGNAHMUNG

Spätestens 1944 war der völlige Zusammenbruch Deutschlands, seine Niederlage an allen Fronten, absehbar. Auch die deutschen Widerstandsgruppen scheiterten – im Januar wurde Helmuth James Graf von Moltke verhaftet und der «Kreisauer Kreis» zerschlagen, im Februar Admiral Canaris als Chef der Abwehr im Oberkommando der Wehrmacht entlassen, im Juli misslang das Bombenattentat der Widerstandsgruppe um Claus Schenk Graf von Stauffenberg. Am 10. August verbot Joseph Goebbels alle öffentlichen Veranstaltungen «nicht kriegsgemäßen Charakters», sechs Wochen später ordnete Adolf Hitler die Erfassung aller wehrfähigen Männer im Alter von 16 bis 60 Jahren zum «Volkssturm» an. Die Angriffe und Bombardierungen der Alliierten nahmen an Intensität und Zerstörung zu – Anfang Juni war die Invasion in der Normandie erfolgt, mit 6000 Schiffen und 150000 gelandeten Soldaten.

Als Standort wichtigster Industriewerke war Stuttgart eines der Hauptziele der alliierten Luftangriffe; nach einem ersten Großangriff im November 1942 folgten 1943 und 1944 weitere schwere Detonationen. Das Hauptgebäude der Waldorfschule, die nach der erzwungenen Schließung im August 1938 zwangsverkauft worden war und die «Heeresfachschule V Stuttgart» beherbergte, wurde bereits in der Nacht vom 12. auf den 13. März 1943 ausgebombt, eine Woche nach dem Tod Ita Wegmans, der die Schule ein Herzensanliegen gewesen war. Auch das Forschungsinstitut von Lilly und Eugen Kolisko, das Lehrerwohnhaus und das Eurythmeum wurden zu diesem Zeitpunkt zerstört. 1944 steigerte sich die Bombardierung weiter; bei Großangriffen im Juli erfolgte die Vernichtung fast der ganzen Innenstadt; erneut fielen viele Bomben auf das Gelände der Waldorfschule und zerstörten auch das Haus der Schwestern Michels. Nach Bomberluftangriffen und Detonationen im September und Oktober wurde die Weleda aufgefordert, ihr Gebäude zu räumen und für Dienststellen des Landeswirtschaftsamtes und der Gauwirtschaftskammer zur Verfügung zu stellen. Am Morgen des 21. Oktober 1944 wurde das Gebäude auf dem Gelände des ehemaligen Klinisch-therapeutischen Instituts beschlagnahmt – kurz darauf fand die Räumung und Übersiedlung nach Schwäbisch Gmünd statt, das von Luftangriffen nahezu verschont war.

DAS BRENNENDE SCHULHAUS

ABB. 80: BRIEF DES WEHRKREISBEAUFTRAGTEN, 23.10.1944

Abschrift

23.10.44

------ Adelheidweg 7

ch/Bs.

An den Leiter
des Bezirksausschusses
Herrn Dr. Ernst
Gauwirtschaftskammer
Schwäb.Gmünd.

Betreff: Firma Weleda AG Stuttgart.

Die letzten Luftangriffe auf Stuttgart haben auch die Dienststellen der Mitglieder der Rüstungskommission getroffen. Ausweichmöglichkeiten für diejenigen Dienststellen, die unbedingt in Stuttgart verbleiben müssen, sind hier so gut wie keine mehr vorhanden. Es wurde daher erforderlich, auf noch bestehende gewerbliche Betriebe zurückzugreifen. Der Zweigbetrieb Stuttgart der Weleda AG Schwäb.Gmünd muss aus diesem Grunde hier räumen, um die Dienststellen des Landeswirtschaftsamtes und der Gauwirtschaftskammer unterbringen zu können. Mit der Weleda AG ist abgesprochen, dass sie den in Stuttgart sich befindenden Zweigbetrieb sofort nach Schwäb.Gmünd verlagert. Dafür ist notwendig, dass in Gmünd entsprechende Räume freigemacht werden.

Ich bitte Sie, die Firma Weleda AG in der Umsiedlung mit allen Mitteln zu unterstützen und vor allem dafür besorgt zu sein, dass sofort der erforderliche Raum zur Verfügung gestellt wird. Ich bitte Sie weiterhin, denjenigen Gefolgschaftsmitgliedern, welche nach Gmünd übersiedeln müssen, im Benehmen mit dem Herrn Landrat bzw. Bürgermeister bei der Unterbringung behilflich zu sein.

Der Transport der hier lagernden Rohstoffe und Medikamente sowie der Einrichtungsgegenstände nach Gmünd wird von hier aus geregelt.

Heil Hitler!

(Ortmann)

Wehrkreisbeauftragter VA

Stempel:
Der Wehrkreisbeauftragter V des Reichsministers für Rüstung und Kriegsproduktion Stuttgart.

D: Krsltg.Gmünd
    Landrat   "
    Bürgermeisteramt Gmünd

Den Aufzeichnungen Fritz Göttes zufolge wurden er, Oskar Schmiedel und Wilhelm Pelikan im Frühjahr 1945 angesichts der nahenden Front zum NSDAP-Kreisleiter von Schwäbisch Gmünd gerufen. Dort wurde ihnen ein Führerbefehl mit strengster Geheimhaltungspflicht vorgelesen, dem zufolge der Betrieb zur Zerstörung fertig zu machen sei. «Wenn dann das Stichwort ‹Nero› folge, wäre die Zerstörung durchzuführen.» (Götte[176]) Schmiedel, Pelikan und Götte kamen dieser Anordnung in der Folge nicht nach – sie hielten vielmehr Nachtwachen auf dem Gelände. Götte bereitete ein Schild vor, das bei dem zu erwartenden Einmarsch der US-Truppen im Garten neben dem Eingangstor aufgehängt werden sollte: «*Swiss property. Unter the protection oft the Swiss Consulate in Stuttgart*».[177] Am 20. April 1945 besetzten die amerikanischen Streitkräfte die Stadt – und das Schild kam zum Einsatz.[178] Wenige Tage später erhielt die Weleda als eine der ersten Firmen die Erlaubnis zur Wiederaufnahme der Arbeit.

Anfang 1946 konnte Oskar Schmiedel nach Arlesheim und Dornach reisen. Er besuchte seine Frau und Freunde, die Mitarbeiter des Haupthauses und die Ärzte der Klinik. Auch zu Marie Steiner ging Schmiedel, die ihn liebenswürdig empfing. «Es war das letztemal, dass ich sie gesehen habe. Es berührte mich doch etwas eigentümlich, als sie, wenn auch mit wenigen Worten nur, Frau Dr. Wegman erwähnte. Sie sagte: ‹*Sie waren doch recht sehr mit Frau Dr. Wegman verbunden.*›»[179] Damit hatte Marie Steiner recht – aber Schmiedel blickte auch mit tiefer Bewunderung auf das Lebenswerk der Ehefrau Rudolf Steiners, der die Entwicklung der Anthroposophie sowie der Anthroposophischen Gesellschaft und Kunst Außerordentliches verdankte. Die eigenen – wenigen – Stellungnahmen in den Gesellschaftskonflikten waren Schmiedel angesichts dieser Tatsache mehr als schwer gefallen; zugleich war ihm Marie Steiners Verhalten gegen Ita Wegman nach dem 30. März 1925 nach wie vor vollkommen unverständlich, obwohl er ihre schwierige psychologische Situation 1924/25 feinfühlig nachvollziehen konnte.[180] Auch die aktuellen Dornacher Auseinandersetzungen zwischen Albert Steffen und Marie Steiner schmerzten ihn sehr, angesichts dessen, was so viele Menschen nach dem Ende des 2. Weltkrieges vom Goetheanum erhofften.[181] Die anthroposophische Gemeinschaft hatte andere Aufgaben als Streit – und brauchte dafür alle Kräfte, in Gemeinsamkeit. «*Sie sollen, was sie sich errungen haben / Ein jeder für den andern fruchtbar machen*», hieß es in Rudolf Steiners drittem Mysteriendrama aus dem Jahre 1912.[182]

ABB. 81: WELEDA SCHWÄBISCH GMÜND, 1944

Zusammen mit Wilhelm Pelikan kümmerte sich Oskar Schmiedel in Schwäbisch Gmünd nach dem Krieg nicht nur um die pharmazeutische Entwicklung und die Zusammenarbeit mit den Ärzten, sondern auch um die innere Sozialgestalt des Betriebes. Zu ihr gehörte die Inszenierung der Oberuferer Weihnachtsspiele, die Pelikan bald nach der Übernahme seiner Leitungsaufgabe im Oktober 1924 auch in Gmünd eingeführt hatte. Bis auf eine Unterbrechung in der allerletzten Kriegszeit waren sie seither immer in den heiligen Nächten gespielt worden – zur Festigung der inneren Gemeinschaft. Auch Oskar Schmiedel spielte nach Ende des Krieges wiederholt mit und wählte junge Spieler in der Mitarbeiterschaft und unter den Praktikanten aus – so auch den zwanzigjährigen, aus dem tschechischen Teplitz stammenden Erhard Fucke, der 1947 als Praktikant (Hilfsgärtner) bei der Weleda arbeitete, wohin er sich auf abenteuerlichen Wegen, nach seiner Flucht von der Ostfront mit gefälschten Papieren, durchgeschlagen hatte. «Eines Tages, ich arbeitete im Garten, kam ein älterer freundlicher Mann auf mich zu, Oskar Schmiedel. Dass er derjenige war, mit dem die Arbeit der Weleda begonnen hatte, wusste ich nicht, ich nahm nur wahr, dass ihm alle Menschen mit Respekt begegneten. ‹Herr Fucke, wollen Sie nicht bei den Weihnachtsspielen mitmachen?› Ich hatte keine Ahnung, welche Bewandtnis es mit diesen Spielen hatte, aber da ich in meiner Jugend viel Theater gespielt hatte, war ich nicht abgeneigt...»[183] Als innere, moralische Voraussetzung für den Eintritt in die Kumpanei machte Wilhelm Pelikan jedoch die Legalisierung von Fuckes Papieren geltend, obwohl diesem eine dreimonatige Haft drohte. «Wilhelm Pelikan entschloss sich, mich bei meinem Behördenbesuch zu begleiten, und er entschied auch, dass wir bei der Entnazifizierungsbehörde beginnen sollten ... Er war eine stadtbekannte Persönlichkeit, jeder wusste, dass die Weleda in der Nazizeit schwere Zeiten durchlebt hatte, so war der Empfang auf der Behörde herzlich und respektvoll.»[184] Nach der Prüfung der Dokumente setzte sich der Behördenleiter für Fucke ein, der mit neuen Papieren bald das Waldorflehrerseminar in Stuttgart besuchen konnte, in Erfüllung seines Herzenswunsches. Dorthin kam er durch das moralische Nadelöhr der Spiele in Gmünd. «Oskar Schmiedel hatte seine Freude an der Aufführung. Er kam strahlend auf mich zu und bemerkte: ‹*Sehen Sie, was die Weihnachtsspiele alles ausrichten können!*›»[185]

ABB. 82: WIRTE – SCHMIEDEL UND SPIESS

Oskar Schmiedels Interesse an Grundlagenforschungen im Bereich der goetheanistischen Naturwissenschaft und anthroposophischen Medizin, der Substanzkenntnis und Wissenschaft des Lebendigen, war und blieb zeitlebens hoch. Seit seinem Eintritt in die anthroposophische Bewegung hatte er alles Diesbezügliche verfolgt, darunter Rudolf Steiners Zusammenarbeit mit Lilly Kolisko und seine Anregungen für Ehrenfried Pfeiffer und Guenther Wachsmuth am Goetheanum. Schmiedel blieb diesen verschiedenen Studien treu, obwohl sich deren Protagonisten bald nach 1925 in den verschiedenen Gesellschaftslagern wiederfanden. In den Weleda-Nachrichten veröffentlichten Menschen wie Ehrenfried Pfeiffer und Otto Eckstein, die beide die «Denkschrift» mitherausgaben, ihre fachlichen Arbeiten – Oskar Schmiedel selbst aber schrieb 1936 im selben Journal und mit hoher Anerkennung über die Tätigkeit Lilly Koliskos, die mit ihrem Mann zu den Ausgeschlossenen des Jahres 1935 gehörte und nach England emigrieren musste. Für Schmiedel zählte selbst in den kritischsten Jahren der Anthroposophischen Gesellschaft die sachliche Arbeit und er hatte, so Wilhelm Pelikan, die Fähigkeit, «die verschiedenst gearteten Persönlichkeiten zu gemeinsamen Aufgaben zusammenzufassen, ohne ihre Freiheit zu beeinträchtigen.»[186] Schmiedel wusste, wie sehr Rudolf Steiner von Lilly Koliskos Forschungshaltung und -methodik, aber auch von ihren Ergebnissen beeindruckt war. Als Koliskos Grundlagenstudien zu landwirtschaftlichen Präparaten und Fragen 1945 in England unter dem Titel «Agriculture of Tomorrow» erschienen, veröffentlichte Oskar Schmiedel in den Weleda-Nachrichten erneut eine ausgezeichnete, siebenseitige Buchbesprechung: «Wenn es vielleicht auch vermessen erscheinen mag, die große Anzahl dieser bedeutsamen Forschungsergebnisse in einem kurzen Aufsatz besprechen zu wollen, so kann doch vielleicht gehofft werden, dass dadurch eine Anzahl von Menschen zum Studium der Schriften L. Koliskos angeregt werden.»[187]

Vor Ort, in Schwäbisch Gmünd setzte sich Schmiedel u.a. für die Arbeiten Theodor Schwenks ein. Schwenk, ein ausgebildeter Maschineningenieur, war 1946 als Hilfsarbeiter in die Weleda eingetreten, hatte aber bereits nach wenigen Monaten auf dem Dachboden eines Lagerschuppens mit wissenschaftlichen Untersuchungen begonnen, die die Ergebnisse der Steigbildarbeiten Lilly Koliskos bestätigten. Später führte er bahnbrechende Untersuchungen u.a. zur Potenzierung und Strömungsforschung durch.

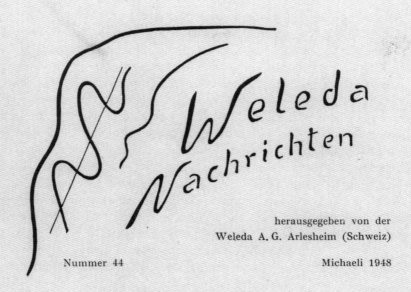

herausgegeben von der
Weleda A. G. Arlesheim (Schweiz)

Nummer 44   Michaeli 1948

E. u. L. Kolisko

Agriculture of Tomorrow

(Landwirtschaft der Zukunft)

Dr. Oskar Schmiedel

    Dieses vor einiger Zeit in englischer Sprache erschienene Werk*) bringt eine umfassende Darstellung der Ergebnisse der durch Jahrzehnte in unermüdlicher Arbeit durchgeführten Forschungen der Verfasserin L. Kolisko, soweit sie Bezug haben und Verwendung finden können auf die Gestaltung einer neuen Landwirtschaft. Es werden jedoch nicht nur die Forschungsergebnisse, die von L. Kolisko bereits in zahlreichen Schriften veröffentlicht wurden, gebracht, sondern auch eine große Reihe noch nicht im Druck erschienener Arbeiten. Dieses Buch ist durch die Fülle der neuartigen Gedanken berufen, nicht nur in landwirtschaftlichen, sondern überhaupt in weitesten Kreisen Aufsehen zu erregen. Es ist nur zu hoffen, daß es bald in Uebersetzungen erscheinen wird, damit es auch von nicht englisch sprechenden Interessenten studiert werden kann.

    L. Kolisko, eine österreichische Wissenschaftlerin, kam 1920 nach Stuttgart, als ihr Gatte, Dr. Eugen Kolisko, von Dr. Rudolf Steiner an die dortige eben begründete Freie Waldorfschule als Lehrer und Arzt berufen wurde. Dort erkannte sie bald ihre Lebensaufgabe: die experimen-

---

*) Erschienen: Kolisko Archive. Rudge Cottage, Edge, Stroud, Glos., England.

Die bezahlten Werkstunden, die Wilhelm Pelikan im Sommer 1927 in Schwäbisch Gmünd eingeführt hatte, fanden in einem Saal der «Alten Mühle» statt. Erhard Fucke, der 1947 als Praktikant an ihnen teilnahm, schrieb: «Wie verschieden sprachen die Menschen, die sich alle um eine Verlebendigung der Naturwissenschaft bemühten! Wilhelm Pelikans Vorträge hatten etwas Tänzerisches, das weite Perspektiven beleuchtete, sie aber auch schnell wieder verließ. Sie kamen leichtfüßig daher, begeisterten, aber blieben auch Fragment. Wie anders waren die Stunden, die Theodor Schwenk hielt, sehr behutsam, ins Detail gehend, dieses von vielen Seiten beleuchtend. Sein revolutionäres Werk *Das sensible Chaos* war damals noch nicht geschrieben, aber die hingebungsvolle Liebe zum Phänomen war, gepaart mit äußerster Bescheidenheit, schon vorgebildet.»[188] Auch öffentliche Vorträge veranstaltete die Weleda in regelmäßigen Abständen. Sie waren ebenfalls von Pelikan bereits in den 20er Jahren (innerhalb des «Volksbildungsverein») begonnen worden und hatten viele Mitarbeiter aus dem Ort gewonnen.

Oskar Schmiedel ergriff bei solchen Veranstaltungen nur selten das Wort – er war kein eleganter Rhetor und blieb im Hintergrund. Schmiedel freute sich, wenn andere kamen und Gutes zur Darstellung brachten, darunter Karl Schubert aus Stuttgart, der Lehrer der «Hilfsklasse» und Schutzpatron der Oberuferer Spiele. Schmiedel hatte Schubert bereits früh in Dornach kennengelernt und Wesentliches verband beide, darunter die Liebe zu Rudolf Steiner, dem geistigen Österreich und den Oberuferer Spielen. In Schwäbisch Gmünd wurde Schubert gebeten, von Rudolf Steiner zu erzählen. Das Bild Dr. Steiners sollte in den Mitarbeiten des Werkes lebendig sein, ein Wissen um seine Persönlichkeit und Werk; auch für das öffentliche Leben sollte durch Schuberts Darstellung deutlich werden, in wessen Namen und Geist die Firma begründet wurde und arbeitete. «Mein Eindruck war: Da ist jede Silbe durch das Feuer des Herzens gegangen und sucht nach dem Bild. Er [Schubert] erzählte von seiner Begegnung mit Rudolf Steiner. Dieser hatte Schuberts Arbeit als Pädagoge mehrfach hervorgehoben. Aber kein Hauch von Eitelkeit war zu spüren. Im Gegenteil: Die Erinnerung war beherrscht von Staunen und tiefer Dankbarkeit, dass er diesem Menschen begegnen durfte. Eigentlich konnte er es immer noch nicht fassen – den Vortrag hielt er knapp drei Jahre vor seinem Tod –, was ihm da widerfahren war, was diese Begegnung aus ihm gemacht hatte.» (Erhard Fucke[189])

ABB. 84: DER SAAL IN DER ALTEN MÜHLE

1948, nach der durchgeführten Währungsreform und der ersten ökonomischen Stabilisierung Deutschlands, gab die Weleda nicht nur ihre «Nachrichten» wieder heraus, sondern begann mit der Veröffentlichung von «Korrespondenzblättern für Ärzte». Diese Mitteilungen waren nicht in erster Linie – oder gar ausschließlich – für die anthroposophischen Ärzte gedacht, sondern wandten sich an alle interessierten, aufgeschlossenen Mediziner. Insbesondere Fritz Götte, der publizistisch hoch begabt war, arbeitete unermüdlich an seinem Ziel einer Volksbewegung für anthroposophische Heilmittel.

Bereits in den ersten Nachkriegsjahren hatte die Weleda Einführungskurse für Medizinstudenten und Ärzte in die anthroposophische Medizin angeboten. Diese Kurse und praktischen Übungen hatten eine lange Tradition innerhalb des Hauses – schon 1924 waren erste Medizinstudenten, die Rudolf Steiners Kurse in Dornach im Januar und April 1924 gehört hatten, als Hospitanten in die Laboratorien gekommen. Ab 1935 waren dann mehrwöchige Ferienkurse für Medizinstudenten mit praktisch-pharmazeutischer Arbeit eingerichtet worden, die neben Tätigkeiten im Heilpflanzengarten botanische Seminare mit Wilhelm Pelikan unter Mitarbeit von Ärzten beinhaltet hatten. An diese Aus- und Fortbildungsinitiativen der 30er Jahre, die durch den Wegfall der Medizinischen Sektion nach dem Ausschluss Ita Wegmans und dem Verbot der Anthroposophischen Gesellschaft in Deutschland eine hohe Bedeutung gewonnen hatten, schloss die Weleda nach Kriegsende unmittelbar an. Sie verstand die enge Zusammenarbeit mit Ärzten als Teil ihrer inneren Identität – aus dem Zusammenwirken mit dem Arlesheimer und Stuttgarter Ärztekreis war das Unternehmen ab 1921 entstanden.

Der Wiederbeginn der entsprechenden Weleda-Aktivitäten nach dem Ende des Zweiten Weltkriegs wurde von der interessierten Bevölkerung positiv aufgenommen, nicht jedoch von allen anthroposophischen Ärzten. Die anthroposophische Ärzteschaft in Deutschland vollzog nach 1945 ihre innere Organisation, veranstaltete selbst Treffen und Tagungen und publizierte – nach einem vorausgehenden Ärzte-Rundbrief (1946 – 1949) – ab Januar 1950 ein eigenständiges Journal: «Beiträge zu einer Erweiterung der Heilkunst nach geisteswissenschaftlichen Erkenntnissen». Ihre führenden Vertreter votierten gegen das Projekt der «Korrespondenzblätter» und forderten die Weleda auf, sich auf ihre Unternehmensaufgabe zu beschränken, was jedoch nicht dem Selbstverständnis Oskar Schmiedels und seiner Kollegen entsprach.

ABB. 85: BRIEF O. SCHMIEDELS, 30.9.1948

1491 Stück an Ärzte der List.II, III
cand.med., Zahnärzte ø.

Weleda a.g.

Arlesheim (Schweiz)
fabrikation pharmazeutischer Präparate
Deutsche Zweigniederlassung in
Schwäbisch Gmünd

30.Sept.1948

An die verehrten Ärzte!

Es traten im Laufe der Zeit immer mehr Ärzte an uns heran, die sich über unsere Heilmittel und auch über unsere gesamte Arbeit orientieren wollten. Durch die Zeitverhältnisse beding konnten wir im Wesentlichen nur unsere Ihnen vorliegende Heil mittelliste und einige Sammlungen von Krankengeschichten zur Verfügung stellen. Um nun den vorhandenen Bedürfnissen nach Information besser als bisher entsprechen zu können, haben wi uns entschlossen, in zwangloser Form "Korrespondenzblätter" herauszugeben. Wir gestatten uns, Ihnen in der Beilage das erste Heft zu übersenden. Wir wollen in ihnen Informationen über unsere Präparate, kurze Aufsätze über deren Herstellungs prinzipien, Antworten auf gestellte, allgemein interessierend Fragen usw. bringen. Wir verweisen in diesem Zusammenhang auf die einleitenden Ausführungen in denselben. Wir würden es begrüssen, wenn die verehrten Ärzte, die sich für das eine oder andere Präparat besonders interessieren und darüber nähere Information wünschen, uns dies mitteilen würden. Wir werden dan gerne nach Möglichkeit in den "Korrespondenzblättern" auf die Fragen eingehen.

Indem wir hoffen, dass die "Korrespondenzblätter" dazu beitra gen werden, eine engere Verbindung zwischen Ihrem und unserem Arbeitsgebiet herzustellen, begrüssen wir Sie

hochachtungsvoll
W e l e d a A.G.

gez.Dr.Schmiedel gez.i.V.Pero

Einlage

Fernruf Schwäb. Gmünd 3958, Telegr.-Adr.: Weleda Schwäb. Gmünd, Postscheck Stuttgart 9762, Württembergische Bank, Stuttgart Konto 901, Südwestbank Filiale Schwäb. Gmünd
Schwestergesellschaften in New York/U.S.A. — Fladbury/England — St. Louis/Frankreich —
'S-Gravenhage/Holland — Prag/Tschechoslowakei — Generalvertretung in Wien/Österreich

Nicht nur äußere, sondern auch innere Konflikte begleiteten weiter den Weg der Weleda. Insbesondere die Beziehungen zwischen Fritz Götte und Oskar Schmiedel waren seit längerem außerordentlich gespannt. Im Herbst 1949, nach zehnjähriger Mitarbeit vor Ort und in seinem 63. Lebensjahr stehend, verließ Schmiedel schließlich Gmünd und ging für über eineinhalb Jahren nach Wien, um der dortigen – vergleichsweise kleinen – Filiale in ihrer Aufbauarbeit beizustehen. Diesen Schritt vollzog Schmiedel resignativ – Götte hatte zu diesem Zeitpunkt die stärkere Position im Unternehmen und verfügte in vielen Bereichen über Qualitäten, die für die Gegenwart und Zukunft unverzichtbar schienen. Er wurde nun alleiniger Direktor, während Schmiedel in sein altes Österreich zurückkehrte, ganz für sich – seine Frau Thekla lebte nach wie vor im Arlesheimer Haus der Familie, die beiden Töchter hatten ihre Medizinstudien abgeschlossen und anthroposophische Ärzte geheiratet (Heinz Zucker und Walter Bühler).

Ende November 1949 besuchte Wilhelm Spiess Oskar Schmiedel in Söcking, wo Schmiedel sich vor seiner Weiterreise nach Österreich aufhielt. Spiess war gebeten worden, einen Aufsatz zur Geschichte der Weleda auszuarbeiten und bat Schmiedel um seine Unterstützung. Es wurde ein langes Gespräch – schließlich übersandte Oskar Schmiedel seinem pharmazeutischen Kollegen noch einen Brief mit vier doppelseitig beschriebenen Blättern, in denen er wichtige Entwicklungsereignisse aus den ersten Jahren notierte. Diese Ereignisse hatten ihre Relevanz für die Gegenwart noch immer nicht verloren, wie die jüngsten Auseinandersetzungen mit Eberhard Schickler und Gisbert Husemann zeigten: «*Einige Gesichtspunkte über die Zusammenarbeit der Ärzte mit der Heilmittelherstellung.*»

Einige Gesichtspunkte über die Zusammenarbeit
der Ärzte mit der Heilmittelherstellung.

———

Von Beginn seiner geisteswissenschaftlichen
Tätigkeit hat R. St. in vielen Vorträgen hinweise
über auf medizinische u. therapeutische Probleme.
Besonders wichtig ist in dieser Beziehung der Cyklus
über "Okkulte Physiologie". In diesem wird u. a.
das erste Mal über die besondere Metallbearbeitung
(Destillation) gesprochen.

Sehr früh wandten sich Ärzte, die Mitglieder waren,
an R. St. u. baten ihn um Ratschläge für Behandlungen
von Kranken. Vor allem ist dabei zu erwähnen D. Noll,
D. Peipers, D. Hans Rescher, aber auch die Arbeit von
Frl. Ritter darf nicht vergessen werden. Wenn auch R. St.
für eine Verallgemeinerung dieser Methode nicht war, so
gab er Frl. Ritter wiederholt Ratschläge (z.B. Viscum betreffend).
Von Anfang an war für die Ärzte die Frage, wer die
von R. St. empfohlenen Heilmittel herstellen solle. Z.T. wandten
sich an Apotheken, z.T. machten sie sie selber. Auch gab

Die eineinhalb Jahre, die Oskar Schmiedel in Österreich verbrachte, waren neben seiner Weleda-Arbeit eine Zeit der erneuten Hinwendung zur Herkunft Rudolf Steiners, zu dem «Lande, in dem Rudolf Steiner seine Kindheit und Jugend verbrachte». Oskar Schmiedel war ein Kenner des gesamten Vortrags- und Schriftwerkes Rudolf Steiners, das er in den vergangenen Jahrzehnten systematisch durchgearbeitet hatte; er bewahrte nicht nur all seine Mitschriften von pharmazeutischen Gesprächen mit dem Lehrer, sondern hatte im Lauf der Zeit auch eine umfangreiche antiquarische Bibliothek angelegt, in der er alle Bücher versammelte, die Rudolf Steiner in seinen Vorträgen und Schriften erwähnt hatte. Nun setzte sich Schmiedel mit großer Intensität mit Steiners frühem Lebensgang auseinander, seiner Kindheit und Jugend im Wiener Becken, in Mödling, Pottschach und Neudörfl, seiner Adoleszenz und Studienzeit in Wiener Neustadt und Wien. Oskar Schmiedel war häufig mit seinem Photoapparat unterwegs; er besuchte die alten, noch weitgehend bewahrten Dörfer, aber auch ihre umgebende Landschaft – die von Rudolf Steiner einst durchwanderten Ebenen, Berghänge, Täler und Wälder. Es war kein nostalgisches Bemühen – Schmiedel wusste vielmehr um den besonderen Charakter dieser Landschaft und die Bedeutung jenes Lebensganges, der in ihr begonnen hatte. Über manches hatte Rudolf Steiner, wenn auch in kurzen Sätzen, zu ihm bereits in München gesprochen, so über die mittelalterliche Burg im zweiten Mysteriendrama «Die Prüfung der Seele», die möglichst treu an eine vorhandene Templerburg angelehnt werden sollte. Schmiedel besuchte das Burgenland südlich des Wiener Beckens, den Templersaal in Burg Lockenstein, aber auch Burg Bernstein am Kimmberg – vor dem Hintergrund von Steiners Gilgamesch-Ausführungen. Immer wieder kehrte er an die verschiedenen Orte zurück, und noch Jahre später führte er manchen interessierten Anthroposophen dorthin: «Man spürte: hier war er ganz zuhause. Er kannte jeden Berg, jeden Fluss, jedes wichtige Haus. Er war der geistige Schutzherr jener Gegend geworden. Zuletzt führte er uns zu der Quelle, die das Märchen vom Quellenwunder in der Seele Rudolf Steiners hatte erstehen lassen. Und hier spürte man am stärksten: Oskar Schmiedel blieb nicht bei der Betrachtung der physischen Dinge stehen, er drang in die Sphäre der Bildekräfte vor, und sein ganzen Wesen, bis in seinen physischen Leib hinein, verjüngte sich dabei.» (R. Treichler[190])

ABB. 87: BAHNGLEISE IN POTTSCHACH

Im Sommer 1951 kehrte Oskar Schmiedel nach Schwäbisch Gmünd zurück, wo er nun bis zu seinem Lebensende weiterarbeitete. Fritz Götte war plötzlich schwer erkrankt und musste seine Mitarbeit schließlich beenden, wenn auch unfreiwillig. Die Weleda entwickelte sich gut – Erweiterungsbauten wurden notwendig, ein Forschungslabor für Theodor Schwenk und eine Kristallisationsabteilung kamen hinzu, und manches mehr. Auch war in einem neuen Gebäude ein großer Saal geplant, in dem künftig die Veranstaltungen stattfinden sollten.

Unmittelbar nach seiner Rückkehr aus Österreich war Oskar Schmiedel auch in Arlesheim, bei Thekla und in der Klinik. Die Arlesheimer Ärzte hatten ihn gebeten, einen Beitrag zum 30jährigen Bestehen des Klinisch-therapeutischen Institutes zu schreiben – in einem Heft des «Ita Wegman-Fonds für soziale und therapeutische Hilfstätigkeiten». Oskar Schmiedels Gedenkartikel «Zusammenarbeit mit Dr. Ita Wegman in der Heilmittelherstellung» stand schließlich an zweiter Stelle des Michaeli-Heftes, nach einer Darstellung Madeleine van Deventers, der geistigen Stellvertreterin Ita Wegmans vor Ort: «Aus der Geschichte des Klinisch-therapeutischen Instituts in Arlesheim». Obwohl nur wenig Konkretes über Schmiedels Beziehungen zur Klinik in den 30er Jahren bekannt ist, so hätte man ihn 1951 nicht gebeten, den prominenten Beitrag zu verfassen, wenn die inneren Voraussetzungen nicht vorhanden gewesen wären. Mit vielen der Arlesheimer Ärzte stand Oskar Schmiedel nach wie vor in engem Kontakt und Austausch – und die geistige Beziehung zu Ita Wegman war ihm wesentlich, was er auch in seinem Beitrag formulierte: «Wenn ich zurückblicke auf die 25 Jahre, die es mir vergönnt war, mit Frau Dr. Wegman zusammenzuarbeiten, so drängt es mich auszusprechen, dass in meinem Leben neben der Begegnung mit Rudolf Steiner die Begegnung mit ihr die wichtigste war. Vor meiner Seele steht ihr Bild als das einer großen Persönlichkeit, die einem stets mit großer Liebe und Güte, mit steter Hilfsbereitschaft und mit tatkräftigem initiativem Wollen entgegengetreten ist.»[191] Ebenfalls in Arlesheim, am Jahresende 1951, schrieb Oskar Schmiedel das Vorwort zu seinem kleinen Buch über die Kindheits- und Jugendstätten Rudolf Steiners. Er wollte noch einen zweiten Band über das Burgenland, die Templer und Gilgamesch verfassen, was ihm jedoch nicht mehr gelang.

ABB. 88: WELEDA SCHWÄBISCH GMÜND, 1953

Die Medizinische Sektion am Goetheanum spielte nach dem Ausschluss von Ita Wegman nur noch eine marginale Rolle – einzelne Ärztetreffen fanden statt, die jedoch wenig (oder keine) ausstrahlende Wirksamkeit hatten. Den ganzen Ausbildungs-, Forschungs- und Kommunikationsbereich, aber auch die innere esoterische Arbeit, hatte Ita Wegman im April 1935 mit nach Arlesheim genommen – de facto leitete sie von dort die Hochschulabteilung als internationale anthroposophisch-medizinische Bewegung bis zum Ausbruch des 2. Weltkriegs. – Nach dem Tod Ita Wegmans und dem Ende des Krieges wurden in Dornach Versuche unternommen, die wichtige Sektion wiederzubeleben. Im Sommer 1949 lud der Vorstand am Goetheanum alle aktiven anthroposophischen Ärzte zu einer Tagung ein; von der weltweit verbreiteten anthroposophischen Ärzteschaft erschienen jedoch nur ca. 40 Menschen – von den vier Mitgliedern der Sektionsleitung, die 1935 als Nachfolger Ita Wegmans nominiert worden waren, nur einer (Friedrich Husemann). «*Wenn die Hetze gegen Frau Dr. Wegman so weiter geht, so wird sie zur Zersprengung der Gesellschaft führen*», hatte Rudolf Steiner im Dezember 1923 zu Oskar Schmiedel gesagt – die Folgen des Geschehens waren ein Vierteljahrhundert später noch in aller Deutlichkeit sichtbar. Von dem hoffnungsvollen Beginn am Goetheanum war wenig übrig geblieben, obwohl die anthroposophische Ärzteschaft insbesondere in Deutschland sehr aktiv war, ohne Beziehung zu Dornach.

Oskar Schmiedel litt an dieser Situation, obwohl er als erster vor ihr gewarnt hatte. Sie konnte und durfte nicht so bleiben – Rudolf Steiner hatte sich und sein Werk mit der Allgemeinen Anthroposophischen Gesellschaft und dem Goetheanum verbunden; dies war eine Realität, der Schmiedel sich verpflichtet fühlte. Als Albert Steffen im Frühjahr 1955 die Wegman-Mitarbeiterinnen Madeleine van Deventer und Margarete Kirchner-Bockholt zusammen mit Hans Bleiker und Gerhard Schmidt in die Sektionsleitung bat, atmete Schmiedel auf – damit waren die Voraussetzungen für einen Neuanfang geschaffen. Die deutsche Ärzteschaft reagierte auf diese Goetheanum-Initiative anfangs sehr zurückhaltend, nicht jedoch die Weleda in Schwäbisch Gmünd, wohin van Deventer und Kirchner-Bockholt im Sommer 1955 reisten, um Gespräche über die Zukunft zu führen. Oskar Schmiedel bot alle Mithilfe an – die Zusammenarbeit der verschiedenen Menschen und das Dornacher Goetheanum waren ihm nach wie vor ein tiefes Anliegen.

ABB. 89: AM BAHNHOF DORNACH, 1953

Noch immer war Oskar Schmiedel in der pharmazeutischen Arbeit sehr aktiv. Mit dem gesamten Pharmazeutenkreis der Weleda traf er sich nahezu wöchentlich – und reiste auch wiederholt nach Arlesheim. Diese gemeinsame Arbeit an Substanzen und Präparaten war bereits Anfang der 30er Jahre begonnen worden, in Arlesheim, Stuttgart und Schwäbisch Gmünd. Bereits damals hatte Oskar Schmiedel großen Wert darauf gelegt, dass möglichst alle pharmazeutisch Tätigen aus den verschiedenen Orten mit ihren Fragen und Einsichten regelmäßig zusammenkamen, zur Förderung der fachlichen Arbeit und zur Bildung einer geistigen Gemeinschaft auf qualitativen Niveau. Oskar Schmiedel, Wilhelm Spiess und Wilhelm Pelikan hatten über Jahre intensive und detaillierte Gespräche und Begegnungen mit Rudolf Steiner zu pharmazeutischen Fragestellungen gehabt und an diesen Themen kontinuierlich weitergearbeitet. Es war bereits in der Frühzeit der Weleda-Entwicklung durch Schmiedels Initiative gelungen, die individuellen Erfahrungen und Studien in den Kreis der Gemeinschaft einzubringen, im gegenseitigen Gespräch, das anregend und weiterführend war. Nicht zuletzt Schmiedel selbst, der die Heilmittelentwicklung unter Rudolf Steiner am längsten und engsten begleitet hatte, verfügte über ein ausgezeichnetes Gedächtnis und umfangreiche pharmazeutische Aufzeichnungen aus den Jahren 1920 – 1925, die er in den Gesprächen wiederholt zitierte und vorlas. Seine Beiträge und Referate waren nie rückwärtsgewandt oder melancholisch, sondern dienten der Arbeit in der Gegenwart, der Verbesserung der aktuellen Präparate – zugleich jedoch war mit ihnen eine Kontinuität in der geistigen Firmenentwicklung verbunden, die von zentraler Bedeutung war.

Auch mit dem Arzt und Ernährungswissenschaftler Gerhard Schmidt, der seit Pfingsten im Kollegium der Medizinischen Sektion am Goetheanum wirkte und 1963 mit der Leitung der neugegründeten Sektion für Ernährung und Landwirtschaft betraut wurde, traf sich Schmiedel gerne. Alle Frage der Ernährungs- und Heilsubstanz fanden Schmiedels großes Interesse, weit über Firmengrenzen hinaus. Im Protokoll einer Pharmazeutenbesprechung vom November 1959 wurde festgehalten: «Dr. Schmiedel zeigt ein Muster des ‹Bitter-Elixiers› der WALA und spricht sich anerkennend über das Präparat aus ...»[192]

ABB. 90: W. SPIESS, G. SCHMIDT, O. SCHMIEDEL, 1955

IM DIREKTIONSZIMMER VON SCHWÄBISCH GMÜND

Unter den vielen Arbeits- und Freundschaftsbeziehungen, die Oskar Schmiedel unterhielt, war die Verbindung mit Wilhelm Pelikan eine besondere. Pelikan hatte mit Oskar Schmiedel einen gemeinsamen, tragenden Wiener Hintergrund, die frühe Verbindung zu Rudolf Steiner, die noch in Wien zustande gekommen war – und das Erlebnis der esoterischen Schülerschaft, das beide verband. Wilhelm Pelikan war ein hochbegabter Substanzforscher und zugleich die dominierende Führungsgestalt und Seele des Betriebes in Schwäbisch Gmünd, mit großem Ansehen im Ort – ihm war die Atmosphäre der Weleda-Werkgemeinschaft zu verdanken, die er ab Oktober 1924 aufgebaut und durch alle schweren Jahre des Nationalsozialismus und des Weltkrieges bewahrt hatte. Oskar Schmiedel schätzte die Arbeit und das Wesen Pelikans außerordentlich, neidlos und zugewandt – auch seine kenntnisreichen Vorträge und Seminare, die in ihrer Art unvergesslich und unübertroffen waren. Heribert Kaufmann schrieb über Pelikans Kurse für Medizinstudenten und junge Ärzte: «Hier war das Entscheidende, wie er die Liebe und die Begeisterung für die heilende Substanzwelt in den Herzen der Menschen durch seine aus dem Herzen kommende Sprache wecken konnte. In ihm erlebte man höchste Hingabefähigkeit, ja er zeigte sich gleichsam als Liebender der Substanzwelt.»[193]

Wilhelm Pelikans wissenschaftliche Arbeiten verfolgte Oskar Schmiedel von Anfang an mit großem Interesse und setzte sich frühzeitig im Pharmazeutenkreis für deren Publikation ein. Im letzten Lebensjahrsiebt Oskar Schmiedels erschienen zu seiner Freude dann auch die ersten Bücher Wilhelm Pelikans im Philosophisch-Anthroposophischen Verlag am Goetheanum – 1952 sein Grundlagenwerk über die «Sieben Metalle», 1958 der erste Band seiner «Heilpflanzenkunde». Pelikans Arbeiten verstand Oskar Schmiedel als Beiträge zur Freien Hochschule für Geisteswissenschaft in Dornach, deren Entwicklungsziel er – trotz aller Hindernisse und Verzerrungen des 20. Jahrhunderts und in unerschütterlichem Zukunftsvertrauen – niemals aus den Augen verlor.

ABB. 91: PELIKAN UND SCHMIEDEL, 1955

Zu den Themen und Forschungsaufgaben, die Oskar Schmiedel intensiv weiterverfolgte, gehörte auch die Mistel-Therapie des Krebses, in deren Entwicklung er von Anfang an einbezogen gewesen war. 1934 hatte er den klinischen Beginn von Alexander Leroi in Arlesheim miterlebt, der der Krebsforschung einen neuen Aufschwung gab und bald nach dem Zweiten Weltkrieg das Forschungsinstitut Hiscia innerhalb des Vereins für Krebsforschung entwickelte. Leroi bemühte sich in radikaler Weise um die Urintentionen Rudolf Steiner in der Mistel-Frage, damit auch um die notwendige Zentrifuge, und interessierte sich für alle Originalangaben, die von Steiner dazu bis 1925 gemacht worden waren. Manche Eintragungen in Oskar Schmiedels pharmazeutischen Notizbüchern waren dafür hilfreich – darüber hinaus die Aufzeichnungen und Erinnerungen vornehmlich von Wilhelm Spiess, der an der Mistelpräparatentwicklung in der Stuttgarter Klinik seit der ersten Zeit beteiligt gewesen war. Seine gesamten pharmazeutischen Notizbücher wurden von Oskar Schmiedel Anfang der 50er Jahre einer Mitarbeiterin diktiert und lagen bald darauf seinem engeren Kollegenkreis als Typoskript vor, mit zusätzlichen Hinweisen zum Kontext der einzelnen Eintragungen. Im Juli 1921 hatte er sich wörtlich notiert, was ihm von Ludwig Noll nach einem Gespräch mit Rudolf Steiner zur Präparatherstellung überbracht worden war: «Der Saft der im Winter und Sommer gesammelten Misteln sollte mit einem Apparat vermischt werden. Der durch Auspressen gewonnene Wintermistelsaft wird in einem Gefäß in kreisförmige Bewegung gebracht. Währendessen wird aus entsprechender Höhe der frisch gepresste Sommermistelsaft in den zirkulierenden Wintermistelsaft hineintropfen gelassen. Das Gemisch wird filtriert und sterilisiert. – Es würde sich zur Erhaltung der vollen Vitalität der Mistel empfehlen, Sterilisation zu vermeiden (evtl. Tabaksaft zusetzen). – Eine schwache Rotation wird ein schwächeres, eine starke Rotation ein stärkeres Mittel ergeben …»[194]

ABB. 92: KREBSFORSCHUNG IN ARLESHEIM

Verein für Krebsforschung Arlesheim-Schweiz

Mistelernte
(Ulme)

8. Jahresbericht, Januar 1957
für:
Herrn Dr. Oskar Schmiedel

Im Februar 1957 luden Madeleine van Deventer, Margarete Kirchner-Bockholt, Hans Bleiker und Gerhard Schmidt – als Leitungskollegium der Medizinischen Sektion – die Führungspersönlichkeiten der anthroposophisch-medizinischen Bewegung erstmals zu einer Zusammenkunft nach Dornach/Arlesheim ein. Nach einem Vortreffen in Stuttgart und vielen vorbereitenden Begegnungen gingen entsprechende Briefe an die Repräsentanten der Arbeitsgemeinschaft anthroposophischer Ärzte in Deutschland (Eberhard Schickler, Gisbert Husemann, Rudolf Treichler, Walter Bühler), an Ita Wegmans enge Mitarbeiterin Hilma Walter, den Protagonisten der deutschen Klinikbewegung Gerhard Kienle, den Pharmazeuten Rudolf Hauschka und die leitenden pharmazeutisch-ärztlichen Mitarbeiter der Weleda (Oskar Schmiedel, Wilhelm Pelikan, Theodor Schwenk, Anselm Basold und Heribert Kaufmann).

In seiner Antwort auf die Einladung legte Oskar Schmiedel – als einziger – Wert darauf, dass das Treffen nicht im Arlesheimer Klinisch-therapeutischen Institut, sondern im Raum der Medizinischen Sektion und damit am Goetheanum stattfinden sollte. Schmiedel war wie die meisten der Eingeladenen eng mit der Klinik und den Wirkensintentionen Ita Wegmans verbunden; dennoch betonte er gegenüber Gerhard Schmidt die Bedeutung des Goetheanum als Ort des Treffens. Vom Dornacher Hügel, der intendierten Mysterienstätte, war der medizinische Impuls Rudolf Steiners geschichtlich ausgegangen; mit diesem Ort sollte er, in Vorbereitung einer anzustrebenden Zukunft, verbunden bleiben.

ABB. 93: EINLADUNG NACH DORNACH, 1957

Goetheanum
Freie Hochschule für Geisteswissenschaft

Sekretariat: Dornach, Schweiz Tel. (061) 82 58 22

Dornach, den 6. Februar 1957.

Liebe Freunde,

    wir möchten Sie hierdurch für Samstag/Sonntag, den 9./10. März zu einem gemeinsamen Gespräch einladen, wie es bei der Aerztezusammenkunft in Stuttgart am 11. Januar bereits vereinbart wurde.

    Diese Einladung erfolgt heute, nachdem inzwischen auch die wissenschaftl. Mitarbeiter der Weleda ihre Mitwirkung zugesagt und Herr Dr. Hauschka sein Kommen in Aussicht gestellt hat.

    Als Themen für diese Besprechung schlagen wir vor:

1.) Die gegenwärtige Situation auf dem Heilmittelgebiet. Unsere Heilmittel im Verhältnis zu den Produktionen von Schwabe, Madaus, Niehans ect.

2.) Die Bedeutung der Rhythmusforschung für die Medizin.

    Durch beide Themen, deren Aktualität sicher ausser Zweifel steht, hoffen wir zu einer fruchtbaren Begegnung von Aerzten und Forschern zu kommen, und bitten Sie herzlich, zu ihrem Gelingen beizutragen.

    Für diese Zusammenkunft hat das Klin.-Therap. Institut in Arlesheim freundlicherweise einen seiner Räume zur Verfügung gestellt

    Die erste Besprechung soll am Samstag nachm. 16.00 stattfinden.

Mit herzlichen Grüssen

Diese Einladung geht an:
Herrn Dr. E. Schickler, Stuttgart
    " Dr. G. Husemann, Stuttgart
    " Dr. R. Treichler, Stuttgart
    " Dr. W. Bühler, Unterlengenhardt
Frau Dr. Hauschka, Eckwälden
Frau Dr. Walter, Ascona
Herrn Dr. Kienle, Tübingen
Herrn Dr. R. Hauschka, Eckwälden
Herrn Dr. O. Schmiedel, Schw. Gmünd
Herrn Dipl. Ing. W. Pelikan, Schw. Gmünd
Herrn Dipl Ing. Schwenk, Schw. Gmünd
Herrn Dr. Basold, Schw. Gmünd
Herrn Dr. Kaufmann, Schw. Gmünd

Goetheanum
Freie Hochschule
für Geisteswissenschaft
Medizinische Sektion

Am 30. Oktober 1957 wurde Oskar Schmiedel 70 Jahre alt. 50 Jahre war er nun Mitglied der Anthroposophischen Gesellschaft, 33 Jahre Direktor der Weleda – noch immer war er sehr gesund und aktiv in der Leitung tätig. Wilhelm Pelikan veröffentlichte zum 70. Geburtstag eine umfangreiche Darstellung von Schmiedels Persönlichkeit und Werk in der Ärztezeitschrift «Beiträge zu einer Erweiterung der Heilkunst» – eine erste große Würdigung seines Einsatzes für die anthroposophische Medizin. Pelikan schilderte Schmiedels Lebensstationen detailliert und umriss das Profil seiner Persönlichkeit, «in der ihm eigentümlichen Mischung von stürmischer Initiative und zäher Beharrlichkeit»[195]. Sein hervorragendes Porträt des Menschen Schmiedel, der gerne im Hintergrund verblieb, keine großen Vorträge hielt und von der anthroposophisch-medizinischen Bewegung vergessen zu werden drohte, beschloss Pelikan mit den Sätzen: «Freunde und Mitarbeiter haben seinen strengen Wahrheitssinn, die Treue und unbedingte Hingabe an die als vom Geist gestellt empfundene Lebensaufgabe, die mutige Entschlusskraft und die Toleranz für andere Wesensart schätzen und lieben gelernt. Sie erhoffen Rat und Weisung des nun Siebzigjährigen, jedoch im Geist jung und spannkräftig Gebliebenen auch in künftigen Jahren erfahren zu dürfen. Wer den Lebensgang des Jubilars betrachten will, kann ihn von der Geschichte der anthroposophisch-medizinischen Bewegung und insbesondere der Weleda nicht trennen. Das eine ist im anderen ganz aufgegangen. Wir gewahren ein Leben, das seine besten und stärksten Kräfte der anthroposophischen Bewegung und einer ihrer wichtigsten Wirkungsfelder, der dem Heilen dienenden Substanzverwandlung, geweiht hat.»[196]

Zum Zeitpunkt seines 70. Geburtstages blickte Oskar Schmiedel nach vorne in die Zukunft, aber auch zurück in die Dornacher Tragik der 20er und 30er Jahre. Er nahm seine Arbeiten an den zwei Jahrsiebte zuvor, Ende März 1943, begonnenen autobiographischen Aufzeichnungen wieder auf, korrigierte die Reinschrift und fügte weiteres hinzu, tief bewegt von Ita Wegmans Schicksal: «Vor meiner Seele standen noch einmal die vielen Unwahrhaftigkeiten, Verleumdungen, Verdrehungen und Unterstellungen und der das Ganze durchziehende gehässige Ton. Wieder ergriff mich eine starke Erschütterung und eine tiefe Trauer darüber, dass dies in einer Anthroposophischen Gesellschaft möglich war.»[197]

ABB. 94: OSKAR SCHMIEDEL, 30.10.1957

Zu seinem 70. Geburtstag äußerte Oskar Schmiedel den Wunsch nach einem Spinett, nachdem er sich jahrzehntelang als «musikalischen Analphabeten» bezeichnet hatte. Er begann damit, Unterricht zu nehmen und machte rasche Fortschritte, noch immer spontan und begeisterungsfähig. In Gesprächen konnte Schmiedel von seiner Hoffnung sprechen, bei der Musik zu sterben. Die Welt der Töne und der kosmischen Ordnungen wurde ihm immer wichtiger und kam ihm näher – auch an der Eurythmie, als einer dem Kosmos abgelesenen Bewegungskunst, nahm er bis zuletzt in Gmünd teil.

Oskar Schmiedel erhoffte einen Tod mit 72 Jahren und eine baldige Rückkehr zur Erde, in einer künftigen Kulmination der anthroposophischen Bewegung, von der Rudolf Steiner in seinen internen Schicksalsvorträgen des Jahres 1924 wiederholt gesprochen hatte. Schmiedel reduzierte seine Lebensumgebung auf das Allernotwendigste und wohnte in einem kleinen Zimmer im Weleda-Gebäude, wo er mit einem Bett, einem Stuhl, einem Tisch, einem Schrank und einem kleinen Bücherregal in vollkommenster Bescheidenheit lebte, «wie in einer Einsiedlerzelle» (Christiane Hegemann). Seinen Nachlass ordnete er, vernichtete das meiste und bewahrte weniges, das er für einzelne Menschen (und die Weleda) bestimmte – diese letzten Dinge passten in einen kleinen Koffer, der im Zimmer bereit stand.

Im übrigen war Oskar Schmiedel nach wie vor gesellig und weilte oft bei Pelikans, die nebenan wohnten, freute sich über Besucher, war liebenswürdig und charmant, mild und positiv. Er spielte mit Kindern und erzählte mit großem Stolz von seinen Töchtern und den Enkeln – persönlich und privat. Freunden aus der Weleda zeigte Oskar Schmiedel in den letzten Jahren gerne das Bild von der ersten pharmazeutischen Holzbaracke am Goetheanum, blickte liebevoll auf die Photographie und sagte: «Wenn ich vor die Wahl gestellt würde, in dieser Holzbaracke nochmals anzufangen oder die Leitung eines größeren Betriebes zu übernehmen, würde ich mich heute noch ohne Bedenken für das erstere entscheiden.»[198]

ABB 95: AM SPINETT, 1957

Einen ersten und letzten Artikel in den «Beiträgen zu einer Erweiterung der Heilkunst nach geisteswissenschaftlichen Erkenntnissen» veröffentlichte Oskar Schmiedel im Dezember 1958, ein Jahr nach Pelikans Würdigung und ein Jahr vor dem Tod. Oskar Schmiedel hatte von seiner Rolle im Zustandekommen des ersten Ärztekurses in all den Jahren wenig gesprochen – er selbst hatte eine dienende Aufgabe gehabt und sich selbst in den Mittelpunkt des Interesses zu stellen, lag ihm fern.[199] Die in den Dornacher Krisenjahren publizierten Falschdarstellungen aus dem Kreis um Marie Steiner waren ihm nahe gegangen, doch hatte er sie schweigend hingenommen – 1937 hatte Hans Zbinden (der kein Teilnehmer gewesen war) in seinem Vorwort zur Kursausgabe behauptet, der Kurs sei auf Bitten der anthroposophischen Ärzteschaft zustande gekommen («Denn Rudolf Steiner wurde von Ärzten aufgefordert, sich zu den medizinischen Fragen zu äußern. Er hat es nicht von sich aus getan. Aber er hat es dann getan, als die Bitte an ihn gelangte und zwar von Menschen, welche eben diese Erkenntnisnot der Gegenwart erlebt und die Grundlagen der Anthroposophie ... kannten.»[200]). Marie Steiner hatte in ihrem Buch «Aufbaugedanken und Gesinnungsbildung» fünf Jahre später (1942) sogar den Namen Oskar Schmiedels durch denjenigen Ludwig Nolls eingetauscht, als sie Rudolf Steiners Ansprache in der Generalversammlung des Vereins des Goetheanums publizierte (anstatt «Sie wissen, wie durch private hingebende Tätigkeit von *Dr. Schmiedel* der medizinische Kursus zustande gekommen ist ...» hieß es nun: «Sie wissen, wie durch private hingebende Tätigkeit von *Dr. Noll* der medizinische Kursus zustande gekommen ist ...»[201]). – Im Umraum seines 70. Geburtstages und der Wiederaufnahme seiner «Aufzeichnungen» entschied sich Oskar Schmiedel zu einer ersten Gegendarstellung. Er hatte nach dem Ende des Zweiten Weltkriegs eigens Helene Finckh in Dornach aufgesucht, um sich vom originalen, stenographisch festgehaltenen Wortlaut der Ausführungen Rudolf Steiners in der Generalversammlung des Vereins des Goetheanums zu überzeugen – «sie sagte mir, dass tatsächlich mein Name darinnen erwähnt ist und nicht derjenige Dr. Nolls»[202]. Schmiedel verfasste zwei Tage vor seinem 70. Geburtstag ein erstes «Memorandum über die Entstehung des ersten Ärztekurses», das er bereits drei Tage darauf (am 31. Oktober 1957) an Hilma Walter nach Arlesheim sandte[203], wenige Wochen später auch an den Vorstand in Dornach und verschiedene Ärzte und Kollegen. Im Dezember 1958 erschien dann sein Artikel – vier Jahre nach einem ersten Anstoß Herbert Siewekes (Mai 1954[204]).

DER ERSTE MEDIZINISCHE KURS DR. RUDOLF STEINERS ALS AUSGANGSPUNKT DER ANTHROPOSOPHISCH-MEDIZINISCHEN BEWEGUNG UND DER HERSTELLUNG VON HEILMITTELN AUF DER BASIS GEISTESWISSENSCHAFTLICHER ERKENNTNIS

Da es stets für viele von Interesse ist, einiges über die Anfänge von Zweigen des anthroposophischen Lebens zu erfahren, die sich allmählich zu großer Bedeutung und Wichtigkeit entwickelt haben, komme ich gerne dem geäußerten Wunsche nach, einige Worte über die Entstehung des ersten medizinischen Kurses zu sagen. Dieser Kurs wurde von Dr. Rudolf Steiner zu Ostern 1920 gehalten.

Bereits zu der Zeit, als Rudolf Steiner im Anfang dieses Jahrhunderts mit seinem geisteswissenschaftlichen Wirken begann, wandten sich Ärzte mit der Bitte um Ratschläge zur Behandlung von Patienten an ihn. Aus dem reichen Schatz seines Wissens und aus seiner geistigen Schau heraus wurden ihnen diese gegeben. Doch waren seine Ratschläge naturgemäß auf einzelne spezielle Fälle beschränkt, und so fehlten zunächst die notwendigen Voraussetzungen dafür, daß Rudolf Steiner damals schon eine methodische Darstellung von dem geben konnte, was die Geisteswissenschaft als Befruchtung der Schulmedizin zu sagen hat.

Da ich seit 1912 in München ein Laboratorium hatte, das später dem Goetheanum in Dornach eingegliedert wurde, wandten sich öfters Ärzte an mich, ihnen Heilmittel nach den Angaben Dr. Steiners herzustellen. Man konnte aus all dem, was Rudolf Steiner an verschiedenen Orten sagte, erkennen, daß er auch auf dem Gebiete der Medizin Grundlegendes auszusagen hatte. Wie sehr er sich gerade mit auf diesem Felde liegenden Fragen beschäftigt hatte und wie sehr er es als wichtig empfand, daß seine Erkenntnisse bei den Ärzten bekannt wurden, zeigten seine Worte, die er am 6. Januar 1920 in Basel in einem öffentlichen Vortrag ausgesprochen hatte. Dieser Vortrag wurde 1950 neben zwei anderen Vorträgen unter dem Titel „Geisteswissenschaft und die Lebensforderungen der Gegenwart" veröffentlicht. Rudolf Steiner sagte darin u. a.: „... wie gerade auf einem solchen Gebiet, wie dem einer wirklichen intuitiven Medizin, es das Ideal des Geisteswissenschafters wäre, einmal sich aussprechen zu können vor denjenigen, die ganz sachverständig sind. Würden sie sich einfinden und würden sie ihre Sachverständigkeit vorurteilslos sprechen lassen, dann würden sie sehen, welche Befruchtung gerade diese Sachverständigkeit erfahren könnte von seiten der Geisteswissenschaft." Anschließend an den Vortrag ging ich noch im Saale auf Dr. Steiner zu und erklärte mich bereit, einen Kurs für Ärzte zu arrangieren, wenn er damit einverstanden wäre. Er bejahte dies sehr freudig und wünschte nur, daß ich dies zusammen mit einem Basler Arzt tun möchte. Als Termin wurde Ostern festgesetzt. Zur Bedingung stellte er, daß dafür gesorgt werden müsse, daß zu dem Zyklus nur Ärzte und Medizinstudierende zugelassen würden. In der Folge war er in dieser Beziehung unerbittlich; ich mußte alle Bitten um Ausnahme, die z. B. von Heilpraktikern, Hebammen u. a. gestellt wurden, abweisen. Er erklärte mir wiederholt, daß er den Kurs nicht so halten würde, wie er ihn beabsichtige, wenn in dieser Frage nicht streng verfahren würde. Er selbst machte, soweit ich mich erinnere, nur drei Ausnahmen mit ihm nahestehenden Mitarbeitern; es war für mich fast beschämend, wie er mir dies mitteilte und sie mir im einzelnen begründete. Es ist dies eines der vielen Beispiele, daß Rudolf Steiner, wenn er jemanden die Verantwortung für eine Aufgabe übertragen hatte, dies bis in die Einzelheiten respektierte.

Da in Deutschland gerade durch die Inflation das Geld entwertet war, wäre es den deutschen Ärzten nicht möglich gewesen, an dem Kurs teilzunehmen, wenn nicht Schweizer Freunde Quartiere, Verpflegung und Geld für die Reise zur Verfügung gestellt hätten. An dem 3 Wochen dauernden Kurs nahmen über 30 Ärzte und Medizinstudierende teil. Für alle Teilnehmer war es eine Zeit bedeutsamsten Erlebens, und jeder fühlte, als ob Rudolf Steiner nur auf diesen Augenblick gewartet hätte, um aus der Fülle seines Wissens der Heilkunde einen Impuls der Weiterentwicklung zu geben.

Oskar Schmiedel starb in den Morgenstunden des 27. Dezember 1959, in der Zeit der heiligen Nächte und in großem Frieden – am Todestag Marie Steiners, die 11 Jahre zuvor in Beatenberg in die geistige Welt eingegangen war. Das letzte gelesene Buch lag bei ihm: «Christian Morgenstern in Berlin». Rudolf Meyer, der Anthroposoph und Priester der Christengemeinschaft hatte es verfasst – Meyer war in Dornach ein Vermittler und Friedensstifter gewesen, der Ita Wegman ebenso nahe stand wie Marie Steiner und Albert Steffen. Eine solche innere Haltung lebte auch in Oskar Schmiedel – und die Gedichte Christian Morgensterns liebte er. Der 27. Dezember ist der Tag des Evangelisten Johannes, des Logos-Jüngers, der am Herzen des Herrn lag.

Noch wenige Tage zuvor hatte Oskar Schmiedel in der Weihnachtsfeier der Weleda den Mitarbeitern für ihre Arbeit im Jahre 1959 sehr warm und herzlich gedankt – zugleich waren seine Worte, so Heribert Kaufmann, «weniger lebhaft und vorwärtsdrängend gesprochen, als es sonst bei ihm üblich war».[205] Erneut hatte Schmiedel die Oberuferer Spiele gesehen und am Abend vor seinem Tod mit Freunden musiziert, heiter und humorvoll. Eine Erkrankung war nicht erkennbar. Am Morgen fand man ihn auf seinem Bett mit vor der Brust übereinandergelegten Händen und geschlossenen Augen – *In Christo morimur*. «Ein fast heiterer Ausdruck lag auf seinem Gesicht.» (Kaufmann[206])

Am 16. Dezember, elf Tage vor seinem Tod, hatte Oskar Schmiedel an der letzten, vorweihnachtlichen Pharmazeutenbesprechung teilgenommen und diese wie immer mit seinem Wissen bereichert – mit einem Blick für das Wesentliche und in trennscharfer Unterscheidung zwischen den originalen Hinweisen Rudolf Steiners und der Tradierung von Anderem. Bei der Besprechung der Arlesheimer Zahncreme steht im Protokoll: «Dr. Schmiedel teilt mit, dass der Zusatz von Natrium Sulfat nicht durch Dr. Steiner, sondern durch Herrn Dr. Grosheintz zustande kam. Nach damals herrschender Ansicht sollte dieser Zusatz die Bildung von Zahnstein verhindern.»[207]

ABB. 97: OSKAR SCHMIEDEL, †27.12.1959

Seinem Wunsch gemäß wurde Oskar Schmiedel im Saal der Weleda aufgebahrt, vor dem Gemälde der russischen Malerin Margarita Woloschina: *«Raphael der Heiler»*. Ein Bild Woloschinas, das mit seinen Pflanzenfarben gemalt worden war, hatte Oskar Schmiedel Rudolf Steiner in seinem Münchner Laboratorium 1913 gezeigt, vor 46 Jahren. Der Freund Wilhelm Pelikan hatte in Gmünd 1935 den Raphael-Zweig der Anthroposophischen Gesellschaft in die Weleda geholt – so war die Aufbahrung Oskar Schmiedels am rechten Ort, und alle Mitarbeiter nahmen Abschied von ihm.

Wilhelm Pelikan schrieb auch den Nachruf auf Oskar Schmiedel im Nachrichtenblatt der Wochenschrift «Das Goetheanum»; seine letzten beiden Absätze, die den Blick in den Kosmos lenkten, lauteten: «Bedeutungsvoll wie die Sterne zu seiner Geburt gestanden haben, standen sie auch in Oskar Schmiedels Todesstunde. Bei der Geburt hatte ihm Mars und der wahre Merkur im Löwen gestanden, dem Sternbild lodernder Begeisterung, der Venus ‹liebetragende Schönheit› im Adler-Skorpion, herrlich Jupiter mit der Sonne in der Waage. Im Mittelalter hätte man dies wohl als die Konstellation eines zum Herrschen Geborenen angesehen, eines Feldherren oder Fürsten; und in der Tat hatte der Jüngling eine Zeitlang Soldat werden, dem Mars folgen wollen, ehe er sich für Merkur entschloss und dem Heilen die Begeisterung zuwendete. In der Todesstunde aber hatte der Löwe kulminiert, der Adler-Skorpion war im Aufgehen, der Adler Johannes des Evangelisten, dessen Tag begann. In ihm, um ihn versammelten sich harmonisch alle Planeten. Venus mit Mars und Jupiter, die Sonne wieder nahe, knapp am Saturn; in der Waage aber, dem Morgen leuchtend vorangegangen, Merkur mit dem Mond. – Die starken Liebeskräfte, die dem Verstorbenen eigen waren, wie die Begeisterungsfähigkeit, lebten sich in seiner sozialen Gesinnung aus. Nach seinem Tode kam elementar zum Ausdruck, wie ihn alle seine Mitarbeiter geliebt haben, eine Atmosphäre von Liebe wob die Herzen zusammen. Friede, eine edle Befriedigung über das Gerundete und Vollbrachte, ein gütiger Ernst, ein himmlischer Humor strahlte vom Antlitz des vor dem Bilde Raphael des Heilers im Eurythmiesaal des Gmünder Weleda-Betriebes Aufgebahrten. Die letzten an alle Mitarbeiter gerichteten Zeilen sprachen Dank aus und den Willen, helfend, liebend allen nahe zu bleiben, mit denen er zusammen in Treue seiner Lebensaufgabe gedient hat.»[208]

ABB. 98: DER SAAL DER WELEDA

Die «letzten Zeilen» an die Mitarbeiter, von denen Wilhelm Pelikan in seinem Nachruf sprach, hatte Oskar Schmiedel bereits fünf Jahre zuvor, am 14. Oktober 1954, niedergeschrieben, und seinem Testament beigelegt. Sie waren sein Vermächtnis, sein dankbarer Blick zurück und seine Entschiedenheit zur Zukunft, die er als eine gemeinsame verstand:

Meine lieben Mitarbeiter, liebe Freunde,

Mit diesen Worten möchte ich mich das letzte Mal an Euch wenden und Euch allen ein herzliches Lebewohl sagen. Vom Herzen wünsche ich Euch allen Glück und Wohlergehen. Ich danke Euch allen für die Liebe und für das Vertrauen, die Ihr mir so oft entgegen gebracht habt. Ich bitte Euch trauert nicht zu sehr über mein Fortgehen, sendet mir liebende und helfende Gedanken nach. Denket immer daran, dass ich mit Euch und Eurer Arbeit verbunden bleibe, auch wenn ich ferne scheine, und dass ich Euch helfen werden, so weit ich kann. Und manchem von Euch werde ich wieder begegnen in späteren Lebenswirkenskreisen.

Dessen seid gewiss!
Herzlich grüsst Euch und drückt jedem von Euch
im Geiste die Hand

Euer
Oskar Schmiedel

ABB. 99: BRIEF AN DIE MITARBEITER

Gmund, d. 14. Oktober 1954

Meine lieben Mitarbeiter, liebe Freunde,

Mit diesen Worten möchte ich mich das letzte Mal an Euch wenden und Euch allen ein herzliches Lebewohl sagen. Von Herzen wünsche ich Euch allen Glück und Wohlergehen. Ich danke Euch allen für die Liebe und für das Vertrauen, die Ihr mir so oft entgegen gebracht habt. Ich bitte Euch trauert nicht zu sehr über mein Fortgehen, sendet mir liebende und helfende Gedanken nach. Denket immer daran, dass ich mit Euch und Eurer Arbeit verbunden bleibe, auch wenn ich ferne scheine, und dass ich Euch helfen werde, so weit ich kann. Und manchem von Euch werde ich wieder begegnen in späteren Lebenserscheinungen.

Dessen seid gewiss!
Herzlich grüsst Euch und drückt jedem von Euch im Geiste die Hand
Euer Oskar Schmiedel

OSKAR SCHMIEDEL

Aus dem Lande, in dem Rudolf Steiner seine Kindheit und Jugend verbrachte

(1951)

Vorbemerkung

Die nachfolgende Schrift, die von ihm im Anschluss an einen Vortrag ausgearbeitet wurde, veröffentlichte Oskar Schmiedel 1952 im Philosophisch-Anthroposophischen Verlag am Goetheanum, mit einem Geleitwort von Guenther Wachsmuth. In einer Vorbemerkung betonte Schmiedel, dass sich sein Text auf die autobiographischen Zeugnisse Rudolf Steiners in seinem Berliner Vortrag vom 4.2.1913[209] und auf das Buch *Mein Lebensgang* stütze, desweiteren auf die Studie von Carlo Septimus Picht «Aus der Schulzeit Rudolf Steiners», die im Februar 1931 in der Zeitschrift «Zur Pädagogik Rudolf Steiners» erschienen war. Die Photographien stammen zum größten Teil von Oskar Schmiedel. Zu inhaltlichen Fehlern vgl. Anmerkung[210].

AUS DEM LANDE, IN DEM RUDOLF STEINER SEINE KINDHEIT UND JUGEND VERBRACHTE

> «Wenn sich jemand zu einem ganz modernen Leben, zu einem Leben in den modernsten Errungenschaften der gegenwärtigen Zeit hätte anschicken wollen und sich hätte aussuchen wollen die entsprechenden Daseinsbedingungen der entsprechenden Inkarnation, so scheint mir, hätte er diejenige Wahl treffen müssen in Bezug auf seine gegenwärtige Inkarnation, die Rudolf Steiner eben getroffen hat.»
> *Rudolf Steiner in seinem Vortrag vom 4. Februar 1913, in Berlin.*

Zwei Gebiete des östlichen Österreichs spielten in dem Leben Rudolf Steiners eine bedeutsame Rolle: Gebiete, die in vielem eine große Ähnlichkeit miteinander haben. Beide sind Grenzländer, beide waren bis späthin von dem durchgehenden Verkehr so gut wie abgeschlossen, so daß die zähe und tatkräftige Bevölkerung sich ihre ureigene Art lange erhalten hat. In beiden ist wenig Industrie vorhanden, dafür wird viel Land- und Forstwirtschaft betrieben. Reich an Wald sind diese Gebiete, nahezu ein Viertel der Bodenfläche ist von ihm bedeckt. Zahlreiche, meist noch gut erhaltene Burgen zeugen davon, daß deren Bevölkerung sich einst zur Wehr setzen mußte gegen Eindringlinge aus den benachbarten Gebieten. Wo aber viele Burgen sind, hat man es – so führte Rudolf Steiner einmal aus – mit spirituellen Gegenden zu tun. Verschiedene Kult- und Mysterienstätten aus jüngerer und älterer Zeit, die in diesen Gegenden waren, zeugen auch von ihrem spirituellen Charakter.

Das eine dieser Gebiete ist das sogenannte Waldviertel. Es liegt in Niederösterreich nördlich der Donau und zieht sich von dem Manhartsgebirge westlich bis an die Grenze von Oberösterreich und nördlich bis an diejenige der Tschechoslovakei. Das andere Gebiet ist das Burgenland, und zwar dessen bergiger, südwestlicher Teil, das sogenannte Heanzenland. Dieses er-

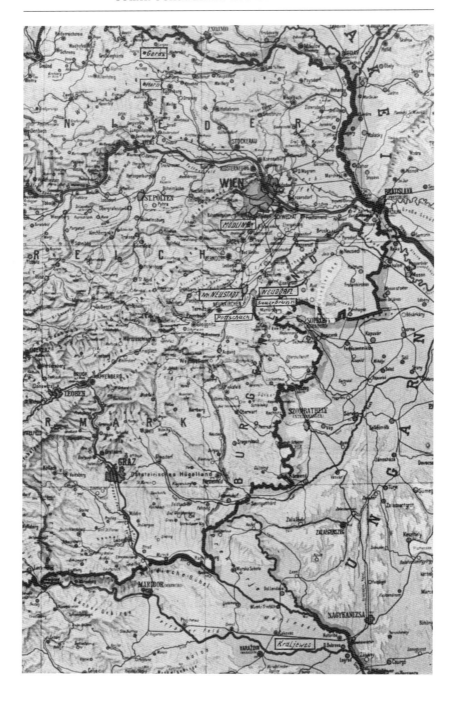

streckt sich von einer östlich von Wiener-Neustadt, von der Leitha, bis an die ungarische Grenze gezogenen Linie nach dem Süden bis an die jugoslavische Grenze. Das deutschsprachige Burgenland hat, abseits vom Verkehr und in sich abgeschlossen, durch Jahrhunderte zu Ungarn gehört und kam erst 1921 zu Österreich. Es erhielt auch zu dieser Zeit erst diesen Namen.

Aus dem «Waldviertel» stammen Rudolf Steiners Vorfahren, und in dem nordwestlichsten Zipfel des «Heanzenlandes» verlebte er die zehn wichtigsten Jahre seiner Kindheit und frühen Jugend.

Rudolf Steiners Mutter, Franziska, geb. Blie *, stammte aus einer alten Horner Familie. Ihre Vorfahren waren einfache Menschen: Weber, Müller, Gastwirte. Sie schrieben sich ursprünglich «Blüh»; der Name «Blie» dürfte aus einem Irrtum bei der Ausstellung eines Taufscheines entstanden sein. Franziska Blie's Vater hieß Joseph und war Leinwandhändler und «Flechtenmacher». Die Mutter hieß Anna, geb. Schellerl und stammte aus einer Müllerfamilie aus dem Kreis Hollabrunn.

Horn ist ein kleines Städtchen, das jetzt rund 4700 und vor hundert Jahren etwa 2000 Einwohner zählte; es erhielt erst sehr spät durch die Eisen-

*Franziska Steiner, geb. Blie, geb. in Horn am 8. Mai 1834, gest. in Horn am 24. Dezember 1918.

2. *Horn* ￬ Schloß Graf Hoyos

bahn Verbindung mit der übrigen Welt. Inmitten dieses Städtchens (Bild 2) steht ein großes, dem Grafen Hoyos gehörendes Schloß. Nördlich von Horn liegt eine kleine Ortschaft Geras, zu der auch heute noch keine Bahn führt. In dieser Ortschaft befindet sich ein Prämonstratenser-Stift und ein ebenfalls dem Grafen Hoyos gehörendes Schloß. Rudolf Steiners Vater, Johann Steiner *, hat – wie Rudolf Steiner erzählt – seine Kindheit und Jugend im engsten Zusammenhang mit diesem Prämonstratenser-Stift und in dessen Dienst verbracht. Später wurde er Jäger bei dem Grafen Hoyos in Geras, in dessen Diensten als Förster auch sein Vater (also der Großvater Rudolf Steiners), ebenfalls Johann Steiner genannt, war. Dessen Frau hieß Anna, geb. Poigner. Da nun, wie bereits erwähnt, Graf Hoyos auch in Horn ein Schloß besaß, kam der junge Jäger Johann Steiner öfter nach Horn. Dort lernte er Franziska Blie kennen und lieben und beide beschlossen die Ehe. Graf Hoyos war jedoch mit der Verheiratung seines Jägers nicht einverstanden; und so entschloß sich Johann Steiner, den Jagddienst zu verlassen, um seine Braut heiraten zu können. Er wurde zuerst Telegraphist bei der österreichischen Südbahn, später erhielt er die Leitung kleiner Stationen. Dieser Entschluß, Beamter an der Südbahn zu werden, hatte für die Gestaltung des Lebens Rudolf Steiners weittragendste Bedeutung. Sein Vater hing – wie Rudolf Steiner berichtet – nicht mit großer Liebe an seinem Beruf; der Eisenbahndienst war ihm nur Pflicht. Beide Eltern blieben mit ihrer Heimat weiterhin seelisch eng verbunden, trotzdem sie das Schicksal dazu bestimmt hatte, den größten Teil ihres Lebens fern von ihr zu verbringen. Und sie zogen auch sofort wieder hin, als sich der Vater in den Ruhestand versetzen ließ. Beide sind auch in Horn beerdigt. Ihr wohl erhaltener Grabstein trägt einen Spruch, den Rudolf Steiner bei dem Tode seines Vaters verfaßt hat:

Seine Seele ruht in Christi Reich
Die Gedanken seiner Lieben sind bei ihm.

Johann Steiner wurde zuerst an einer kleinen Bahnstation in der südlichen Steiermark als Bahntelegraphist angestellt, dann aber bald nach Kraljevec ** versetzt. Kraljevec (Bild 3) ist ein kleiner Ort auf der sogenannten Murinsel, einem fruchtbaren Zwischenstromland, durch den Zusammenfluß von Mur und Drau gebildet. Auch dieser Ort liegt in einem Grenzland, und zwar an

---

* Johann Steiner, geb. in Geras am 23. Juni 1829, gest. in Horn am 22. Januar 1910.
** Kraljevec bedeutet «Königsdorf».

der Grenze des damaligen Kroatien und Ungarn. Die Mur und die Drau sind beides Flüsse, die in dem Herzen Österreichs entspringen; die Mur in den Niedern Tauern (Salzburg) und die Drau im Pustertal (Tirol). Hier wurde Rudolf Steiner, ferne von der Heimat seiner Eltern, am 27. Februar 1861 geboren und verbrachte da die ersten anderthalb Jahre seines Lebens. Das Stationsgebäude (Geburtshaus) ist nach Berichten aus Jugoslavien im ersten Weltkrieg zerstört worden. Dann kam sein Vater nach Mödling bei Wien (Bild 4). Mödling war damals ein kleiner, schön am Wiener Wald gelegener Ort, der nach Osten einen weiten Blick in das Wiener Becken gewährt. Ein halbes Jahr nur blieb die Familie Steiner dort.

Im Jahre 1863, als Rudolf Steiner 2 Jahre alt war, wurde sein Vater nach *Pottschach* (Bild 5) versetzt, wo die Familie bis zum Jahre 1869 blieb. Pottschach liegt in Niederösterreich nahe der steirischen Grenze, etwa 20 km südwestlich von Wiener-Neustadt. Rudolf Steiner bezeichnete Pottschach als einen der schönsten Flecke in Österreich. In seinem Buch «Mein Lebensgang» schreibt er:

«Eine wundervolle Landschaft umschloß meine Kindheit. Der Ausblick ging auf die Berge, die Niederösterreich mit Steiermark verbinden: der ‚Schneeberg', Wechsel, die Raxalpe, der Semmering. Der Schneeberg fing

3. Kraljevec. Stationshaus; es steht an der Stelle von Rudolf Steiners Geburtshaus, welches im ersten Weltkriege zerstört wurde

4. *Mödling. Im Vordergrund: Viadukt der Hochquellen-wasserleitung*

mit seinem nach oben hin kahlen Gestein die Sonnenstrahlen auf, und was diese verkündeten, wenn sie von dem Berge nach dem kleinen Bahnhof strahlten, das war an schönen Sonnentagen der erste Morgengruß. Der graue Rücken des ‚Wechsel' bildete dazu einen ernst stimmenden Kontrast. Das Grün, das von überallher in dieser Landschaft freundlich lächelte, ließ die Berge gleichsam aus sich hervorsteigen. Man hatte in der Ferne des Umkreises die Majestät der Gipfel, und in der unmittelbaren Umgebung die Anmut der Natur.»

Durch Pottschach führte die damals erst wenige Jahre vorher (1854) fertiggestellte Semmeringbahn. Sie ist überhaupt die erste Gebirgsbahn, die gebaut wurde, und war zu dieser Zeit eine große und kühne technische Wunder-

5. Pottschach

6. Pottschach. Bahnhof, dahinter Fabrik

leistung. Nicht sehr weit von Pottschach entfernt sind auch die Quellen der großzügig angelegten «Hochquellenwasserleitung», die Wien mit einem herrlichen Wasser versorgt und damals auch erst kürzlich fertiggestellt worden war. Diese technischen Leistungen – von seiner Umgebung gewiß immer wieder bewundernd hervorgehoben – verfehlten nicht, ihren Eindruck auf das Gemüt des Knaben Rudolf Steiner zu machen. Bild 6 zeigt das Stationsgebäude, in dem Rudolf Steiner bis zu seinem achten Lebensjahre gewohnt hat. Es ist gegenüber der damaligen Zeit kaum verändert. Das dritte Fenster von links gehört dem Warteraum an, in dem der junge Rudolf Steiner das bedeutsame Erlebnis hatte, das er in dem Vortrag vom 14. Februar 1913 schilderte:

«Da saß er (der Knabe) eines Tages in jenem Wartesaale ganz allein auf der Bank. In der einen Ecke war der Ofen, an einer vom Ofen abgelegenen Wand war eine Türe; in der Ecke, von welcher aus man zur Tür und zum Ofen schauen konnte, saß der Knabe. Der war dazumal noch sehr jung. Und als er da saß, tat sich die Türe auf: er mußte es natürlich finden, daß eine Persönlichkeit, eine Frauenspersönlichkeit, zur Türe hereintrat, die er früher nie gesehen hatte, die aber einem Familiengliede außerordentlich ähnlich sah. Die Frauenspersönlichkeit trat zur Türe herein, ging bis in die Mitte der Stube, machte Gebärden und sprach auch Worte, die etwa in der folgenden Weise wiedergegeben werden können: ‚Versuche jetzt und später, soviel du kannst (so etwa sprach sie zu dem Knaben) für mich zu tun!‘ Dann war sie noch eine Weile anwesend unter Gebärden, die nicht mehr aus der Seele verschwinden können... Nachdem nun einige Tage vergangen waren... stellte sich doch heraus was geschehen war. An einem Orte, der für die Denkweise der Leute, um die es sich da handelte, recht weit von jenem Bahnhof entfernt war, hatte sich in derselben Stunde ein sehr nahestehendes Familienglied selbst den Tod gegeben. Dieses Familienglied hatte der Knabe nie gesehen; er hatte auch nie sonderlich viel von ihm gehört... Das Ereignis machte einen großen Eindruck, denn es ist jeder Zweifel auch darüber ausgeschlossen, daß es sich gehandelt hat um einen Besuch des Geistes der selbstgemordeten Persönlichkeit, die an den Knaben herangetreten war, ihm auferlegend etwas für sie zu tun in der nächsten Zeit, die nach dem Tod folgt...

«Nur wer so etwas in seiner frühen Kindheit erlebt und es zu verstehen suchen muß nach seiner Seelenlage, der weiß von einem solchen Ereignis an, wenn er es eben mit Bewußtsein erlebt: wie man in den geistigen Welten drinnen lebt.... es soll hier gleich angedeutet werden, daß von jenem Ereignis ab für den Knaben ein Leben der Seele anfing, welchem durchaus offen waren diejenigen Welten, aus denen nicht nur die äußeren Bäume, die äußeren Berge zu der Seele des Menschen sprechen, sondern auch die Wesen, die hinter diesen sind. Und der Knabe lebte etwa von jenem Zeitpunkt ab mit den Geistern der Natur, die ja in einer solchen Gegend ganz besonders zu beobachten sind, mit den schaffenden Wesenheiten hinter den Dingen... in derselben Weise, wie er die äußere Welt auf sich wirken ließ.»

Neben dem Wartesaal lag die Kanzlei des Vaters, in welcher der junge Rudolf Steiner Schreiben und Lesen lernen sollte, während der Vater zwischendurch die Amtsgeschäfte verrichtete. Auf dem Bilde sieht man hinter dem Stationsgebäude die Fabrik, von der Rudolf Steiner berichtet und in der damals eine Spinnerei war.

Die Bilder 7 und 8 zeigen – einige Schritte vom Bahnhof entfernt – den Blick nach Westen auf das Gebirge. Nach Nordwesten führt der Weg (Bild 9), den der junge Rudolf Steiner sicher viele Male in das alte Dorf gemacht hat, zuerst an dem erwähnten Fabrikgebäude vorbei. Dann geht es über einen schmalen Bach (Bild 10), der früher eine Mühle getrieben

7. *Pottschach. Blick vom Bahnhof nach Westen*

8. Pottschach. Blick nach Westen, nahe vom Bahnhof aus

9. Pottschach. Bahnhof mit Weg nach Westen

10. *Pottschach. Beim Bahnhof, auf dem Wege in das alte Dorf: Blick von der Brücke nach Westen*

11. *Pottschach. Bahnhof*

12. *Pottschach. Wasserschloß*

hat. In ihr wohnten die Paten der beiden Geschwister Rudolf Steiners, die er oft besucht hat. (In Pottschach wurden den Eltern Rudolf Steiners noch eine Tochter, Leopoldine *, und ein Sohn, Gustav **, geboren.)

Bild 11 zeigt das Stationsgebäude (gesehen von jenseits des Bachs). Die ersten Fenster von links gehören der Wohnung der Familie Steiner an. Hier spielte sich die Szene ab, die Rudolf Steiner in «Mein Lebensgang» erzählt:

«Eine sonderbare Eigenheit hatte ich als kleiner Junge. Es mußte von dem Zeitpunkte an, da ich selbständig essen konnte, sehr auf mich acht gegeben werden. Denn ich hatte die Meinung ausgebildet, daß ein Suppenteller oder eine Kaffeetasse nur zum einmaligen Gebrauch bestimmt sei. Und so warf ich denn jedes Mal, wenn ich unbeachtet war, nach eingenommenen Essen Teller oder Tasse unter den Tisch, daß sie in Scherben zerbrachen. Kam dann die Mutter herein, dann empfing ich sie mit dem Ausruf: «Mutter, ich bin schon fertig.»

Auf Bild 12 sieht man ein mitten im Dorf gelegenes, gut erhaltenes Wasserschloß, dessen Graben aber jetzt leer ist. Hinter dem Schloß befindet sich die alte Dorfkirche (Bild 13). Bild 14 zeigt das Ende des Dorfes.

* Leopoldine Steiner, geb. in Pottschach am 15. November 1864, gest. in Horn am 1. November 1927.

** Gustav Steiner, geb. in Pottschach im Jahre 1866, gest. in Scheibbs April 1941.

13. Pottschach. Kirche neben dem Schloß

Im Januar 1869, als Rudolf Steiner 8 Jahre alt war, wurde sein Vater nach *Neudörfl* versetzt. Neudörfl, eine kleine Ortschaft etwa 3 km östlich von Wiener-Neustadt, damals bereits in Ungarn gelegen, hat im Aussehen schon den Charakter eines ungarischen Dorfes. Es liegt an der Leitha, die früher den Grenzfluß zwischen Österreich und Ungarn bildete. Die westlich der Leitha gelegenen Länder (Österreich) bezeichnete man als Cisleithanien und die östlich gelegenen (Ungarn) als Transleithanien. Jene Gegend bildet einen Teil der deutschsprachigen Gebiete Westungarns. Wie bereits erwähnt, hat sich dieses Burgenland, besonders im südlichen Teil, durch seine Jahrhunderte während Abgeschlossenheit vom Verkehr einen inselartigen Charakter, und damit viele alte Sitten und Gebräuche, bis auf den heutigen Tag bewahrt.

14. *Pottschach. Dorfende*

Dies gilt besonders auch für die dortige Mundart. Es hat sich dort vieles altes Lautgut erhalten, weil der zersetzende und ausgleichende Einfluß der Verkehrssprache durch die Abgeschlossenheit lange Zeit verhindert worden ist. Dabei besitzt diese «hienzische» Mundart einen großen Reichtum an Ausdrücken. Sie weiß z. B. die Eigenart, wie ein Mensch spricht, durch die mannigfaltigsten Worte wiederzugeben, die ganz im Lautbildhaften leben *. Gewiß ist von großer Bedeutung, daß Rudolf Steiner, wie er selbst in «Mein Lebensgang» erzählt, ganz aus dem Dialekt herausgewachsen ist, der im Burgenland üblich war. Es ist verständlich, daß gerade dieser Dialekt seiner Neigung sehr entgegenkam, im Lautlichen, im Lautbildhaften und in dem zu leben, was man durch das Wort hindurchhören kann.

* Es wird z. B. bezeichnet *ungelenkes Sprechen* mit: proschln, roffln, tschöllan; *flüsterndes* mit: tuschln, huschln, zischpn; *weinerliches* mit: träinlitsn, gnuan; *sinnloses Schwätzen* mit: plobln, foawln, loawln; *umständliches, vieles Sprechen* mit: räiwln, soawln. (Nach dem Burgenlandführer, herausgegeben vom Landesverband für Fremdenverkehr im Burgenland, Eisenstadt 1936.)

15. *Wiener-Neustadt*

Von Wiener-Neustadt (Bild 15), einem wichtigen Verkehrsknotenpunkt und bedeutenden Industriezentrum, geht man etwa eine Dreiviertelstunde, bis man zur Leitha kommt. An diesem Flusse beginnt Neudörfl, das im wesentlichen aus einer einen Kilometer langen Hauptstraße besteht. Von Wiener-Neustadt bis Neudörfl führt der im «Lebensgang» erwähnte, eine Stunde lange Weg. Ihn mußte der junge Rudolf Steiner, als er die Oberrealschule in Wiener-Neustadt besuchte, täglich auch bei schlechtestem Wetter zurücklegen, wenn der Fahrplan ihm gerade keine Möglichkeit bot, einen Zug zu benützen. Damals war der Weg nur ein Feldweg, heute führt dort eine gute Straße (Bild 16). In südlicher Richtung sieht man das Rosaliengebirge; nach dem Westen zeigt sich die Alpengruppe, die Rudolf Steiner in Pottschach nahe gesehen hatte, nun in der Ferne. In östlicher Richtung schweift der Blick über die Ebene des Steinfeldes und nach Ungarn. Bei der Wanderung steigt unwillkürlich das Bild des jungen Rudolf Steiner auf, wie er in früh eingetretener Dunkelheit durch den Schnee stapft, und wie seine etwa drei Jahre jüngere Schwester Leopoldine ihm entgegengeht, um ihm die schwere Büchermappe tragen zu helfen und, in der ersten Zeit, um ihm in der «Angst vor den Zigeunern» beizustehen, wie sie selber erzählte. Diese schwere Büchermappe war – wie einer seiner Mitschüler erzählte – eine Riesentasche aus schwarzem Leder, in der Rudolf Steiner bis in die letzte Realschulklasse immer alle seine Bücher und Hefte hin- und herschleppte. Der Besuch der

16. Straße von Wiener-Neustadt nach Neudörfl. Blick nach Süden auf das Rosaliengebirge

Oberrealschule in Wiener-Neustadt war daher für den Knaben mit großen Strapazen verbunden und es ist wichtig, was Rudolf Steiner in dem Vortrag vom 4. Februar 1913 darüber sagt:

«Wenn ich jetzt auf den Knaben zurücksehe, der recht viele Anstrengungen hat machen müssen, um zur Schule und wieder zurückzukommen, so kann ich nicht anders sagen, als daß es mein Glaube ist, der gewisse Grad von Gesundheit, den ich selber jetzt habe, sei vielleicht zurückzuführen auf jenes anstrengende Waten durch knietiefen Schnee und auf die sonstigen Anstrengungen, die mit dem Besuche der Realschule verbunden waren.»

Wir wandern also diesen Weg nach Osten, kommen zu dem Leithafluß (Bild 17) und sehen das Rosaliengebirge nun etwas näher (Bild 18). Am Berghang liegen das Schloß Frohsdorf des Grafen Chambord und das Redemptoristenkloster, die beide Rudolf Steiner in «Mein Lebensgang» erwähnt. Mit dem Bilde des Rosaliengebirges verknüpft sich mir eine interessante Erinnerung an Rudolf Steiner: Für das Bild auf dem Bühnenvorhang des ersten Goetheanum sollte als Motiv eine Stelle aus Goethes Fragment «Die Geheimnisse» genommen werden, und zwar die, wo Bruder Markus vor dem Berge steht und oben den Tempel erblickt. Rudolf Steiner sagte

17. *Die Leitha. Grenzfluß, früher zwischen Österreich und Ungarn, jetzt zwischen Niederösterreich und Burgenland*

18. *Blick auf das Rosaliengebirge. Rechts die Leitha*

19. *Beginn von Neudörfl. Rechts Kapelle des hl. Nepomuk*

damals zu mir, der Berg sollte auf dem Bild die Form des Rosaliengebirges haben. Als ich nun vor diesem Rosaliengebirge stand, schien mir dieser Gedanke zuerst befremdlich. Aber als ich es länger betrachtete und durch den Wald emporschritt, ging mir allmählich ein Verständnis dafür auf, warum Rudolf Steiner gerade diesen sanft geschwungenen, bewaldeten Bergrücken als Vorbild für den Berg wählte, der den Tempel trägt. Und ich mußte an den sanft geschwungenen Bergrücken des Odilienberges im Elsaß denken, der oben das Kloster trägt. Dort kann man auch das Gefühl haben, man steige zu einer Gralsburg empor.

Jenseits der Brücke über die Leitha sind wir bereits in Neudörfl. Gleich auf der rechten Seite sehen wir eine hübsche Kapelle des heiligen Nepomuk (Bild 19). Neudörfl ist ein typisch ungarisches Dorf, das seit der Zeit, in der Rudolf Steiner hier lebte, sich nur wenig verändert haben mag. Man sieht an den Häusern noch die alten Jahreszahlen und es kann einen eigenartig berühren, wenn man z. B. 1869 liest und daran denkt, daß dieses Haus gerade in dem Jahr errichtet wurde, als die Familie Steiner nach Neudörfl übersiedelte. Es wurde bereits erwähnt, daß Neudörfl im wesentlichen aus einer eine Viertelstunde langen Hauptstraße besteht. An jeder Seite zieht sich von

West nach Ost eine Häuserzeile hin. Die Giebel stehen meistens senkrecht zu der Straße. Die Straßenfronten haben nur ein Erdgeschoß und nur zwei Fenster. Die Häuser sind untereinander mit Mauern verbunden, in denen sich der Eingang in den Hof befindet. An diese Höfe schließen sich die Gärten mit ihren Obstbäumen, ihren Blumen und Gemüsen an. In der Mitte der breiten Straße fließt ein Bach, ein Paradies für Kinder, Gänse und Enten. An diesem Bache standen die von Rudolf Steiner erwähnten Nußbäume; an deren Stelle sind jetzt hauptsächlich Edelkastanien getreten, die in dieser Gegend sehr gut gedeihen. Der eine Teil dieser Straße ist jetzt mit Rücksicht auf den Automobilverkehr asphaltiert, der andere zeigt sich so, wie das Ganze zu Rudolf Steiners Zeiten gewiß gewesen ist und wie die Straßen in den ungarischen Dörfern immer waren und meistens noch alle sind. Bei trockenem, windigem Wetter erheben sich mächtige Staubwolken, bei Regen verwandeln sich die Straßen in ein unpassierbares Kotmeer. Die Bewohner konnten dann – so wird erzählt – nichts anderes tun, als darüber hinweg schreien, wenn sie sich verständigen wollten.

Das Bild 20 gibt die Straße wieder, die wir von Westen kommend, heraufgewandert sind. Nach Osten gekehrt, erblicken wir die Kirche, die dem Heiligen Nikolaus geweiht ist (Bild 22). Sie liegt etwas erhöht am Ostende

20. *Neudörfl. Hauptstraße, Blick nach Osten*

21. Neudörfl. Hauptstraße, Blick nach Westen

22. Neudörfl. Kirche des hl. Nikolaus
    Bahnhof ⌄

23. *Neudörfl. Ehemaliges Schulhaus*

und bildet, wie selbstverständlich, den Hauptpunkt des Ortes. Bei ihr beginnen die beiden Häuserzeilen, die eine mit dem Pfarrhaus, und die andere mit dem ehemaligen Schulhaus (Bild 23), in dem zu Rudolf Steiners Zeiten 5 Klassen, Buben und Mädel, in einem Raum gleichzeitig unterrichtet wurden. Hier – in dem kleinen Nebenzimmer des Hilfslehrers, Heinrich Gangl –, erlebte der Knabe Rudolf Steiner Wichtigstes. Er vertiefte sich mit Enthusiasmus in das Geometriebuch von Močnik und lernte, wie er sagte, «an der Geometrie das Glück zuerst kennen», da er durch dieses Geometriebuch für sein Bewußtsein die Rechtfertigung der geistigen Welt bekam. Durch Heinrich Gangl kam auch das künstlerische Element in das Leben Rudolf Steiners, da er Violine und Klavier spielte und das Zeichnen liebte. – Der Bahnhof ist nur wenige Schritte von der Kirche entfernt. Auf dem Bilde 22 ist er im Hintergrund zu sehen. Zwischen beiden liegt der Friedhof (Bild 25), der jetzt aufgelassen und verödet ist. Rudolf Steiner verlebte so seine Kindheit in unmittelbarer Nähe der Kirche und des Friedhofes und es war dies – wie er selbst sagt – von großer Bedeutung in dem Leben des Knaben. Der Pfarrer, Franz Maráz, spielte ebenfalls eine wichtige Rolle darin. Er war ein energischer, ungarischer Patriot und scheint eine bedeutende Persönlichkeit ge-

24. Neudörfl. Kirche, vom Bahndamm aus

25. Neudörfl. Alter Friedhof, links die Kirche

wesen zu sein *. Rudolf Steiner schreibt in «Mein Lebensgang» unter anderem über ihn: «Das Bild dieses Mannes hat sich tief in meine Seele eingeprägt und er trat durch mein ganzes Leben hindurch immer wieder in meiner Erinnerung auf.» In dieser Kirche mußte Rudolf Steiner – wie die anderen Jungen im Dorfe – etwa bis zu seinem 10. Lebensjahr Ministranten- und Chordienste tun, und er war dadurch oft in der Umgebung des von ihm so geschätzten Pfarrers. In solcher Umgebung drang Rudolf Steiner in das Wesen des katholischen Kultus ein. Er schreibt in «Mein Lebensgang» darüber:

«Der Bibel- und Katechismusunterricht, den der Pfarrer erteilte, war weit weniger wirksam innerhalb meiner Seelenwelt, als das, was er als Ausübender des Kultus tat in Vermittlung zwischen der sinnlichen und übersinnlichen Welt. Von Anfang an war mir das alles nicht eine bloße Form, sondern tiefgehendes Erlebnis. Das war um so mehr der Fall, als ich damit im Elternhaus ein Fremdling war. Mein Gemüt verließ das Leben, das ich mit dem Kultus aufgenommen hatte, auch nicht bei dem, was ich in meiner häuslichen Umgebung erlebte...»

*Franz Maráz war von 1860–1873 Pfarrer in Neudörfl. Er wurde später Domherr in Ödenburg und bekleidete große Würden.

26. *Neudörfl. Bahnhof*

Der Bahnhof (Bild 26) ist ein schmuckloser Kasten. Im ersten Stock befand sich die Wohnung der Familie Steiner. Auf Anregung der Burgenländischen Landesregierung brachte die Anthroposophische Gesellschaft am 23. Juni 1928 an dem Gebäude eine Gedenktafel für Rudolf Steiner an (Bild 27). Diese hatte folgenden Text:

DEM GEDENKEN AN
RUDOLF STEINER
DEN BEGRÜNDER
DER ANTHROPOSOPHISCHEN
GEISTESRICHTUNG, GEWIDMET.
IN DIESEM HAUSE ERWUCHSEN
DEM KINDE DIE GRUNDLAGEN
SEINER GEISTIGEN WELT.
1869–1879

27. *Neudörfl. Bahnhof mit Gedenktafel*

Als das nationalsozialistische Regime zur Herrschaft kam, wurde diese Tafel entfernt und später vernichtet. Am 7. Oktober 1951 wurde von der Anthroposophischen Gesellschaft mit einem Festakt in Anwesenheit von Vertretern der Burgenländischen Landesregierung, der Direktion der Bundesbahnen und des Bürgermeisters von Neudörfl samt Gemeinderat eine neue Tafel mit dem gleichen Text eingeweiht. Neben dem Bahnhof stehen die Bäume, unter denen die Familie Steiner an unbeschäftigten Abendstunden oft saß. Vor der Station ist der Platz, auf dem der 10jährige Rudolf Steiner an Seite eines Arztes, Dr. Emanuel Hickl aus Wiener-Neustadt, hin und her ging und das erste Mal, in enthusiastischer Weise vorgetragen, etwas von den Größen der deutschen Literatur hörte. Rudolf Steiner sagt, daß dieses Bild in seinem ganzen Leben in der Erinnerung Festesstunden feierte. Dieser Arzt hatte auch noch später eine wichtige Aufgabe im Leben Rudolf Steiners zu erfüllen, da er ihm in Wiener-Neustadt viele Bücher lieh und mit ihm eingehend über deren Inhalt sprach. Von dem Bahnhof sieht man im Westen in der Ferne (Bild 28) die gleichen Berge, die in Pottschach nahe gesehen werden.

Neudörfl liegt dicht an dem Fuße des Rosaliengebirges und man benötigt nur wenige Minuten, um in den Wald zu kommen. Oft machte Rudolf

28. Neudörfl. Blick vom Bahnhof nach Westen. Im Hintergrunde Wiener-Neustadt

29. *Rosalienkapelle*

Steiner in diesen Wäldern weite Spaziergänge und sammelte die mannigfaltigsten Beeren, um das oft schmale Abendbrot der Familie zu bereichern. Gerne ging er auch auf den Gipfel des Gebirges, auf dem eine der heiligen Rosalie geweihte Kapelle steht (Bild 29). Hier genießt man eine wundervolle Aussicht (Bild 30). Weit schweift der Blick nach Ungarn. Nahe liegt die große, gut erhaltene Burg der Esterházys: Forchtenstein (Bild 31).

Sauerbrunn ist etwa 3 km von Neudörfl entfernt. Der Weg dorthin (Bild 32) führt durch eine fruchtbare Gegend, reich an Obst- und Edelkastanienbäumen. Überhaupt ist dieser Landstrich des Burgenlandes ein sehr fruchtbarer Boden und einer der Hauptlieferanten von Obst und Gemüse für Wien. Die Heilquelle von Sauerbrunn ist ein ausgezeichnet mundender, frischer, eisenlithionhaltiger Säuerling mit einem hohen Kohlesäuregehalt. Rudolf Steiner erzählt in «Mein Lebensgang», wie er, wenn Schulferien waren, jeden Tag ganz frühmorgens nach Sauerbrunn ging, beladen mit einem «Blutzer» (Bild 33). Das ist ein Wasserbehälter aus glasiertem Ton. Der seine faßte

30. *Blick von der Rosalienkapelle nach Osten. Rechts Burg Forchtenstein*

etwa drei bis vier Liter. Den konnte man ohne Entgelt an der Quelle füllen. Beim Mittag konnte dann die Familie das wohlschmeckende, perlende Wasser genießen. – Damals war die Quelle noch nicht so prosaisch gefaßt und in einem so wenig romantischen Holzhäuschen untergebracht wie heute. Das Wasser floß, wie ein Mitschüler Rudolf Steiners erzählte, in einem Bächlein durch den Wald. Aber die «Blutzer» waren damals die gleichen, wie heute, und wie damals kommen heute die Kinder und auch die Erwachsenen mit ihnen zur Quelle, um sie mit dem köstlichen, heilkräftigen Wasser zu füllen. Das Wasser hält sich in diesen Blutzern sehr lange frisch.

In den Jahren 1872–1879 besuchte Rudolf Steiner die Oberrealschule (Bild 36) in Wiener-Neustadt und er überschritt jeden Tag zweimal die Grenze, die den Westen vom Osten trennt. Einem glücklichen Umstand verdankt er, daß er dort durch Jahre hindurch bei einer gutherzigen Frau das Mittagessen einnehmen konnte. Diese – Frau Lackinger, die Frau eines Prokuristen der Wiener-Neustädter Lokomotivfabrik – wartete eines Tages auf

31. *Burg Forchtenstein*

dem Neudörfler Bahnhof auf den Zug und kam in ein Gespräch mit der Mutter Rudolf Steiners, die ihr erzählte, daß ihr Junge nun in die Realschule in Wiener-Neustadt käme, aber daß sie sich Sorgen mache, wo er eigentlich über Mittag weilen könnte. Frau Lackinger erklärte sich sofort gerne bereit, ihn zu Mittag bei sich aufzunehmen und ihn zu verpflegen. So wurde Rudolf Steiner durch einen gütigen Menschen der Besuch der Schule etwas leichter gemacht.

Von seinem 15. Jahre an, als er in die 5. Klasse kam (Bild 35), gab Rudolf Steiner verschiedenen seiner Mitschüler und auch anderen Nachhilfestunden. Er war ein ausgezeichneter Schüler; seit der zweiten Klasse war er das,

32. *Weg von Neudörfl nach Sauerbrunn*

33. *«Blutzer»*

34. *Römischer «Blutzer», in Neudörfl gefunden*

35. Fünfte Klasse der Oberrealschule in Wiener-Neustadt, 1876.
Zweite Reihe von hinten, ganz rechts: Rudolf Steiner

36. Wiener-Neustadt. Oberrealschule

37. *Maturanden der Oberrealschule Wiener-Neustadt*, 1879.
Ganz rechts stehend: Rudolf Steiner

was man in Österreich einen «Vorzugsschüler» nannte, das heißt seine Zeugnisse enthielten nur die besten Noten. Auch die Matura, mit der er 1879 die Oberrealschule beendigte, hat er mit Auszeichnung bestanden. Bild 37 zeigt die Maturanden, unter ihnen Rudolf Steiner.

Von 1879 an besuchte Rudolf Steiner die Technische Hochschule in Wien. Die Direktion der Südbahn hatte dem Vater versprochen, daß sie ihn an eine Station in der Nähe von Wien versetzen würde, damit sein Sohn die Technische Hochschule besuchen könne. Dies geschah nun auch und die Familie übersiedelte nach Inzersdorf am Wienerberg, in eine wenig schöne Gegend. Rudolf Steiner fuhr nun jeden Tag nach Wien und ging vom Südbahnhof nach der Technischen Hochschule. Er ist sicher oft durch den schönen Belvedere-Garten, die ehemalige Residenz des Prinzen Eugen, gegangen, und hat vor sich Wien mit seinen vielen Kirchtürmen liegen gesehen, eingesäumt von den Bergen des Wienerwaldes, den Ausläufern der Gebirge, die er in Pottschach so nahe erblickt hatte. Etwa 10 Minuten von dem Belvedere-Garten entfernt liegt einer der schönsten Plätze Wiens, der Karlsplatz (Bild 38), und auf ihm die Karlskirche und daneben die Technische Hoch-

Karlskirche ⋎   ⋎ Technische Hochschule

38. *Wien. Karlsplatz*

schule. Hier endigte nun die frühe Jugendzeit Rudolf Steiners und es begann ein neuer Abschnitt seines Lebens.

Wir fühlen, wie gerade diese Gebiete und dieses Volkstum, aus denen Rudolf Steiner erwuchs, und diese besondere Schicksalsgestaltung seiner Jugend notwendig waren, um die besten Voraussetzungen für die Erfüllung seiner großen Aufgabe zu schaffen.

Die Gegend von Niederösterreich, mit dem jetzigen Burgenland, hatte seit altersher zwei Aufgaben zu erfüllen: einerseits eine Brücke von West nach Ost, und andererseits die Grenze von West und Ost zu bilden. Und öfter, als es vielfach im Westen bekannt ist, verdankte dieser Westen es den Bewohnern jener Landstriche, daß die von Osten her anstürmenden Scharen hier aufgehalten wurden und nicht weiter in die westlichen Länder vordringen konnten. Die Bewohner gerade dieser Gebiete sind eigentlich die, mit deren Wesen sich der Begriff des «Österreichers» am meisten deckte. Durch dieses Land sind seit altersher die verschiedensten Völker gezogen, haben sich niedergelassen und sich mit der ansässigen Bevölkerung vermischt; sie wurden dann selbst wieder von anderen Völkern verdrängt. Dieser Vorgang wiederholte sich oft. Es ist klar, daß sich in einem solchen Gebiet eine in sich geschlossene Nation nicht bilden konnte. Auch später, als in der großen Habsburgischen Monarchie mit ihren 50 Millionen Einwohnern aus 14 Nationen, Wien mit dem umgebenden Niederösterreich der Mittelpunkt des Landes wurde, kamen von allen Seiten Angehörige der verschiedensten Nationen in dieses Gebiet. Sie ließen sich dort nieder und verschmolzen mit der Bevölkerung. Man kann daher verstehen, daß ein Österreicher nie in dem Sinne, wie etwa ein Deutscher, Engländer oder Franzose, sich als nationaler Mensch empfand, ja, sich gar nicht empfinden konnte. Er fühlte sich als Angehöriger einer Völkerfamilie. Von da ist es nur ein Schritt zu einem wirklich europäischen Denken. Es ist so, wie ein moderner Schriftsteller sagt, daß dem Österreicher europäisches Denken im Blute liegt. Ein Österreicher hat es leichter, zu einem solchen Denken zu kommen, da er nicht in der gleichen Weise dem Nationalen verhaftet ist, wie Angehörige anderer Völker.

Wichtig erscheint aber auch, daß Rudolf Steiner aus dem damals von der modernen Zivilisation abgeschlossenen Waldviertel stammt, dessen Bewohner einfache, vom Intellektualismus nicht verbildete Menschen waren. Aber geboren wurde Rudolf Steiner, ferne von dieser Heimat seiner Vorfahren, nicht einmal in einer deutschsprachigen Gegend, sondern in einem Grenzgebiet, zwischen Kroatien und Ungarn!

Wir betonten schon, wie bedeutsam für das Leben Rudolf Steiners der Entschluß des Vaters war, seinen Beruf als Jäger aufzugeben und den Dienst an der Südbahn anzutreten. Wenn man nur äußerlich diesen Entschluß betrachtet, so ist er schlechterdings nicht zu verstehen. Der Vater, dessen Leben bisher sich ferne von jedem Technischen abgespielt hatte, wählte gerade diesen ihm so fremden Beruf eines Eisenbahners, einen Beruf, dem er in seinem innersten Wesen auch immer fremd geblieben ist. Es wäre näherliegend gewesen, wenn er einen anderen Beruf, sei es Handwerker, Kaufmann oder einen ähnlichen ergriffen hätte, einen Beruf, der ihn und seine Frau in der Heimat weiter hätte bleiben lassen, mit der sie beide mit jeder Faser ihres Herzens verbunden waren und verbunden blieben. Nur entwurzeln konnte ihn dagegen der Beruf des Eisenbahners, denn wie kaum ein anderer macht er die Menschen zu heimatlosen: sie werden von Ort zu Ort versetzt, sie leben in unwohnlichen Häusern, mit denen sie nichts Heimatliches verbindet.

Sie werden nicht in die Dorfgemeinschaft aufgenommen, sie gelten überall als «Fremde». So geht es auch ihren Kindern. Rudolf Steiner schildert es, wie er in Neudörfl von der Dorfjugend als «Fremder im Dorfe» behandelt wurde. So wachsen die Kinder der Eisenbahner frei von allen Gefühlen auf, die andere Kinder an Haus und Heimatort binden. Sie erfahren früh, was Einsamkeit und Heimatlosigkeit ist.

Für Rudolf Steiner hatte der Entschluß des Vaters aber noch eine ganz besondere Bedeutung. Wie wichtig es für sein Leben war, daß er durch den Beruf seines Vaters als Eisenbahner seit Beginn seines Lebens umgeben war von den damals allermodernsten technischen Errungenschaften, daß stündlich sein Blick gerichtet war auf das Eisenbahn- und Telegraphenwesen, spricht er in dem Vortrag vom 4. Februar 1913 mit folgenden Worten aus:

«Wenn sich jemand zu einem ganz modernen Leben, zu einem Leben in den modernsten Errungenschaften der gegenwärtigen Zeit hätte anschicken wollen und sich dazu hätte aussuchen wollen die entsprechenden Daseinsbedingungen der gegenwärtigen Inkarnation, so scheint mir, hätte er diejenige Wahl treffen müssen in Bezug auf seine gegenwärtige Inkarnation, die Rudolf Steiner eben getroffen hat.»

Dadurch aber, daß der Vater gerade die Südbahn gewählt hatte und nicht eine der anderen, räumlich näheren österreichischen Bahnen, kam noch etwas anderes, für Rudolf Steiners Leben Wichtiges hinzu. Die Südbahn ist diejenige, die durch die schönsten Gegenden Österreichs führt. Sowohl Pottschach wie auch Neudörfl hatten ausnehmend schöne Umgebungen. Rudolf Steiner sah als Kind ständig, zuerst näher, später ferner, die Berge der Hochgebirgswelt und konnte Wanderungen in den nahen Wäldern machen. Er betonte zu verschiedenen Malen, wie für die Entfaltung seines Seelenlebens es wichtig war, daß er in dieser schönen Natur aufwachsen konnte.

Es scheint auch von Bedeutung zu sein, daß der Vater gerade nach Neudörfl versetzt worden war, weil dadurch Rudolf Steiner zehn der wichtigsten Jahre seiner Jugend in der besonderen Atmosphäre des Burgenlandes leben konnte. Wir haben bereits gehört, wie Ursprüngliches in dieser Landschaft und in der dort gepflogenen Mundart lebte. Auch liegt Neudörfl auf einem Boden, der viel historisches Geschehen gesehen hat: in der sogenannten Wiener-Neustädter Pforte, die ein breiter Durchlaß zwischen dem Rosalien- und dem Leithagebirge ist und durch den seit alterher von West nach Ost und von Ost nach West Völkerscharen gezogen sind. Manche Überreste von

39. *Bernstein. St. Michaelskirche, rechts gegenüber Burg Bernstein*

40. *Burg Bernstein*

41. *Burg Bernstein*

alten Zeiten wurden da ausgegraben. Viele, meist noch wohlerhaltene Burgen liegen in dem Burgenland, das diesen Namen nicht umsonst führt, obwohl er 1921 aus anderen Gründen gegeben wurde (Bilder 40–43*). Auch die Mysterien- und Kultstätten alter Zeiten sind erwähnt worden.

Da Johann Steiner sich den Eisenbahnerberuf gewählt hatte, wollte er seinem Sohn eine Ausbildung zuteil werden lassen, die diesen befähigen konnte, einmal Eisenbahningenieur zu werden und es damit leichter und besser zu haben als der Vater. Deshalb kam nur die Realschule für Rudolf Steiner in Betracht, nicht das Gymnasium. Trotzdem machte er neben seinem Realschulstudium für sich einen privaten Gymnasialunterricht durch. Der Anlaß dazu war, daß er die lateinischen und griechischen Klassiker, die in der Realschule nur in Übersetzungen gelesen wurden, in der Ursprache

*Die Burgen Bernstein und Lockenhaus sind auch insofern interessant, als sie anscheinend Vorbilder waren für die mittelalterliche Burg in Rudolf Steiners zweitem Mysteriendrama «Die Prüfung der Seele». Dr. Steiner hatte angegeben, daß diese Burg auf der Bühne möglichst treu nach einer vorhandenen Templerburg gebracht werden solle. Nun war tatsächlich bei der Münchener Aufführung 1911 das Äußere der Burg im Bühnenbild ähnlich der Burg Bernstein, der Saal jedoch dem Templersaal in Burg Lockenhaus.

42. *Burg Lockenhaus*

43. *Burg Lockenhaus. Templersaal*

kennen lernen wollte. So erlernte er Lateinisch und Griechisch durch Selbstunterricht. Späterhin, als er einen Gymnasiasten durch Jahre unterrichten mußte, wurde ihm auf diese Art das Wissen eines Gymnasialstudiums zuteil. Indem er so beide Mittelschularten durchmachte, verschaffte er sich frühzeitig den Grundstock zu einer universellen Bildung.

Das Gymnasium in Wiener-Neustadt lag nicht weit von der Oberrealschule entfernt und wurde von Zisterziensern geleitet. Es ist dies ein Orden, zu dem sich Rudolf Steiner immer irgendwie hingezogen fühlte, wie er selber erzählt, und mit dessen Angehörigen er später öfter in Berührung gekommen ist. Sein Schicksal führte ihn aber nicht in die Obhut der Zisterzienser, nicht in das Gymnasium, sondern in die Realschule. In den Pausen aber konnte er beobachten, wie diese geistlichen Professoren auf der Straße, sich miteinander unterhaltend, hin und her gingen. Auch die Aufsätze, die von ihnen in den Jahresprogrammen des Gymnasiums erschienen, las er mit großem Interesse.

Obwohl Rudolf Steiner durch seine eigenen Schularbeiten und auch durch seinen langen Schulweg selbst sehr in Anspruch genommen war, gab er schon in früher Jugend (vom 15. Jahre an) anderen Schülern Nachhilfestunden, wie er sagt, um «wenigstens ein Geringes dem beizusteuern, was seine Eltern von ihrem kärglichen Einkommen für seine Ausbildung aufwenden mußten». Aber noch anderes war ihm dabei wichtig. Er sagt in «Mein Lebensgang», daß er den Nachhilfestunden sehr viel verdankt. Die Kenntnisse, die ihm von der Schule vermittelt wurden, nahm er wie in einem Lebenstraum auf. Dadurch aber, daß er den so halbwach aufgenommenen Unterrichtsstoff an andere weiterzugeben hatte, erwachte er gewissermaßen an ihm und er mußte so seine Kenntnisse in den Nachhilfestunden beleben. Außerdem wurde er aber – wie er sagt – dadurch genötigt, sich bereits in einem frühen Lebensalter mit praktischer Seelenkunde zu beschäftigen und die Schwierigkeiten der menschlichen Seelenentwicklung an seinen Schülern kennen zu lernen.

Rudolf Steiner war – nach seinen eigenen Worten – bereits in der Jugend ein sehr geselliger Mensch und hatte viele Freundschaften geschlossen. Trotzdem brachten es die Verhältnisse mit sich, daß er viel allein war. Ein Mitschüler von ihm erzählt, daß Rudolf Steiner während der ganzen 7 Jahre, die er die Oberrealschule besuchte, keinen Abend in Wiener-Neustadt war, daher auch nie mit seinen Kameraden spazieren ging oder deren Streiche mitmachte. Er wurde dadurch gewissermaßen von ihnen als Kamerad gestrichen. Rudolf Steiner mußte ja täglich nach der Schule wieder zurück nach Neudörfl. Manchmal machte er den Weg zu Fuß, manchmal war es möglich, einen Zug zu benützen. Wenn er auf diesen warten mußte, so war ihm gestattet worden, daß er in einem leeren Eisenbahnwagen sich aufhalten konnte. Da saß er nun – wie der gleiche Mitschüler erzählt – und studierte in der ersten Zeit Märchen- und später philosophische Bücher. Aber auch zuhause setzte er sich – wie seine Schwester berichtete – meistens mit seinen Büchern in eine Ecke und spielte selten mit seinen Geschwistern.

Öfter hat Rudolf Steiner es selbst ausgesprochen, daß die Schulen gerade in Österreich damals zu den besten zählten. In einer Ansprache in Wien, am 30. September 1923 sagte er folgendes:

«Wenn man in die Fünfziger, Sechziger oder noch an den Anfang der Siebziger Jahre des vorigen Jahrhunderts zurückgeht, so gab es damals in Österreich die besten Schulbücher von der ganzen Welt und dieses Gute erstreckte sich nicht etwa bloß auf die sogenannten humanistischen Schulbücher, sondern bis in die Mathematik- und Geometriebücher hinein... Man hat nicht ungestraft die späteren, schauderhaften Geometriebücher eingeführt an Stelle z. B. des Fialkowski oder des alten Mocnik, den man als Geometriebuch früher in Österreich hatte, wo alles in der darstellenden Geometrie, ohne daß man es merkte, ins Gemüthafte hinübergeführt war. Schon an den Figuren war das zu merken: man hatte einen schwarzen Grund und darauf weiße Linien, statt der heute meist anzutreffenden schwarzen Striche. Das alles stand dem Gemüte unendlich viel näher... Aus jener feinen Bildung heraus, die das geistige Leben ziselierte, die in Österreich bis in die Mittelschulen hinein die Bildung der Benedektiner, der Zisterzienser war, aus dieser Bildung ist etwas eingeflossen von Geistigem in das österreichische Gemüt, was Sie sonst nirgends finden... Davon lebt doch hier noch vieles. Es lebt in den Seelen, nur malträtieren die Menschen ihre eigene Seele: sie unterdrücken diese Dinge. Und eben gerade der Umstand, daß jener reformatorische, protestantisch-evangelische Intellektualismus nicht als durchgreifende Welle durch das österreichische Gemüt gegangen ist, gerade das bedingt ein ganz besonderes österreichisches Seelenmilieu. Das Deutschtum in Österreich ist etwas anderes, als das Deutschtum irgendwo in der Welt. Man braucht ja nur hinzuweisen auf jene feinen Geister, die im letzten Drittel des 19. Jahrhunderts in Österreich gewirkt haben.. Man muß da nicht spekulieren, wie der Unterschied zwischen diesem und jenem Erdgebiet ist, sondern man muß fühlen, wie hier wirklich starke Innerlichkeit steckt. Das drückt sich in den geringsten Einzelheiten aus. Die anderen Deutschen fühlen das manchmal als etwas recht Fremdes...»

Aus all dem kann vielleicht verstanden werden, daß das damalige Österreich und sein dort erlebtes Schicksal Rudolf Steiner die besten Grundlagen für die Erfüllung der großen Aufgaben seines Lebens geben konnten.

OSKAR SCHMIEDEL

Der Name «Weleda»

Manuskript (1930)

Beginnt man sich mit der historischen Persönlichkeit, die den Namen Weleda trägt, zu beschäftigen, so begegnet einem das Eigentümliche, dass einem gewissermaßen von allen Seiten der Name «Weleda» entgegentritt, dass man in verschiedenen Gegenden Höhlen und sonstige Orte trifft, die entweder direkt «Weleda» heißen oder der Name davon abgeleitet ist. Ja man findet sogar, dass zum Beispiel Fahrradsättel, Fabriken, Hotels u.a.m. so benannt werden. Man bemerkt bald, dass es gewisse Kreise geben muss, die sich bis auf unsere Tage für die Weleda interessieren und sich mit ihr beschäftigen; aber man erkennt auch bald, dass die Existenz der historischen Persönlichkeit der altgermanischen Jungfrau Weleda nicht allein genügt, um das Antreffen dieses Namens an den verschiedenen Orten zu erklären. Was liegt dem zu Grunde? Wir kommen einer Erklärung dieser Tatsache vielleicht näher, wenn wir die Bedeutung des Namens Weleda uns ansehen. Es sind gewiss von zahlreichen Seiten eine Reihe Deutungsversuche dieses Namens gemacht worden, aber es würde zu weit führen, wenn wir dieselben alle aufzählen wollten. Am nächsten der Wahrheit werden wohl die Erklärungen kommen, die dem Namen Bedeutungen zugrundelegen wie etwa: die «Vielwissende», die «wissende Jungfrau», die «weise Jungfrau», auch die «an Geheimnissen Reiche». Das bedeutet jedenfalls, dass wir es bei der Trägerin des Namens Weleda mit einer eingeweihten Persönlichkeit zu tun haben. Etwas ähnliches bedeutet ja der bekanntere Name «Alrune», welcher wohl am besten zu übersetzen ist mit: die «Alleswissende», die «alle Mysterien, alle Geheimnisse Kennende». Ebenso will man nun mit dem Namen Alrune nicht nur *eine* Persönlichkeit bezeichnete, sondern überhaupt eine gewisse Art eingeweihter, germanischer Frauen, so wird jedenfalls das gleiche mit dem Namen Weleda der Fall sein. Man hat also in beiden Namen nicht nur Namen zu sehen, die historischen Persönlichkeiten eigentümlich waren, sondern gewissermaßen «Gattungsnamen», die wahrscheinlich einen bestimmten Grad der Einweihung bedeuteten. Vielleicht war es so, dass beide Namen verschiedene Grade der Einweihung bei den alten Germanen bedeuteten, vielleicht waren aber beide Namen nur eine Bezeichnung bei verschiedenen Stämmen für das Gleiche, für eine eingeweihte Frau. Durch diese Annahme, dass verschiedene eingeweihte Persönlichkeiten den Namen Weleda getragen haben, würde sich nun leicht die angeführte Tatsache erklären, dass bei den verschiedensten Ortsbezeichnungen der Name Weleda unverändert oder doch zu Grunde liegend zu finden ist.

Was nun die historische Weleda betrifft, so ist sie durch ihr Zusammentreffen mit den Römern allgemeiner bekannt geworden und besonders Tacitus erwähnt sie des Öfteren in seinen Schriften. Sie wird uns als eine weise Jungfrauen und Seherin geschildert, welche im ersten nachchristlichen Jahrhundert an der Lippe lebte und dem Stamm der Brukterer angehörte. Die Brukterer waren ein altgermanischer Volksstamm, welcher im heutigen Westfalen zwischen der Ems und der Lippe wohnte. Wann die Weleda als Seherin und Eingeweihte berühmt zu werden begann, ist aus den historischen Überlieferungen nicht festzustellen, aber gewiss ist, dass sie zur Zeit des römischen Kaisers Vespasian (9 – 79 n. Chr.) lebte und bereits im Jahre 70 in einem höheren Alter stand und sich ein großes Ansehen und einen bedeutenden Einfluss bei ihrem eigenen Stamm und bei den anderen an den Ufern des Rheines lebende Stämmen erworben hatte. Es war in diesem Jahre, als sich Civilis, das Haupt des germanischen Stammes der Bataver, erhob, um sein Volk von der Herrschaft der Römer zu befreien und Weleda war es, die die Brukterer veranlasste, sich als erstes Volk den Batavern im Aufstand gegen Rom anzuschließen. Zu diesem von Civilis und Weleda geschlossenen Bündnis gesellten sich bald auch andere germanische Stämme und Weleda weissagte den verbündeten Germanen Sieg und den römischen Legionen Untergang. Diese Weissagung erfüllte sich nun bald, da in verschiedenen Treffen die Römer schwere Niederlagen erlitten. Durch das Eintreffen dieser Prophezeiung wuchs das Ansehen der Weleda immer mehr, so dass als selbstverständlich angesehen wurde, dass sie bei Uneinigkeit zwischen den germanischen Völkern als Schiedsrichterin angerufen wurde und dass sie nach dem siegreichen Schlachten reiche Geschenke erhielt. So wurde ihr zum Beispiel nach der Eroberung der römischen Festung Vetera der gefangen genommene Kommandant Mummius Lupercus, nebst anderen wertvollen Beutestücken als Geschenk zugeschickt. Doch gelangte er nicht zu ihr, da er unterwegs ermordet wurde. Auch als die Germanen die römische Flotte bei Bonna (Bonn) überfielen und eroberten, führten sie die drei-rudrige Hauptgaleere des römischen Feldherrn Cerialis die Lippe aufwärts und brachten sie der Weleda als Geschenk. Doch allmählich gelang es den Römern durch Siege und Unterhandlungen, durch Listen und Bestechungen die mit den Batavern und Brukterern verbündeten germanischen Völker zum Abfall zu bringen, so dass bald die Bataver und Brukterer allein gegen die Römer kämpfen mussten. Obwohl sich nun so das Blatt zu Gunsten der Römer zu wenden begann, fürchteten sie doch noch den großen Einfluss der Weleda, und der römische Feldherr Cerialis schickte heimlich Gesandte zu ihr und ihren Verwandten, die sie unter Drohungen und Versprechungen zu bereden versuchten, dass sie zum Frieden mahnen sollte. Gleichzeitig verhandelte er mit Civilis und den Batavern, die durch den langen Krieg bereits ermüdet waren. Schließlich kam ein Friede zu Stande; doch scheinen die Römer die Weleda noch immer gefürchtet zu haben, denn es gelang ihnen, sie auf eine nicht mehr bekannte Art gefangen zunehmen und im Triumph nach Rom zu führen, wo ihr anscheinend eine ehrenvolle Behandlung zuteil geworden ist. Ihr Tod erfolgte in Rom etwa um das Jahr 80, denn im Jahr 84 wird sie als tot gemeldet.

Der Grund, warum diese etwas kriegerische Episode aus dem Leben der Weleda ausführlicher geschildert wurde, ist der, weil gerade diese Lebensepoche uns von den römischen Schriftstellern am genauesten überliefert wird. Doch darf daraus nicht geschlossen werden, dass die Weleda etwas wie eine Anführerin in den Kriegen der Brukterer war. Sie war das, was im alten Sinn als eine «weise Jungfrau» bezeichnet wurde. Diese waren – wie wir bereits gesehen haben – Frauen, die eingeweiht waren und dadurch von dem Volke als Prophetinnen und Raterinnen hoch geehrt wurden. Es kamen daher auch zur Weleda von weit und breit Hilfe- und Ratsuchende; doch war ihre Tätigkeit nicht allein auf Prophezeiungen beschränkt, sondern sie musste auch Streitigkeiten schlichten, und eingegangene Verträge sollten von ihr gewissermaßen das Siegel der Heiligkeit aufgedrückt erhalten. Sie selbst, die in einem alten, verlassenen römischen Turm an der Lippe ihren Wohnsitz hatte, empfing jedoch gewöhnlich niemanden persönlich, sondern die Bitten und Fragen wurden einem Verwandten von ihr mitgeteilt, der sie ihre überbrachte und ihre Antwort dann weiter übermittelte. Wie es früher bei den Priestern und Priesterinnen auch sonst der Fall war, so verband auch die Weleda mit ihrem Priester- und Prophetentun das Heilertum. Einen ganz besonderen Ruf scheint sie auch in dieser Beziehung gehabt zu haben; viele kamen zu ihr, um Hilfe und Heilung zu suchen und oft - besonders wenn die Dämmerung hereingebrochen war - suchte sie unauffällig und heimlich die Kranken auf, die nicht zu ihr kommen konnten und brachte ihnen heilenden Rat.* In diesen heimlichen Besuchen, welche auch anderwärts die Gewohnheit von solchen weissagenden und heilbringenden Frauen war, mag im übrigen vielleicht der Grund von verschiedenen Sagen zu finden sein, welches sich an die Frau Holle, Frau Bertha und andere anknüpfen und erzählen, dass diese Persönlichkeiten in der Nacht die Kranken besuchten und ihnen Linderung und Heilung brachten.

Durch ihre, nach allen Seiten segenspendende Tätigkeit wuchs der Ruhm der Weleda immer mehr und mehr, so dass ihr allmählich eine beinahe göttliche Verehrung zuteil wurde. Ihr Dienst scheint der Dienst derjenigen Göttin gewesen zu sein, der bei den Germanen der Isis entsprach, der Herta- oder Nerthusdienst, der Dienst der Holda (Hulde, Holle**), der Perahta (Berchta, Bertha), alles Göttinnen, die wahrscheinlich noch verschiedene Namen für die gleiche göttlich-geistige Wesenheit in verschiedenen Gegenden waren.

Es ist interessant, dass alle diese Göttinnen unter anderem auch die Verwandtschaft zu dem Wasser gemeinsam haben. Der Hertha- und Nerthuskult ist immer mit dem Wasser verknüpft, die Holda liebt den Aufenthalt im See und im Brunnen, Sterbliche gelangen nur durch den Brunnen in ihre Wohnung. Ähnliches gilt auch für die Peratha, der zum Beispiel Fische vorgesetzt werden müssen. Das Wasser war immer das Symbol für die Grenze, welche bei der Einweihung – aber auch beim Tode – überschritten werden musste, um in die übersinnliche Welt zu gelangen. So haben wir gewiss in der Göttin, die sich hinter diesem Namen verbirgt, vor allem die Göttin der Einweihung zu sehen. Und es ist daher auch bezeichnend, dass von der Holda und der Berchta erzählt wird, dass sie in den heiligen 12 Nächten ihren Umgang haben, dass sie also dann von Sterblichen gesehen werden können. Diese 12 heiligen Nächte, die am Weihnachtsabend beginnen, sind es ja, die seit jeher als einer mystischen Vertiefung besonders fruchtbar angesehen und wäh-

---

*   Es ist interessant, dass die Bezeichnung die «weise Frau» für eine gewisse Art heilbringender Persönlichkeiten sich in manchen Gegenden bis auf unsere Tage erhalten hat. So kann man noch jetzt die Hebammen als die «weisen Frauen» bezeichnet finden.

** ein Forscher spricht sogar die Vermutung aus, dass der Name Weleda eine römische Zusammenziehung von Wole Hulda ist, was ungefähr die Zauberin, die zauberhafte Wahrsagerin der Hulda bedeuten würde.

rend denen in den alten Mysterien stets besondere Kulthandlungen vorgenommen wurden. Nach alten Überlieferungen durften in diesen 12 Nächten – während also die Frau Holda umgeht – keine Hülsenfrüchte genossen werden. Dieses Verbot stammt gewiss aus alten Ritualvorschriften für Einzuweihende und es ist interessant zu sehen, dass auch Pythagoras seinen Schülern den Genuss von Hülsenfrüchte verboten hat. Dr. Rudolf Steiner gab uns den Grund hiezu an, indem er hinwies, dass der Genuss von Hülsenfrüchten das Traumleben, dessen Aufhellung gerade für den Einzuweihenden wichtig ist, verdunkelt und verfinstert.

Wenn früher ein Priester und Eingeweihter abgebildet wurde, so geschah dies so, dass er mit den Attributen der betreffenden Gottheit dargestellt wurde. Demgemäß wird uns auch erzählt, dass die Weleda so abgebildet wurde, dass sie in ihrer rechten Hand eine Spindel wie ein Zepter hält, ein Attribut, das allen drei vorhin erwähnten Göttinnen ebenfalls gemeinsam ist. In der Spindel und dem Spinnrocken haben wir das Symbol des Schicksals zu sehen, dass der Eingeweihte selbst in die Hand bekommt und dessen Fäden erkennen lernt. In ihrem Gürtel hatte die Weleda eine Sichel stecken, ein Symbol dafür, dass der Eingeweihte den Tod überwunden hat. Den Zusammenhang mit den Göttinnen zeigte auch ihre Fußbekleidung, die auf gewissen Statuen sehr eigentümlich gewesen sein soll. Ihr rechter Fuß stak in einer Sandale, ihr linker in einer Art Schnabelschuh. Was dem zu Grunde liegt, wird uns sofort klar, wenn wir uns erinnern, dass die Hertha – Isis – als Göttin der Einweihung - gewöhnlich so dargestellt wurde, dass sie mit einem Fuß auf dem Lande und mit dem anderen auf einer auf dem Wasser schwimmenden Barke ruhte. Ihre Priesterin musste daher in der symbolischen Abbildung auch diese Merkmale tragen, nur wurde die Barke allmählich zu einer Art Schnabelschuh. Im übrigen traf ich auf die Vermutung, dass die Statuen, die sich noch an einigen alten Kirchen finden und die gewöhnlich als die «Bertha mit dem großen Fuß» (auch «Reine Pédauque») bezeichnet werden, ursprünglich diejenige der Weleda waren. Es wäre dies nicht ganz unmöglich, da einerseits die Verknüpfung mit den Namen Bertha zu denken gibt und andererseits diese Statue von vielen Sagen umwoben und von den Vertretern der historischen Wissenschaft viel umstritten ist, die eigentlich nichts mit ihr anzufangen wissen. Neben verschiedenen Königinnen, die den Namen Bertha getragen haben und die diese Statue darstellen soll, wird sogar von einem Forscher angenommen, dass sie die Königin von Saba ist. Vor allem ist an dieser Statue merkwürdig, dass ein Fuß eigentümlich geformt ist. Zwar hat er nicht die Form einer Barke, aber doch eine Form, die mit dem Wasser zu tun hat: einen «Gänsefuß», als welcher er gewöhnlich bezeichnet wird.*

Ich glaube jedoch, dass es kein Fuß einer Gans, sondern der eines Schwanes sein soll; ebenfalls ein Symbol dafür, dass der Träger desselben ein Eingeweihter, ein Bote der geistigen Welt ist (vergleiche Lohengrin, Gudrun und andere). Der Schwan, die Schwanenjungfrau, die alles bis auf den Schwanenfuß ablegen kann, waren immer Symbole für Boten aus der geistigen Welt, und es wurde daher auch der Schwan, sowohl im germanischen, als auch im griechischen Mythos mit der Gabe der Weissagung dargestellt. Einen letzten Überrest des Schwanenfuß-Symboles haben wir noch in dem Druidenfuß oder dem Pentagramm, die als Hinweise auf das Übersinnliche ja bekannt sind. Ob nun diese Statuen der «Bertha mit dem großen Fuß» tatsächlich die der Weleda sind, mag vorerst dahingestellt sein, da dazu noch gründliche Untersuchungen – vor allem an Ort und Stelle – notwendig wären, die bisher nicht vorgenommen werden konnten. Aber möglich wäre es durchaus, dass derartige Statuen von der Weleda, die ja nahezu göttliche Verehrung genossen hatte, besonders nach ihrer Gefangennahme, hergestellt wurden und dann durch die christliche Geistlichkeit mit anderen Namen bezeichnet und späterhin als Schmuck an Kirchen verwendet wurden. Es brauchen natürlich auch diese Statuen gar nicht die der historischen Weleda zu sein, sondern - wie vorhin ausgeführt – überhaupt nur eine entsprechend eingeweihte Priesterin der Hertha, eben eine «Weleda» darzustellen.

Wie wir bereits erwähnt haben, kann man an einer Anzahl von Orten den Namen der Weleda treffen; doch ist der Wohnsitz der historischen Weleda durch verschiedene Angaben ziemlich deutlich bestimmt. So wird uns einerseits berichtet, dass sie eine Bruktererin war, und andererseits, dass sie an der Lippe in einem alten Turm gewohnt hat, bis zu dem die Hauptgaleere des römischen Feldherrn Cerialis, also ein ganz respektables Schiff, gebracht werden konnte. Berücksichtigt man beides, so wird wohl die Annahme nicht fehlgehen, dass der Wohnsitz der Weleda etwa zwischen den Orten Schermbeck und Lünen an der Lippe gelegen war. Aus verschiedenen Gründen glaube ich, dass dies in der Nähe von dem heutigen Haltern war, doch bedarf auch dies noch weiterer Untersuchungen. Es ist gewiss sehr interessant, von Dr. Rudolf Steiner** zu

---

*   Daher rührt auch der Name her: Pédauque = patte d'oie.
** «Die Mission einzelner Volksseelen im Zusammenhang mit der germanischen Mythologie», Vortragszyklus, Kristiana 1910, 7. Vortrag.

hören, dass gerade in der Nähe dieser Gegend der Punkt, das Zentrum war, von dem aus in alten Zeiten die größten Impulse für die Geistigkeit Europas ausstrahlten. Eine anscheinend hoch bedeutsame, altgermanische Kultstätte kann man noch heute in dem Kreise finden, den Dr. Rudolf Steiner als dieses Zentrum umschließend angibt. Es sind dies die weithin bekannten Externsteine bei Paderborn im Teutoburger Wald. Es ist eigentümlich, dass gerade auch dort eine «Weledahöhle» gezeigt wird; aber um den Wohnsitz der historischen Weleda kann es sich dabei nicht gut handeln, denn einerseits liegen die Externsteine außerhalb des ehemaligen Landes der Brukterer und andererseits ist der Ursprung der Lippe in der Nähe dieser Steine, so dass ein Heraufbringen der römischen Galeere bis an diesen Ort eine Unmöglichkeit gewesen wäre. Aber jedenfalls hatte man es auch hier mit einer Weleda zu tun gehabt, die dort ihres Amtes gewartet hat.

Es ist eine interessante Tatsache, dass sich anscheinend besonders die westliche, die französische Geistlichkeit mit der Weleda beschäftigen und beschäftigt haben. So wurde zum Beispiel einer französischen Freimaurerloge der Name Veléda gegeben, französische Maler (Horace Vernet z.B.) und Bildhauer (Maindron z.B.) schufen ihr Denkmäler in der bildenden Kunst, Schriftsteller (Chateaubriand z.B.) machten sie zur Heldin ihrer Dichtung und sogar der französische Astronom Paul Henri nennt einen von ihm neu entdeckten Planeten nach ihr. Aber auch ein deutscher Dichter (Kotzebue) schrieb ein Drama «Weleda, die kluge Frau aus dem Walde». Nur vertrivialisierte er sie in einem starken Maße und lässt sie als Tochter des Agrippa von Nettesheim im 16. Jahrhundert leben. Die Ursache dazu mag darinnen liegen, dass vielleicht Kotzebue gehört hatte, dass die Weleda zur Zeit der Agrippina, der Tochter des Germanicus, gelebt hatte und dass er dann in seiner Flüchtigkeit aus der Agrippina den Agrippa von Nettesheim und die Weleda zu dessen Tochter machte.

Damit sei eine kurze Skizze von dem gegeben, was vorerst über die Persönlichkeit der Weleda gesagt werden kann, und ich glaube, dass bereits aus dem wenigen hervorgegangen ist, dass man es dabei mit einer, oder - vielleicht besser - mit einer Anzahl bedeutsamer Persönlichkeiten zu tun hat. Auch glaube ich bestimmt, dass weitere Nachforschungen noch mehr interessantes Material zu Tage fördern werden. Und ich wäre jedem, der weiteres Material kennt oder findet, für Mitteilung desselben sehr zu Dank verpflichtet.

MENHIRE AUF ILE DE SEIN

Zeitschriftenaufsatz (1951)

Da wir häufig nach der Bedeutung des Namens «Weleda» gefragt werden, sei im folgenden einiges darüber berichtet.

Unser Unternehmen führte ursprünglich – vor nun schon mehr als 30 Jahren – den Namen: internationale Laboratorien-A.G. Da dieser Name uns bald als farblos und zu konventionell erschien, wandten wir uns mit der Bitte an Dr. Rudolf Steiner, uns einen besseren, einen sinnvollen Namen zu geben. Darauf schlug er den Namen «Weleda» vor und erklärte auf unsere Fragen, dass dies der Name einer altgermanischen Priesterin sei, die als Heilkundige große Berühmtheit erworben habe.

Diese Heilpriesterin ist in der Tat eine geschichtlich gut bekannte Persönlichkeit. Tacitus berichtet verschiedene Male von ihr. Sie lebte zu Beginn unserer Zeitrechnung in der Nähe des berühmten Heiligtums der Externsteine in einem alten Römerturm am Oberlauf der Lippe. Dem germanischen Stamme der Brukterer angehörig, genoss sie auch bei anderen Stämmen großes Ansehen; es wurden ihr als Prophetin und Seherin nahezu göttliche Ehren zuteil. Rat- und Hilfesuchende kamen von weit her; sie musste Streitigkeiten schlichten, musste abgeschlossenen Verträgen Gültigkeit und Weihe verleihen. Ganz besonderen Ruf aber genoss sie als Heilpriesterin. Unter ihrem Einfluss verbanden sich die Brukterer mit anderen germanischen Stämmen und brachten den Römern schwere Niederlagen bei. Erst nach längerer Zeit und großer Mühe, durch Verhandlungen, List und Bestechung gelang es den Römern, die Brukterer und Bataver zu isolieren und dann zu besiegen. Obwohl schließlich Friede zu Stande kam, fürchteten die Römer den Einfluss der Weleda derart, dass sie diese als Gefangene im Triumph nach Rom brachten, wo ihr ehrenvolle Behandlung zuteil wurde und wo sie dann etwa um das Jahr 80 n. Chr. gestorben ist.

Dies Wenige sei zur Erinnerung an die Persönlichkeit der geschichtlichen Weleda gesagt. Bei weiterem Forschen ergibt sich aber, dass sie nur die letzte ihres Namens gewesen ist und dass ein solcher Name eigentlich eine Art Rang darstellt und erst allmählich zu einem persönlichen Namen geworden ist.

An der Westküste Frankreichs liegt eine kleine, weit ins Meer vorgeschobene, von Stürmen umtobte Insel, etwa 10 km von Point du Raz entfernt. Diese kleine Insel führte bei den alten Kelten den Namen Enez Sizum, was bedeutet: «Die Insel der sieben Schlafe». (Daraus hat sich der heutige Name gebildet: Ile de Sein.) Auf dieser Insel befand sich eine wichtige keltische Mysterien- und Orakelstätte, von der heute noch, mitten in dem kleinen Orte stehende, Druidensteine, so genannte Menhire, künden, wie sie sich auf alten Druidenstätten in England und Frankreich vielerorts finden. Der Dienst an dieser uralten keltischen Kultstätte wurde ausschließlich von jungfräulichen Priesterinnen vorsehen, deren Zahl stets neun war und deren höchste als Leiterin der Mysterienstätte jeweils den Namen «Weleda», in französischer Schreibweise Velléda, trug. Die erwähnte Mysterienstätte war dem höchsten keltischen Gotte Teutades, dem Vater des Menschengeschlechts und zugleich Gott des Todes, geweiht. Sie stand in Zusammenhang mit der Druidenstätte von Chartres, über der sich heute die weltberühmte Kathedrale erhebt. In Chartres wurde der Druidenkult nur von Männern versehen. Wenn nun in Chartres ein Druide gestorben war, wurde sein Leichnam nach der Baie des Trépassés (auf Deutsch «Bucht der Verstorbenen») – dieser Name sieht also auf eine jahrtausendealte Geschichte zurück – gebracht, nach der Insel Enez Sizum übergesetzt und dort von den Druidinnen in feierlichem Kult den Elementen übergeben; ob durch Verbrennen oder Versenken ins Meer, ist heute urkundlich nicht mehr festzustellen. Aus solcher Gepflogenheit erklärt sich die oft als verwunderlich bezeichnete Tatsache, dass man in Chartres trotz des Vorhandenseins einer so berühmten Mysterienstätte niemals Gräber der Druiden gefunden hat.

Die Mysterienstätte auf der Ile de Sein bestand durch lange Zeit hindurch bis die Römer, wie alle anderen, auch diese Druidenstätte zerstörten und die Druidinnen von der Insel vertrieben. Ein Teil derselben zog nach England, ein anderer nach Frankreich und weiter nach Osten, nach Deutschland. Wo sie sich niederließen, nutzten sie ihr Wissen und ihre Weisheit zum Segen der Bevölkerung. So erklärt sich, dass man an den verschiedensten Orten, vor allem in Frankreich, Höhlen, Türme, Plätze finden kann, die, manchmal verstümmelt, den Namen Weleda tragen. Und es ist auch zu verstehen, dass allmählich der Rangname der höchsten Druidin zum persönlichen Namen nun verstreut lebender weiser Frauen wurde.

Was bedeutet nun der Name Weleda als Wort? Eine Reihe Deutungsversuche liegen vor, die alle aufzuzählen viel zu weit führen würde. Die folgenden mögen dem eigentlichen Sinne am nächsten kommen: « Die Viel-Wissende»; oder: «Die weise Jungfrau»; «Die an Geheimnissen Reiche». Alle diese Deutungen wollen doch im Grunde nur sagen, dass es sich bei der «Weleda» um eine Persönlichkeit handelte, die übersinnliches Wissen ihr eigen nannte und aus ihm für das gewöhnliche Leben schöpfen konnte; also eine «Eingeweihte». Der Name Weleda hat somit eine ähnliche Bedeutung wie der in germanischen Ländern gebräuchlichere: «Alrune», «Alraune», welcher Name ebenfalls die «Allwissende», die «alle Mysterien, alle Geheimnisse Kennende» bedeutet, und damit gleichfalls auf eine eingeweihte Persönlichkeit hinweist. Aus der «Einweihung» erflossen ihre Heilkräfte, ihr Heilwissen.

Anmerkungen

1 GA 40, S. 302 (die zitierten Seitenzahlen der Bände der Rudolf Steiner-Gesamtausgabe beziehen sich stets auf die letzte, d.h. aktuelle Auflage).
2 KAUFMANN, 1987, S. 3.
3 KRÜGER, 1983, S. 13.
4 GA 316, S. 63.
5 GA 217a, S. 210.
6 GA 257, S. 80.
7 PELIKAN, 1960, S. 11.
8 Aufzeichnungen, S. 31 (Die Zitate aus den autobiographischen Aufzeichnungen erfolgen nach dem maschinenschriftlichen Typoskript mit handschriftlichen Korrekturen Oskar Schmiedels).
9 Ebd., S. 1.
10 GA 1, S. 126.
11 Aufzeichnungen, S. 2.
12 Ebd.
13 Ebd.
14 Ebd., S. 3.
15 Ebd., S. 34.
16 Ebd., S. 72.
17 Ebd.
18 Ebd., S. 74.
19 GA 54, S. 340.
20 Brief an Marie von Sivers, 12.8.1909. Rudolf Steiner Archiv, Dornach.
21 Aufzeichnungen, S. 74.
22 Ebd., S. 75.

23 Ebd.
24 Ebd., S. 76.
25 Ebd., S. 73f.
26 GA 125, S. 88.
27 Vgl. Peter Selg: *Rudolf Steiner und Felix Koguzki. Der Beitrag des Kräutersammlers zur Anthroposophie.* Arlesheim 2009.
28 Aufzeichnungen, S. 4.
29 Brief vom 31.3.1913. Rudolf Steiner Archiv, Dornach.
30 Aufzeichnungen, S. 79.
31 Nachlass Oskar Schmiedels. Ita Wegman Institut, Arlesheim.
32 GA 14, S. 343.
33 GA 277a, S. 16f.
34 Aufzeichnungen, S. 78.
35 Brief an Rudolf Steiner, 28.12.1912. Rudolf Steiner Archiv, Dornach.
36 Aufzeichnungen, S. 4.
37 Brief an Rudolf Steiner, 28.12.1912. Rudolf Steiner Archiv, Dornach.
38 GA 36, S. 309.
39 GA 286, S. 62.
40 GA 192, S. 171.
41 GA 194, S. 188.
42 GA 291a, S. 412.
43 GA 259, S. 243; Hervorhebung v.V.
44 Aufzeichnungen, S. 7.
45 Ebd.
46 Ebd.
47 GA 180, S. 207.
48 Rudolf Steiner Archiv, Dornach.
49 «Zusammenarbeit mit Dr. Wegman», S. 6.
50 Ebd., S. 6f.
51 Seinen pharmazeutischen Aufzeichnungen zufolge fertigte Oskar Schmiedel für Ita Wegman 1919 u.a. eine Antimonsalbe und eine Antimonpaste an, auch eine Bernstein- und Kupfersalbe, darüber hinaus ein Pechblenden-Pflaster (Weleda Archiv). Diese Zubereitungen verwendete Ita Wegman u.a. zur Unterstützung ihrer Mistelbehandlungen.
52 Aufzeichnungen, S. 7.
53 Ebd.

54 GA 334, S. 53.
55 Ebd., S. 55.
56 «Einige Gesichtspunkte über die Zusammenarbeit der Ärzte mit der Heilmittelherstellung», 1949, S. 2.
57 «Er erklärte mir ausdrücklich, dass nur praktische Ärzte und Medizinstudierende zu diesem Kurs Zutritt haben sollten. Alle anderen Persönlichkeiten sollte ich abweisen. Auch Naturheilkundige sollten nicht zugelassen werden. Ich musste nun in der Folge einer ganzen Reihe von Persönlichkeiten Absagen erteilen. Ich habe durchaus verstanden, dass Dr. Steiner wünschte, dass ich die Absagen übernehmen sollte, damit er nicht in die doch immerhin unangenehme Lage gebracht würde, sich mit Menschen über die Nichtzulassung auseinanderzusetzen. Er selbst nahm mein ‹Amt› so ernst, dass er bei Ausnahmen, die er selber machen wollte, zu mir kam und mir die Gründe, die er dafür hatte, erklärte.» («Memorandum über die Entstehung des ersten Ärztekurses, S. 1 f.).
58 Unveröffentlicht (Rudolf Steiner Archiv, Dornach). Vgl. jedoch Anmerkung 201 bzw. die entsprechende Textpassage.
59 «Der erste medizinische Kurs Dr. Rudolf Steiners als Ausgangspunkt der anthroposophisch-medizinische Bewegung und der Herstellung von Heilmitteln auf der Basis geisteswissenschaftlicher Erkenntnis», S. 249. – In einem anderen Erinnerungsmanuskript (aus dem Jahre 1955 – «Notizen zur Vorgeschichte des ersten Ärztekurses») schrieb Schmiedel über die Atmosphäre des Kurses: «Über dem ganzen Kurs lag eine freudige Stimmung. Man hatte das Gefühl, dass es für Dr. Steiner eine tiefe Befriedigung und große Freude war, vor Fachleuten über ein Thema zu sprechen, mit dem er sich offensichtlich viel beschäftigt hatte und das zu übermitteln ihm wichtig erschien. Für die Zuhörer war es ein großes Erlebnis, tagtäglich durch drei Wochen hindurch Erkenntnisse entgegennehmen zu können, die eine ungeahnte Bereicherung und Vertiefung ihres Berufes bedeuteten. Auch wurde Dr. Steiner eine große Dankbarkeit von den Teilnehmern entgegen gebracht, eine Dankbarkeit nicht nur für das Erhaltene, sondern auch dafür, dass sie diese drei Wochen am Goetheanum erleben durften. Während der ganzen Zeit herrschte zudem ein wunderschönes Frühlingswetter.» (S. 2) Während Oskar Schmiedel auf diese Weise – aus der Ausstrahlung des Kurses – die Atmosphäre des Ganzen festhielt, skizzierten Friedrich Husemann und Madeleine van Deventer in ihren Erinnerungstexten ansatzweise die Situation

der Teilnehmer und Rudolf Steiners. Husemann betonte dabei, trotz der ebenfalls hervorgehobenen «feierlich-freudigen Stimmung» des Kurses, die Überforderung der Teilnehmer bzw. ihrer Aufnahmekapazität: «Kaum einer war im Stande, die Fülle der Gedanken ganz aufzunehmen. Unerwartete Perspektiven eröffneten sich – aber oft fühlte man sich wie geblendet von der Helligkeit und Weite der Ausblicke. Das sich eröffnende Neuland selber zu erobern, schien über die Kräfte zu gehen.» (Nachruf auf Eugen Kolisko. In: Therapeutische Rundbriefe, Nr. 5, 1940). Die – damalige – Medizinstudentin und Kursteilnehmerin Madeleine van Deventer beschrieb dagegen die Situation Rudolf Steiners: «Eine größere Anzahl Mediziner war versammelt, meist solche mit großer ärztlicher Erfahrung, aber manchmal auch noch sehr verhaftet in sonderbaren Spezialismen, wie es dem jugendlichen Zuhörer erscheinen musste. Eine unendliche Fülle von geistigem Wissen strömte durch Rudolf Steiner herunter, konnte aber nicht genügend zu den Seelen der Zuhörer dringen, da das intellektuelle Wissen die Beweglichkeit des Denkens verhinderte. Ein Leidenszug auf Rudolf Steiners Antlitz sprach eine deutliche Sprache.» («Aus Ita Wegmans Wirken für und mit Rudolf Steiner.» In: Mitteilungen aus der anthroposophischen Arbeit in Deutschland, Nr. 9, 1953).

60 GA 312, S. 157.
61 Ebd., S. 156.
62 Ebd., S. 253f.
63 GA 168, S. 202. Vgl. im Einzelnen Rudolf Steiners Vorträge vom 26.10.1916 (St. Gallen, GA 168) und 3.12.1916 (Zürich, GA 168).
64 Ita Wegman Archiv, Arlesheim (Ita Wegman Institut).
65 Rudolf Steiner Archiv, Dornach.
66 Aufzeichnungen, S. 24.
67 Rudolf Steiner Archiv, Dornach.
68 Aufzeichnungen, S. 9.
69 GA 337b, S. 181.
70 Ebd., S. 187.
71 Karl Schubert: Erinnerungen an die Weihnachtsspiele, zit. n. Peter Selg: *«Wie eine Art Gottesdienst». Rudolf Steiner, die Oberuferer Spiele und das Weihnachtsfest*. Stuttgart 2008, S. 81f.
72 GA 313, S. 181.
73 Vertrauliche Mitteilungen von Herrn Dr. Steiner: «Zunächst soll einmal ein typisches Beispiel gegeben werden, das

durch die verschiedenste Art der Behandlung ins Unbegrenzte variabel ist: Sand (Kiesel-Sand wird im Mörser aufs allerfeinste zu Staub zerstoßen, alsdann in einer Retorte mit Königswasser, oder primitiver mit Scheidewasser übergossen. Man lässt langsam in 12 – 24 Std. unter geringer Erwärmung in einen vorgelagerten Kolben übergehen. Es bleibt ein dicklicher Rückstand, der nunmehr mit Vitriolöl übergossen, stark erhitzt wird in einer Retorte. Er wird wieder übergeleitet in einen Kolben. Dann wird der neue Rückstand mit Spiritus (Alkoh. absol.) übergossen u. unter zartem Erhitzen in d. Luft abdampfen gelassen. Endlich wird mit salpetersaurem Ammoniak übergossen u. nochmals durch Erhitzen in eine Retorte übergeführt. Dann erhält man das Endprodukt. Dieses wird mit Regenwasser angerührt u. ist alsdann verwendungsbereit.

Wie aus Sand, so lassen sich aus den verschiedensten Materialien solche Produkte gewinnen.

Ein in dieser Art Hergestelltes
aus Silicea-Haltigem wirkt auf   die Kopforgane
 " Eisen   "   (wie z.B. Pyrit   wirkt auf Brustorgane
 " Cu- u. Hg   "   (wie z.B. Cuprit usw.) Unterleib Bauch
                                       Sexualorgane.

Durch intensive Meditation wird man nunmehr herausbekommen, worin die Wirkungen der Mineralia bestehen.»

74 «Herr Leinhas erzählte in einem persönlichen Gespräch, dass schon Anfang 1920 ein Besuch Dr. Steiners in Schwäbisch Gmünd stattfand, um das Grundstück zum Zwecke des Erwerbes durch den Kommenden Tag zu besichtigen.» (Arthur von Zabern, 1961, S. 35). Nach von Zabern bzw. Leinhas wurde bei diesem Ortsbesuch auch der Kauf einer Klinik im Umraum erwogen bzw. geprüft: «Bei dieser Fahrt wurde auch der nahe Elisabethenberg über Waldhausen bei Lorch besucht. Es war damals der Kauf der Krankenanstalt auf dem Elisabethenberg erwogen worden ...» (ebd.).

75 Rudolf Steiner Archiv, Dornach.

76 «Auf ausdrücklichen Wunsch von Rudolf Steiner oblag die Leitung des [Stuttgarter] Laboratoriums Dr. Noll, denn Rudolf Steiner wollte eine solche Arbeit unter der Leitung eines Arztes stehend wissen.» (Wilhelm Spiess, 1957, S. 2).

77 Aufzeichnungen, S. 11f.

78 In seinen autobiographischen Aufzeichnungen schrieb Oskar Schmiedel (der Ludwig Noll außerordentlich schätzte) : «Diese

Präparate [von Noll] waren in Wirklichkeit auch nichts anderes als Mischungen von homöopathischen Mitteln, deren Wirkungen in der Homöopathie wohl bekannt und von Dr. Noll und besonders von seinem Schwager, Dr. Eisenberg, in ihrer Praxis angewendet worden waren. Die Herstellungen der Urtincturen geschah nach den Vorschriften der homöopathischen Pharmakopoe. Diese Vorschriften wurden uns in wort-wörtlicher Abschrift von Herrn Dr. Noll übergeben. Die Recepte waren also nichts Originelles und obwohl einige von diesen Präparaten, z.B. Infludo, gute Erfolge hatten, und für uns in pekuniärer Hinsicht zu begrüssen waren, bedauerte ich späterhin trotzdem die Übernahme durch uns, da ich nicht das Gefühl los werden kann, dass dadurch Rudolf Steiner eine gewisse Fessel aufgelegt worden war. Ich kann mir denken, dass Rudolf Steiner aus der geisteswissenschaftlichen Anschauung vielleicht ganz andere Präparate, z.B. gegen Grippe, Lungenentzündung, Keuchhusten etc. gegeben hätte. Auch wurde durch diese Präparate, wenn wir sie auch später besonders bezeichnet haben, der Anschein erweckt, dass wir nur wohl bekannte homöopathische Präparate aufwärmen.» (Aufzeichnungen, S. 8) Auch Wilhelm Spiess schrieb über Noll: « Er lehnte sich zunächst sehr stark an die homöopathischen Zubereitungen an, was ja aus manchen von ihm noch vorhandenen Niederschriften zu entnehmen ist.» (1957, S. 2).

79 Die von Schmiedel daraufhin versandten Präparate waren noch von Adolf Hauser hergestellt worden. Seinen Notizbucheintragungen zufolge begann Oskar Schmiedel erst *Ende Oktober 1920* mit der Herstellung eigener Mistelpräparate; seine ersten Notizbucheintragungen zur Mistel stammen vom Mai desselben Jahres. (Weleda Archiv).

80 Nachlass Oskar Schmiedels. Ita Wegman Institut, Arlesheim.

81 Rudolf Steiner Archiv, Dornach.

82 Ita Wegman: «Die Entstehung der anthroposophischen Medizin». Manuskript, 1928. Ita Wegman Archiv, Arlesheim (Ita Wegman Institut).

83 Ita Wegman Archiv, Arlesheim (Ita Wegman Institut).

84 Inserat in der Zeitschrift «Dreigliederung des sozialen Organismus» (21.6.1921), zit. n. Lüscher, 2002, S. 298.

85 GA 260a, S. 110 bzw. S. 441.

86 Aufzeichnungen, S. 13.

87 Gründungsprospekt für die Kommanditgesellschaft «Chemisch-

Pharmazeutisches Laboratorium Futurum in Arlesheim». Zit. n. Lüscher, 1997, S. 131.
88 Brief an Emil Oesch, 19.8.1921. Ebd., S. 117.
89 Brief an Emil Oesch, 26.8.1921. Ebd., S. 119.
90 Bericht von Arnold Ith über ein Gespräch mit Felix Peipers, 29.9.1921. Ebd., S. 122.
91 Brief von Emil Oesch an Oskar Schmiedel, 5.10.1921. Ebd., S. 123.
92 Ita Wegman Archiv, Arlesheim (Ita Wegman Institut).
93 Norbert Glas: «Rudolf Steiner und die Entstehung der Weleda.» Zit. n. Emanuel Zeylmans van Emmichoven, Band 1, S. 331f.
94 Weleda Archiv.
95 Protokoll der Besprechung vom 31.1.1955, ebd.
96 23.1.1921. Zit. n. Lüscher, 1997, S. 95.
97 Undatiertes Briefkonzept, ca. Februar 1922. Ebd. S. 133.
98 «Einige Gesichtspunkte über die Zusammenarbeit der Ärzte mit der Heilmittelherstellung», 1949, S. 2.
99 So der Bericht von Otto Palmer, in: Natura, März 1927, S. 274. – Auch Oskar Schmiedel schrieb in seinen Aufzeichnungen: «Sein [Rudolf Steiners] Plan war, und er sprach davon nach der Gründung des Klinisch-therapeutischen Instituts in Stuttgart, dass es eine Art Zentrale sein sollte, mit der eine große Zahl von Ärzten in ständiger Verbindung stehen würden. Sie würden an das Klinische Institut Fragen über Behandlungen stellen und von diesem entsprechende Ratschläge empfangen. Rudolf Steiner sagte damals, dass eine Zahl von 2000 solcher Ärzte angestrebt werden sollte. Er stellte dieses als eine Hauptaufgabe des Klinisch-therapeutischen Institutes hin. Als andere wichtige Aufgabe sollten die Ärzte des Institutes eine Art ‹Vademecum› schreiben.» (S. 20f.)
100 GA 314, S. 75.
101 Aufzeichnungen, S. 26.
102 GA 36, S. 314.
103 GA 348, S. 192.
104 Aufzeichnungen, S. 27.
105 Zit. n. Emanuel Zeylmans van Emmichoven, Band 1, S.124.
106 Aufzeichnungen, S. 27f.
107 Vgl. Peter Selg, 2007, S. 93f.
108 GA 259, S. 537.
109 Ebd., S. 537ff.

110 GA 262, S. 331.
111 GA 259, S. 236f.
112 13.9.1923. Ita Wegman Archiv, Arlesheim (Ita Wegman Institut).
113 Protokoll der Verwaltungsratssitzung der Futurum A.G. vom 10.9.1920. Zit. n. Lüscher, 1997, S. 88.
114 Aufzeichnungen, S. 28f.
115 Ebd., S. 29f.
116 Ebd., S. 32.
117 GA 233, S. 148.
118 22.11.1923. Zit. n. Lüscher, 1997, S. 182.
119 GA 260, S. 48.
120 GA 260, S. 57.
121 Vgl. hierzu Peter Selg: «Ich bleibe bei Ihnen». *Rudolf Steiner und Ita Wegman*. Stuttgart 2007, S. 51ff. und Peter Selg: «Die Medizin muss Ernst machen mit dem geistigen Leben». *Rudolf Steiners Hochschulkurse für die «jungen Mediziner»*. Dornach 2006, S. 13 – 40.
122 Weleda Archiv, Schwäbisch Gmünd.
123 Ebd.
124 (undatiert). Ebd.
125 Ebd.
126 Aufzeichnungen, S. 17.
127 Vgl. Spiess, 1957, S. 10.
128 GA 260a, S. 489
129 8.4.1924. Rudolf Steiner Archiv, Dornach.
130 Protokoll der Generalversammlung der ILAG. Zit. n. Lüscher, 1997, S. 202f.
131 GA 260a, S. 441.
132 «Einige Gesichtspunkte über die Zusammenarbeit der Ärzte mit der Heilmittelherstellung», S. 2.
133 Protokoll der Vorbesprechung zur vierten ordentlichen Generalversammlung der ILAG. Zit. n. Lüscher, 1997, S. 210.
134 Protokoll der zweiten außerordentlichen Generalversammlung der ILAG, 25.3.1924. Zit. n. Lüscher, 1997, S. 194.
135 GA 27, S. 85.
136 Aufzeichnungen Oskar Schmiedels, Weleda Archiv.
137 Rudolf Steiner sah nicht nur die katastrophale Wirtschaftslage, sondern auch die Gefahr der Rechtsradikalisierung Deutschlands früh und deutlich. Bereits in der Zeit des Ersten Weltkriegs hatte er vor Nachkriegsentwicklungen in Richtung Nationalismus und

Rassismus gewarnt; er war später (Anfang der 20er Jahre) massiv in der deutschen Öffentlichkeit attackiert und denunziert worden, ein Anschlagsversuch auf ihn durch nationalistische Kräfte scheiterte im Mai 1922 in München. Nach Hitlers erster Münchner Putschinitiative im November 1923 (dem «Marsch auf die Feldherrenhalle») sagte Rudolf Steiner in Dornach: «Wenn diese Gesellschaft sich durchsetzt, bringt dies für Mitteleuropa eine große Verheerung.» (zit. n. Karl Lang: *Lebensbegegnungen*. Benefeld 1972, S. 67). Vor diesem Hintergrund war die Verankerung der Weleda in der Schweiz sinnvoll und folgerichtig – Ende 1923 verlagerte Rudolf Steiner auch den Philosophisch-anthroposophischen Verlag von Berlin nach Dornach.

138 Bereits am 15. Juli hatte Rudolf Steiner in einer Vorbesprechung zur vierten ordentlichen Generalversammlung den Aktionären des Kommenden Tages davon berichtet, dass die ILAG das Laboratorium in Stuttgart und die Produktionseinrichtungen in Stuttgart in Zukunft übernehmen sollte. Drei Wochen später, am 8. August 1924, waren die Betriebe in Stuttgart und Schwäbisch Gmünd vertraglich Teil des Schweizer Unternehmens in Arlesheim geworden.
139 Aufzeichnungen, S. 63.
140 Krüger, 1976, S. 4.
141 Aufzeichnungen, S. 64.
142 Protokoll der zweiten ordentlichen Generalversammlung der ILAG, 2.5.1925. Zit. n. Lüscher, 1997, S. 232f.
143 24.4.1925. Ita Wegman Archiv, Arlesheim (Ita Wegman Institut).
144 Brief Ita Wegmans an Jana van Gemert, 29.8.1938. Ita Wegman Archiv, Arlesheim (Ita Wegman Institut).
145 Aufzeichnungen, S. 17.
146 Ebd., S. 33.
147 Vgl. diesbezüglich die eindrucksvollen Schilderungen seiner Aufzeichnungen, S. 34ff. (auch in Emanuel Zeylmans van Emmichoven, Band 3, S. 437ff.).
148 Ebd., S. 30.
149 Zit. n. Lilly Kolisko: *Eugen Kolisko – ein Lebensbild. Zugleich ein Stück Geschichte der Anthroposophischen Gesellschaft*. Gerabronn-Crailsheim 1961, S. 141. – Nach seinem eigenen Zeugnis entschloss sich Oskar Schmiedel zu der Wortmeldung, weil er zu Weihnachten 1924, nach der Versöhnung mit Ita Wegman und Rudolf Steiners

großer Freude darüber («es war mir als ob ein warmer Strom der Liebe und Freude von ihm zu mir gehen würde»), dem Lehrer ein inneres Versprechen abgelegt hatte. Darüber schrieb Oskar Schmiedel in seinen autobiographischen Aufzeichnungen: «Es war mir, als ob ich ihm das Versprechen ablegen sollte, in Zukunft an der Seite Dr. Wegmans in Treue zu stehen. Im Geiste gab ich ihm damals auch dieses Versprechen.» (Aufzeichnungen, S. 32). Wie Schmiedel festhielt, erneuerte (oder bekräftigte) er dieses Versprechen in den Folgejahren noch mehrmals, am Totenbett Rudolf Steiners und in den schweren Krisen der Gesellschaft danach (ebd., S. 32) – daher seine Formulierung am 6.2.1926 (gemäß dem Referat Lilly Koliskos): *«Er fühle es ... als seine Schuld, die er gegenüber Dr. Steiner abzutragen habe.»* (Wörtlich sagte Schmiedel in der Versammlung: «Es scheint mir, dass die Stunde vielleicht ernster ist, wie manche von Ihnen glauben. Gerade nach der Art wie gesprochen worden ist [in der Versammlung], ist es mir klar zum Bewusstsein gekommen, dass wir in einer sehr ernsten Stunde stehen. Ich bin seit 19 Jahren mit der Bewegung verknüpft. Ob ich Türen geschlossen habe oder Bücher verkauft und später vielleicht die Leitung der Laboratorien bekommen habe – ich war immer tätiges Mitglied. Keine Stunde ist vergangen, wo ich nicht an das Wohl der Gesellschaft gedacht habe. Wie ich zum Vorstand stehe? Alle Mitglieder wissen, dass ich mit meinem Herzen sie immer geliebt habe. Ich will über mein Verhältnis zu Frau Wegman sprechen. Sehen Sie, es hat einmal eine Zeit gegeben, es war ungefähr bis zum Beginn der Weihnachtstagung, da habe ich mich gegen Frau Dr. Wegman mit Händen und Füßen gewehrt. Ich habe kein gutes Haar an ihr gelassen und es war so gekommen, dass mich Dr. Steiner in die Kur nehmen musste ... Er hat mir dann die Augen aufgemacht, ich möchte sagen, die Augen aufgerissen. Ich will darüber nicht näher reden. Aber er sagte, wenn die Tendenzen so weiter gehen gegenüber Frau Dr. Wegman, so führen sie zur Zersprengung der Gesellschaft. Und sehen Sie, dieses Wort, das damals Dr. Steiner sagte, das hat mich heute furchtbar berührt, weil dieselbe Tendenz in den Worten lag, die heute von Günther Schubert gesprochen wurden; die gingen in derselben Richtung. Damals hatte ich mich dieser Sekte angeschlossen, die diese Tendenz zunächst zum Sprengen der Gesellschaft führte und auf der anderen Seite hat Herr Dr. Steiner mir gewissermaßen die

Augen aufgerissen. Ich hatte nur Unkraut und Gestrüpp gesehen und er hat mir gezeigt, was an dieser Persönlichkeit wirklich ist, gegen die ich mich gewendet hatte. Mit einer Handbewegung hat er das alles weggewischt und hat gesagt: das ist Unkraut, das ist Gestrüpp, und das was wirklich dahinter steht, ist das wahre Bild. Das Wort, das mich verfolgt hat, es hat sich tief eingeprägt: *Wenn diese Tendenzen weiter gehen, führen sie zur Zersprengung der Gesellschaft.* Diese Tendenzen bringen niemandem Heil. Nicht der Gesellschaft – und keines der Vorstandsmitglieder ist damit einverstanden und zufrieden. Und sehen Sie, ich wollte Sie heute bitten, dass Sie die Augen aufmachen, dass Sie wirklich sehen, aus welchen Motiven heraus hier gesprochen wird, dass die Situation ernst und ernster genommen wird. Nehmen Sie die Dinge, die hier vorgehen, wirklich ernst und seien Sie wirklich wach, dass man auf die Motive sieht, die viele Redner zum Reden bewegen. Ich bin wirklich der Erste, der, wenn einem Vorstandsmitglied auch nur ein Haar gekrümmt wird, den niederzuschlagen, aber man sollte das nicht verwechseln mit dem, was sich vielleicht in manchem Redner bemerkbar macht. Tendenzen kommen heraus, die in die Richtung führen, die zum Zersprengen der Gesellschaft führen.» Über die Reaktion auf Schmiedels Votum innerhalb der Versammlung schrieb Lilly Kolisko: «Man fühlte, dass Dr. Schmiedel wirklich mit großer Bewegung aus einem übervollen Herzen gesprochen hatte, aber seine Ansprache fand nur geringen Beifall.» Ebd., S. 142).

150 Ebd., S. 158f.
151 Aufzeichnungen, S. 68.
152 Ebd.
153 Vgl. hierzu die wesentlichen Gesichtspunkte Oskar Schmiedels in: Aufzeichnungen, S. 18 – 20.
154 «Woher kommt der Name ‹Weleda›?», 1951, S. 10.
155 Protokoll der Sitzung des Verwaltungsrates der ILAG vom 7.9.1924. Weleda Archiv, S. 1. Vgl. a. Lüscher, 1997, S. 220.
156 Manuskript, Weleda Archiv.
157 Weleda Archiv.
158 Über das Gebäude der Weleda A.G. in Arlesheim», 1932, S. 2f.
159 GA 23, S. 97.
160 Vgl. hierzu: Peter Selg: *Ita Wegman und Rudolf Hauschka. Zusammenarbeit und Korrespondenz.* Arlesheim 2010 (in Vorbereitung).

161 Vgl. hierzu Emanuel Zeylmans van Emmichoven: *Wer war Ita Wegman*, Band 3, S. 87ff.
162 Ita Wegman Archiv, Arlesheim (Ita Wegman Institut).
163 Aufzeichnungen, S. 67.
164 Brief an Eugen Kolisko, 22. Januar 1931. Ita Wegman Archiv, Arlesheim (Ita Wegman Institut).
165 Aufzeichnungen, S. 22.
166 Aufzeichnungen, S. 42.
167 Ebd.
168 Ebd., S. 37.
169 Brief an Ita Wegman. Ita Wegman Archiv, Arlesheim (Ita Wegman Institut).
170 Ebd.
171 Ebd.
172 1936 aber schrieb sie, nach vielen frustranen Bemühungen: «Das Beste ist, dass Hauschka voll und ganz für sich, unabhängig von Allen, seine Sache macht. Die Weleda soll ganz ruhig auch ihre Sache machen. Es wird sich dann schon herausstellen, welche Medikamente besser sind.» Brief an Walter Johannes Stein, 13.2.1936. Ita Wegman-Archiv, Arlesheim (Ita Wegman-Institut).
173 Aufzeichnungen, S. 70.
174 Ebd., S. 38.
175 Aufzeichnungen, S. 2.
176 «Menschengemäße Heilmittel und ihre Feinde. Erinnerungen aus der Zeit des Nationalsozialismus», S. 12.
177 Ebd., S. 13.
178 «Dieses Schild ließ ich, nachdem ich von der Übergabe der Stadt an die Amerikaner hörte, im Garten neben dem Eingangstor aufrichten. Da die Amerikaner aber noch nicht einrückten, wirkte das auf einige Unentwegte als Provokation. Es war von Verrat und Aufhängen die Rede. Es gab einige bängliche Stunden und noch eine bängliche Nacht. Aber dann kamen die Befreier und wir hatten die Freude, eine amerikanische Batterie ihre Geschütze auf der Straße vom Eingangstor zur Fabrik aufstellen zu sehen in Richtung Aalen/Crailsheim, wo noch gekämpft wurde.» (Ebd.).
179 Aufzeichnungen, S. 70.
180 «Leicht war es ganz gewiss Frau Dr. Steiner in keiner Weise gemacht. Die Charaktere von beiden Persönlichkeiten [Marie Steiners und Ita Wegmans] waren einerseits so verschieden, dass

es für Frau Dr. Steiner gewiss äusserst schwer war, eine solche Persönlichkeit wie Frau Dr. Wegman und deren Handlungen zu verstehen. Andererseits aber – auch das muss ausgesprochen werden – hat es Dr. Steiner Frau Dr. Steiner nicht leicht gemacht. Durch Jahre und Jahrzehnte stand Frau Dr. Steiner allein neben Dr. Steiner im Mittelpunkt des anthroposophischen Geschehens und nun stellte er neben sie und sich eine dritte Persönlichkeit, Frau Dr. Wegman. Mit ihr arbeitete er auf die intensivste Weise und besprach mit ihre vieles, was er mit Frau Dr. Steiner, weil sie jedenfalls für diese Gegenstände wenig Interesse und Verständnis hatte, nicht besprach. Und als er Frau Dr. Wegman immer mehr hervorhob und gar nach der Weihnachtstagung sie neben sich in den Mittelpunkt des esoterischen Lebens der Klasse stellte, legte Dr. Steiner ganz gewiss eine schwere Last auf die Schultern von Frau Dr. Steiner und es ist zu verstehen, dass diese für sie ganz gewiss nicht leicht zu tragen war. Jedoch kann man überzeugt sein, dass Dr. Steiner es nicht getan hätte, wenn es nicht einerseits eine Notwendigkeit gewesen wäre und wenn er nicht andererseits das Vertrauen zu Frau Dr. Steiner gehabt hätte, dass sie die Kraft haben würde, diese Belastung zu ertragen und zu überwinden. Wer diese Zeit und besonders diejenige nach der Weihnachtstagung miterleben konnte und auch Frau Dr. Steiner seit langem, wie ich, kennen durfte, musste verschiedene Male mit Besorgnis denken, was sie in dieser Zeit vielleicht durchzumachen habe würde.» (Aufzeichnungen, S. 36).
181 «Dieses Geschehen [zwischen Marie Steiner und Albert Steffen] erschütterte mich umso mehr, als unzählige Menschen nach dem Zusammenbruch von Europa in verstärktem Masse nach Dornach sehen und von dort das Heile erwarten. Nun finden sie in Dornach wieder Zank und Streit», schrieb Oskar Schmiedel um 1946 (Aufzeichnungen, S. 37).
182 GA 14, S. 382.
183 Fucke, S. 25.
184 Ebd., S. 26.
185 Ebd., S. 27.
186 Pelikan, 1960, S. 11.
187 «Agriculture of tomorrow», 1948, S. 7.
188 Fucke, S. 27f.
189 Ebd., S. 28.

190 Treichler, 1960, S. 45.
191 «Zusammenarbeit mit Dr. Ita Wegman in der Heilmittelherstellung», 1951, S. 8f.
192 26.11.1959. Weleda Archiv (laut Protokoll fuhr Schmiedel fort: «Er bedauert, dass wir – zumal uns die Idee bekannt gemacht wurde – nichts daraus gemacht haben.»)
193 Kaufmann, 1981.
194 Weleda Archiv (Wortlaut von Schmiedels Diktat anhand der ursprünglichen – knapperen – Notizbucheintragung).
195 Pelikan, 1957, S. 250.
196 Ebd., S. 251.
197 Aufzeichnungen, S. 60.
198 Arthur von Zabern, 1961, S. 4.
199 «Meine eigene Rolle dabei war nichts anderes, als dass ich die äussere Möglichkeit verschaffte, dass Rudolf Steiner die von ihm gewünschten Vorträge halten konnte. Ich schreibe mir gar kein besonderes Verdienst zu, sondern freue mich nur, dass ich helfen durfte. Es hätte genau so gut jemand anderer die in dem Vortrag vom 6.1.20 gegebene Anregung aufgreifen können, aber es tat dies eben sonst niemand.» («Memorandum über die Entstehung des ersten Ärztekurses, 1957, S. 3).
200 Rudolf Steiner: *Geisteswissenschaft und Medizin*. Hg. Hans W. Zbinden. Basel 1937, S. XI.
201 Marie Steiner (Hg.): *Rudolf Steiner – Aufbaugedanken und Gesinnungsbildung*. Dornach 1942, S. 47.
202 Rundbrief vom 21.12.1957 an Freunde («An alle Freunde, die mein Memorandum erhalten haben»). Ita Wegman Archiv, Arlesheim (Ita Wegman Institut).
203 Hilma Walter hatte sich in ihrem Aufsatz «Der Lebensgang von Ita Wegman», den sie in dem Arlesheimer Erinnerungsheft für Ita Wegman vom Dezember 1945 veröffentlichte, der Darstellung von Zbinden angeschlossen («Rudolf Steiner hatte sich auf eine von Ärzten und Medizinstudierenden Bitte hin bereit erklärt zu einer Serie von Vorträgen ...»); auch Walters Kollegin Madeleine van Deventers Darstellung aus dem Jahr 1953 («Mitteilungen aus der anthroposophischen Arbeit», Nr. 23) war ungenau («In der Zeit, wo sein starkes Wirken nach aussen begann, hielt Dr. Steiner einen öffentlichen Vortrag in Basel im Dezember 1919 [sic!] und forderte mit feurigen Worten die Naturwissenschaftler, Mediziner

usw. auf, zu prüfen, was die Geisteswissenschaft auf ihren Gebieten zu sagen hätte. Dies wurde für Dr. Wegman [sic!], Dr. Schmiedel und andere [sic!] der Anlass, den ersten Ärztekurs zustande zu bringen.»). Da nicht einmal mehr in Arlesheim Klarheit über die Entstehungsumstände des ersten Ärztekurses vorhanden war, sah sich Schmiedel nach langem Schweigen gezwungen, die tatsächlichen Geschichtsumstände zu dokumentieren. Die unmittelbaren Anlässe für die letztendliche Niederschrift des «Memorandums» vom 28.10.1957 sind nicht bekannt – drei Tage später begann Oskar Schmiedel seinen Begleitbrief an Hilma Walter mit den Worten: «Durch verschiedene Vorkommnisse veranlasst, sah ich mich genötigt, einmal ein Memorandum über die Entstehung des ersten Ärztekurses zu schreiben.» Schmiedel, der Walter und ihr umfassenden pharmazeutisches Wissen und Gedächtnis außerordentlich schätzte und mit ihr oft in Heilmittelfragen zusammen kann, entschuldigte sich noch für die Überstellung seines Textes: «Ich nehme an, dass es Sie interessieren wird und ich bitte Sie sehr, darinnen keinen Vorwurf gegen Sie zu erblicken.» (Weleda Archiv). – Auch für seinen Brief an Madeleine van Deventer vom 21.4.1953, in dem er Deventer – Jahre zuvor – auf den Fehler ihres Aufsatzes aufmerksam machte, hatte Schmiedel sich entschuldigt: «Gelt, liebes Fräulein Dr. van Deventer, Sie verstehen mich recht. Ich möchte nicht in der geringsten Weise die Verdienste von Frau Dr. Wegman – und gar noch auf Kosten meiner geringen – schmälern. Aber ich glaube, es ist doch notwendig, dass uns die Entstehung unserer Arbeiten richtig im Bewusstsein sind.» (Weleda Archiv).
204 Brief vom 2.5.1954 an Oskar Schmiedel. Weleda Archiv.
205 Kaufmann, 1960, S. 76.
206 Ebd.
207 Weleda Archiv, Arlesheim.
208 Pelikan, 1960, S. 12.
209 «Skizze eines Lebensabrisses», Erstveröffentlichung in: Rudolf Steiner: *Briefe Band I*. Hg. Edwin Froböse und Werner Teichert. Dornach 1955, S. 3 – 59. Diesen Vortrag hörte Oskar Schmiedel, der zur Generalversammlung der neugegründeten Anthroposophischen Gesellschaft von München nach Berlin gereist war («die Art, in der er [Rudolf Steiner] sprach wird niemand, der – wie der Verfasser – anwesend sein durfte, je vergessen»).

210 Korrekturen: S. 220: Johann Steiner, geb. in Geras ... muss heißen: *geb. in Trabenreith*; S. 224: Vortrag vom 14. Februar 1913 – muss heißen: *4. Februar 1913*; S. 241 Dr. Emanuel Hickl – muss heißen: *Dr. Carl Hickel*.

Literaturverzeichnis

Publikationen und Manuskripte

BERUFSVERBAND ANTHROPOSOPHISCHER APOTHEKER IN DEUTSCHLAND (HG.): *Pioniere der anthroposophischen Pharmazie.* Stuttgart 2004.

DAEMS, WILLEM F.: *Die historische Weleda.* Dornach 1991.

DEVENTER, MADELEINE P. VAN: *Die anthroposophisch-medizinische Bewegung in den verschiedenen Etappen ihrer Entwicklung.* Dornach 1982.

EISENLOHR, HILDE: Zur Entstehungsgeschichte der Weleda. In: MEDIZINISCHE SEKTION AM GOETHEANUM (HG.): *Zum 70. Geburtstag der klinisch-therapeutischen Institute in Arlesheim und Stuttgart 1921 – 1991.* Dornach 1991.

FUCKE, ERHARD: *Siebzehn Begegnungen.* Stuttgart 1996.

GLAS, NORBERT: Rudolf Steiner und die Entstehung der Weleda. In: *Evolution und Heilmittel. Fünfzig Jahre Weleda Heilmittel.* Arlesheim und Schwäbisch Gmünd 1971. Wiederabdruck in Zeylmans van Emmichoven, Emanuel: *Wer war Ita Wegman. Eine Dokumentation.* Band 1. Heidelberg 1990.

GÖTTE, FRITZ: *Menschengemäße Heilmittel und ihre Feinde. Erinnerungen aus der Zeit des Nationalsozialismus.* o.D., Weleda Archiv.

DERS.: *Im Dienste der Weleda.* Privatdruck, 1951.

KAUFMANN, HERIBERT: Oskar Schmiedel zur Erinnerung. In: *Beiträge zu einer Erweiterung der Heilkunst.* Nr. 2, 1960.

DERS.: Wilhelm Pelikan. Seine Wege in die Zukunft. In: *Weleda Bulletin.* Nr. 12, 1981.

DERS: Dr. Oskar Schmiedel. In: *Weleda Bulletin.* Nr. 10, 1987.

DERS.: Zum 100. Geburtstag von Oskar Schmiedel. In: *Mitteilungen aus der anthroposophischen Arbeit in Deutschland.* Nr. 1, 1983.

KRÜGER, HANS: *Vom Beginn und aus den ersten Jahren der Weleda-Heilmittelarbeit.* Manuskript, 1971. Weleda Archiv.

DERS.: *Aus der Geschichte der Weleda-Arbeit in Schwäbisch Gmünd. Beitrag zu einer «Weleda-Chronik»*. Manuskript, 1976. Weleda Archiv.
DERS.: *Von dem Entwicklungsgang der Weleda-Heilmittelbetriebe*. Manuskript, 1983. Weleda Archiv.
LÜSCHER, ALEXANDER (UND MITARBEIT VON ADRIAN GONZENBACH UND ULLA TRAPP): *Rudolf Steiner und die Gründung der Weleda*. Dornach 1997 (= Beiträge zur Rudolf Steiner Gesamtausgabe, Nr. 118/119)
DERS.: *Rudolf Steiner und die Futurum A.G.* Spiegel bei Bern 2002.
PELIKAN, WILHELM: Zum 70. Geburtstag von Dr. Oskar Schmiedel. In: *Beiträge zu einer Erweiterung der Heilkunst nach geisteswissenschaftlichen Erkenntnissen*. Nr. 11/12, 1957.
DERS.: Anlässlich des Hinübergangs von Dr. Oskar Schmiedel. In: *Das Goetheanum. Nachrichten für deren Mitglieder*. Nr. 3, 1960.
PELIKAN-GURLITT, INGEBORG: Wilhelm Pelikan. In: PLATO, BODO VON (HG.): *Anthroposophie im 20. Jahrhundert*. Dornach 2003.
SCHMIEDEL, OSKAR: *Weleda*. Manuskript, ca. 1930. Ita Wegman Institut.
Von dem Werden der Weleda A.G. In: *Weleda-Nachrichten*. Nr. 1, 1932.
DERS.: Über das Gebäude der Weleda A.G. in Arlesheim. In: *Weleda-Nachrichten*. Nr. 2, 1932.
DERS.: Der Mond und das Pflanzenwachstum. In: *Weleda-Nachrichten*. Nr. 14, 1936.
DERS.: Agriculture of Tomorrow, E. u. L. Kolisko. In: *Weleda-Nachrichten*. Nr. 44, 1948.
DERS.: *Einige Gesichtspunkte über die Zusammenarbeit der Ärzte mit der Heilmittelherstellung*. Manuskript, 1949. Weleda Archiv.
DERS.: Zusammenarbeit mit Dr. Ita Wegman in der Heilmittelherstellung. In: *Ita Wegman-Fonds für soziale und therapeutische Hilfstätigkeiten*. Michaeli 1951.
DERS.: Woher kommt der Name Weleda? In: *Weleda-Nachrichten*. Nr. 56, 1951.
DERS: *Aus dem Lande, in dem Rudolf Steiner seine Kindheit und Jugend verbrachte*. Dornach 1952.
DERS.: *Notizen zur Vorgeschichte des ersten Ärztekurses*. Manuskript, 1954. Weleda Archiv.
DERS.: *Memorandum über die Entstehung des ersten Ärztekurses*. Manuskript, 1957. Weleda Archiv.
DERS: Der erste medizinische Kurs Dr. Rudolf Steiners als Ausgangs-

punkt der anthroposophisch-medizinische Bewegung und der Herstellung von Heilmitteln auf der Basis geisteswissenschaftlicher Erkenntnis. In: *Beiträge zu einer Erweiterung der Heilkunst nach geisteswissenschaftlichen Erkenntnissen.* Nr. 11/12, 1958.

DERS.: *Aufzeichnungen.* Typoskript (1943/1957). Gekürzt und sprachlich korrigiert in: Zeylmans van Emmichoven, Emanuel: *Wer war Ita Wegman. Eine Dokumentation.* Band 3. Heidelberg 1992.

SCHWENK, WOLFRAM: Oskar Schmiedel. In: PLATO, BODO VON (HG.): *Anthroposophie im 20. Jahrhundert.* Dornach 2003.

SELG, PETER: *Anfänge anthroposophischer Heilkunst.* Dornach 2000.

DERS.: *Anthroposophische Ärzte. Lebens- und Arbeitswege im 20. Jahrhundert.* Dornach 2000.

DERS.: *«Ich bin für Fortschreiten». Ita Wegman und die Medizinische Sektion.* Dornach 2002.

DERS.: *Ita Wegman und Arlesheim.* Dornach 2006.

DERS.: *«Und in der Tat, dies wirkte». Die Krankengeschichten des Buches ‹Grundlegendes für eine Erweiterung der Heilkunst nach geisteswissenschaftlichen Erkenntnissen› von Rudolf Steiner und Ita Wegman. Eine Dokumentation.* Dornach 2007.

DERS.: *Rudolf Steiner und Felix Koguzki. Der Beitrag des Kräutersammlers zur Anthroposophie.* Arlesheim 2009.

SPIESS, WILHELM: *Beitrag zu der Entwicklungsgeschichte der pharmazeutischen Arbeit der Weleda A.G. in Stuttgart.* Manuskript. 1957. Weleda-Archiv.

Aus der Werdezeit der Heilmittel für typische Erkrankungen. In: GERHARD SCHMIDT (HG.): *Heilmittel für typische Krankheiten,* Band 1. Dornach 1959.

DERS.: Erinnerungen aus einer großen Zeit. In: *Beiträge zu einer Erweiterung der Heilkunst nach geisteswissenschaftlichen Erkenntnissen.* Heft 3, 1964.

STEINER, RUDOLF: *Gesamtausgabe* (GA). Dornach 1956ff.

TREICHLER, RUDOLF: Oskar Schmiedel. In: *Mitteilungen aus der anthroposophischen Arbeit in Deutschland.* Nr. 1, 1960.

WEISSENBORN, AMALIE: *Bericht über die alte Weleda am Stollenrain.* Manuskript, 1963. Weleda Archiv.

WERNER, MECHTHILD: *Burgenland. Aus dem Lande in dem Rudolf Steiner seine Jugend verbrachte.* Dornach 1961.

WERNER, UWE: *Anthroposophen in der Zeit des Nationalsozialismus (1933 – 1945).* München 1999.

ZABERN, ARTHUR VON: *Vom Werden der Weleda*. Manuskript. 1961. Weleda-Archiv.

ZEYLMANS VAN EMMICHOVEN, EMANUEL: *Wer war Ita Wegman. Eine Dokumentation*. 3 Bände. Heidelberg 1990/92.

Weitere Archivdokumente

Rudolf Steiner Archiv (Briefe von Oskar Schmiedel an Rudolf Steiner)

Ita Wegman Institut (Nachlass Ita Wegman; Nachlass Oskar Schmiedel)

Weleda Archiv Schwäbisch Gmünd und Arlesheim (diverse Materialien)

Wissenschaftliche Bibliothek der Weleda Schwäbisch Gmünd (diverse Materialien)

Abbildungsnachweise

Ita Wegman Institut: 6, 10, 11, 12, 13, 17, 18, 20, 23, 25, 26, 27, 30, 32, 39, 40, 41, 42, 46, 47, 48, 49, 51, 52, 56, 59, 60, 62, 63, 64, 65, 67, 71, 72, 73, 74, 78, 79, 87, 96

Weleda Archiv und wissenschaftliche Bibliothek der Weleda: 29, 34, 36, 38, 42, 45, 54, 55, 57, 58, 68, 69, 70, 75, 77, 80, 81, 83, 84, 85, 86, 88, 89, 92, 93, 99

Familie Zucker-Hegemann: 1, 2, 3, 8, 21, 24, 33, 61, 76, 82, 90, 91, 94, 95, 97

Rudolf Steiner Archiv: Frontispiz, 4, 7, 9, 14, 15, 16, 22, 28, 31, 35, 37, 44, 50

Archiv am Goetheanum: 19, 53, 62, 66

Stadtarchiv München: 5

Buch-Veröffentlichungen des Ita Wegman Instituts
für anthroposophische Grundlagenforschung

PETER SELG

Studien zur Werkbiographie
Rudolf Steiners

DIE ARBEIT DES EINZELNEN UND DER GEIST DER GEMEINSCHAFT. Rudolf Steiner und das Soziale Hauptgesetz. Dornach 2007

VOM UMGANG MIT RUDOLF STEINERS WERK. Ursprung, Krise und Zukunft des Dornacher Goetheanums. Dornach 2007

RUDOLF STEINER – ZUR GESTALT EINES GEISTIGEN LEHRERS. Eine Einführung. Dornach 2007

RUDOLF STEINERS INNERE SITUATION ZUR ZEIT DER «PHILOSOPHIE DER FREIHEIT». Eine Studie. Dornach 2007

RUDOLF STEINER UND DIE FREIE HOCHSCHULE FÜR GEISTESWISSENSCHAFT. Die Begründung der «Ersten Klasse». Arlesheim 2008

RUDOLF STEINERS TOTEN-GEDENKEN. Die Verstorbenen, der Dornacher Bau und die Anthroposophische Gesellschaft. Arlesheim 2008

KOBERWITZ PFINGSTEN 1924. Rudolf Steiner und der Landwirtschaftliche Kurs. Dornach 2009

RUDOLF STEINER UND FELIX KOGUZKI. Der Beitrag des Kräutersammlers zur Anthroposophie. Arlesheim 2009

Studien zu Ita Wegman

«Ich bin für Fortschreiten». Ita Wegman und die Medizinische Sektion. Dornach 2002

Die letzten drei Jahre. Ita Wegman in Ascona 1940 – 1943. Dornach 2004

Geistiger Widerstand und Überwindung. Ita Wegman 1933 – 1935. Dornach 2005

Sterben, Tod und geistiges Leben. Die Kondolenzbriefe Ita Wegmans und das Todesverständnis der anthroposophischen Geisteswissenschaft. Dornach 2005

Ita Wegman und Arlesheim. Dornach 2006

«Ich bleibe bei Ihnen». Rudolf Steiner und Ita Wegman. München, Pfingsten 1907. Dornach, 1923 – 1925. Stuttgart 2007

Liane Collot d'Herbois und Ita Wegman. Dornach 2008

(Hg.) Ita Wegman: Erinnerung an Rudolf Steiner. Arlesheim 2009

Studien zu weiteren Schülern und Mitarbeitern Rudolf Steiners

Michael Bauer. Ein esoterischer Schüler Rudolf Steiners. Dornach 2006

Marie Steiner-von Sivers. Aufbau und Zukunft des Werkes von Rudolf Steiner. Dornach 2006

Edith Maryon. Rudolf Steiner und die Dornacher Christus-Plastik. Dornach 2006

Karl König und die Anthroposophie. Zur Spiritualität eines esoterischen Christen im 20. Jahrhundert. Dornach 2006

Christian Morgenstern. Sein Weg mit Rudolf Steiner. Stuttgart 2008

Willem Zeylmans van Emmichoven. Anthroposophie und Anthroposophische Gesellschaft im 20. Jahrhundert. Arlesheim 2009

Albert Steffen. Begegnung mit Rudolf Steiner. Dornach 2009

Elisabeth Vreede. 1879 – 1943. Arlesheim 2009

Studien zu den geistigen Grundlagen der anthroposophischen Medizin

VOM LOGOS MENSCHLICHER PHYSIS. Die Entfaltung einer anthroposophischen Humanphysiologie im Werk Rudolf Steiners. Dornach 2000

KRANKHEIT UND CHRISTUS-ERKENNTNIS. Anthroposophische Medizin als christliche Heilkunst. Dornach 2001

KRANKHEIT, HEILUNG UND SCHICKSAL DES MENSCHEN. Über Rudolf Steiners geisteswissenschaftliches Pathologie- und Therapieverständnis. Dornach 2004

(HG.): RUDOLF STEINER – QUELLENTEXTE FÜR DIE WISSENSCHAFTEN. Band 3: Physiologische Menschenkunde. Band 4. Pathologie und Therapie. Dornach 2004

MYSTERIUM CORDIS. Studien zu einer sakramentalen Physiologie des Herzorganes. Aristoteles – Thomas von Aquin – Rudolf Steiner. Dornach 2003

DIE «WÄRME-MEDITATION». Geschichtlicher Hintergrund und ideelle Beziehungen. Dornach 2005

CHRISTLICHE MEDIZIN. Die ideellen Beziehungen des Christentums zur Heilkunde und die Anthroposophische Medizin. Dornach 2005

Studien zur Geschichte der anthroposophischen Medizin

ANFÄNGE ANTHROPOSOPHISCHER HEILKUNST. Ita Wegman, Friedrich Husemann, Eugen Kolisko, Willem Zeylmans van Emmichoven, Karl König, Gerhard Kienle. Dornach 2000

(HG.): ANTHROPOSOPHISCHE ÄRZTE. Lebens- und Arbeitswege im 20. Jahrhundert. Dornach 2000

(HG.): EUGEN KOLISKO: DAS WESEN UND DIE BEHANDLUNG DER MAUL- UND KLAUENSEUCHE. Dornach 2001

HELENE VON GRUNELIUS UND RUDOLF STEINERS KURSE FÜR JUNGE MEDIZINER. Eine biographische Studie. Dornach 2003

GERHARD KIENLE. Leben und Werk. 2 Bände. Dornach 2003

DIE BRIEFKORRESPONDENZ DER «JUNGEN MEDIZINER». Eine dokumentarische Studie zur Rezeption von Rudolf Steiners «Jungmediziner»-Kursen. Dornach 2005

«Die Medizin muss Ernst machen mit dem geistigen Leben». Rudolf Steiners Hochschulkurse für die «jungen Mediziner». Dornach 2006

(Hg.): Ita Wegman: Medizinisch-Therapeutische Korrespondenzen. Dornach 2007

(Hg.): «Und in der Tat, dies wirkte». Die Krankengeschichten des Buches «Grundlegendes für eine Erweiterung der Heilkunst nach geisteswissenschaftlichen Erkenntnissen» von Rudolf Steiner und Ita Wegman. Eine Dokumentation. Dornach 2007

Gerhard Kienle. Die Würde des Menschen und die Humanisierung der Medizin. Aufsätze und Vorträge. Dornach 2009

Studien zur anthroposophischen Pädagogik und Heilpädagogik

(Hg.): Eugen Kolisko. Vom therapeutischen Charakter der Waldorfschule. Dornach 2002

(Hg.): Georg von Arnim. Meditative Aufzeichnungen. Dornach 2002

Der Engel über dem Lauenstein. Siegfried Pickert, Ita Wegman und die Heilpädagogik. Dornach 2005

Eine «grandiose Metamorphose». Zur geisteswissenschaftlichen Anthropologie und Pädagogik des Jugendalters. Dornach 2005

Der therapeutische Blick. Rudolf Steiner sieht Kinder. Dornach 2005

Willfried Immanuel Kunert. Zur Lebens- und Therapiegeschichte eines Kindes aus dem «Heilpädagogischen Kurs». Dornach 2006

Ita Wegman und Karl König. Eine biographische Dokumentation. Dornach 2007

(Hg.): Karl König: Das Seelenpflege-bedürftige Kind. Vom Wesen der Heilpädagogik. Stuttgart 2008

(Hg.): Karl König: Meine zukünftige Aufgabe. Autobiographische Aufzeichnungen und lebensgeschichtliche Zeugnisse. Stuttgart 2008

Der geistige Kern der Waldorfschule. Arlesheim 2009

Ungeborenheit. Die Präexistenz des Menschen und der Weg zur Geburt. Arlesheim 2009

Studien zur anthroposophischen Christologie

(Hg.): Es war einer krank. Die Heilungen in den Evangelien. Stuttgart 2003

Rudolf Steiner und das Fünfte Evangelium. Eine Studie. Dornach 2005

Die Kultur der Selbstlosigkeit. Rudolf Steiner, das Fünfte Evangelium und das Zeitalter der Extreme. Dornach 2006

Die Gestalt Christi. Rudolf Steiner und die geistige Intention des zentralen Goetheanum-Kunstwerkes. Arlesheim 2008

«Wie eine Art Gottesdienst». Rudolf Steiner, die Oberuferer Spiele und das Weihnachtsfest. Stuttgart 2008

Das Ereignis der Jordantaufe. Epiphanias im Urchristentum und in der Anthroposophie Rudolf Steiners. Stuttgart 2008

Christus und die Jünger. Vom Schicksal der inneren Gemeinschaft. Arlesheim 2009

Die Wiederkunft des Christus im Ätherischen. Zum Fünften Evangelium. Arlesheim 2009 (gemeinsam mit Sergej O. Prokofieff)

Das Erste Goetheanum und seine christologischen Grundlagen. Arlesheim 2009 (gemeinsam mit Sergej O. Prokofieff)

Das Vaterunser in der Darstellung Rudolf Steiners. Stuttgart 2009

Weitere biographische Arbeiten

Friedrich Schiller. Die Geistigkeit des Willens. Dornach 2005

Der geistige Weg von Hans und Sophie Scholl. Dornach 2006

Rainer Maria Rilke und Franz Kafka. Lebensweg und Krankheitsschicksal im 20. Jahrhundert. Dornach 2007

«Alles ist unvergessen.» Paul Celan und Nelly Sachs. Dornach 2008

Friedrich Hölderlin. Die Linien des Lebens. Stuttgart 2009

ITA WEGMAN INSTITUT FÜR ANTHROPOSOPHISCHE GRUNDLAGENFORSCHUNG

Im Ita Wegman Institut für anthroposophische Grundlagenforschung wird die von Dr. phil. Rudolf Steiner (1861 – 1925) in Schrift- und Vortragsform entwickelte anthroposophische Geisteswissenschaft ideengeschichtlich aufgearbeitet, unter werkbiographischer Akzentuierung und im Kontext der Wissenschafts- und Sozialgeschichte des 19. und 20. Jahrhunderts.

Das Institut unterhält mehrere, öffentlich zugängliche Arbeitsarchive, die auf den Nachlässen von wegweisenden Mitarbeitern Rudolf Steiners beruhen, insbesondere im Bereich der Medizin, Heilpädagogik und Pädagogik (Ita Wegman Archiv, Hilma Walter Archiv, Willem Zeylmans van Emmichoven Archiv, Karl König Archiv und Karl Schubert Archiv).

Die Arbeiten des Ita Wegmans Instituts werden von verschiedenen Stiftungen – in erster Linie der Software AG-Stiftung (Darmstadt) – sowie einem internationalen Freundes- und Förderkreis unterstützt.

Pfeffinger Weg 1A · CH 4144 Arlesheim · Schweiz
Leitung: Prof. Dr. P. Selg
www.wegmaninstitut.ch · Email: sekretariat@wegmaninstitut.ch